幼儿园精细化管理手册

陈民 主编

西南大学出版社
国家一级出版社 全国百佳图书出版单位

图书在版编目(CIP)数据

幼儿园精细化管理手册/陈民主编.-- 重庆：西南大学出版社，2025.5
ISBN 978-7-5697-1795-2

Ⅰ.①幼… Ⅱ.①陈… Ⅲ.①幼儿园－管理－手册 Ⅳ.①G617-62

中国国家版本馆CIP数据核字(2023)第040649号

幼儿园精细化管理手册
YOU'ERYUAN JINGXIHUA GUANLI SHOUCE

陈民　主编

责任编辑：陈铎夫
责任校对：王　兰
装帧设计：米可设计
出版发行：西南大学出版社（原西南师范大学出版社）
　　　　　地址　重庆市北碚区天生路2号
　　　　　邮编　400715
经　　销：全国新华书店
印　　刷：重庆市美尚印务股份有限公司
成品尺寸：185mm×260mm
字　　数：456千字
印　　张：19.25
版　　次：2025年5月 第1版
印　　次：2025年5月 第1次
书　　号：ISBN 978-7-5697-1795-2
定　　价：98.00元

主编简介

陈民,重庆圣弗尔教育总园长,教育立法研究基地(教育部政策法规司与西南大学共建)兼职研究员,重庆市第五、第六届人大代表,重庆市民办教育协会学前教育专委会主任委员,重庆市教育评估研究会学前教育质量评价工作委员会首批特聘专家,重庆市南岸区政府兼职督学,重庆市妇女联合会"巾帼创业导师",重庆市三八红旗手,重庆市办学机构优秀举办者,受邀到全国有关高校、教师进修学院、幼教机构、培训机构作"幼儿园精细化管理"专题讲座600余场。

编修委员会名单

主　　编：陈　民

副 主 编：徐　楠　谢加兵

编修人员：(按姓氏笔画为序)

马　艳　刘　丹　杨　淋　张　丽　张婷茹　陈　红
易建碧　郑小燕　赵　娟　胡晓榕　卿小英　黄连平
董　余

前言

学前教育是幼儿终身学习的起点,是构成国民教育体系的关键一环,同时也是一项至关重要的社会公益事业。党的十八大明确提出了"办好学前教育"的目标,党的十九大则要求"在幼有所育上取得新进展",党的二十大进一步强调了"强化学前教育普惠发展",而党的二十届三中全会则强调"健全学前教育保障机制"。近年来,相关部门积极响应党中央、国务院的决策部署,以"办好人民满意的学前教育"为宗旨,深入贯彻落实习近平总书记关于"推进学前教育普及普惠安全优质发展"的重要指示,通过统筹规划、弥补短板、增加投入等措施,推动学前教育持续健康发展。随着学前教育法的颁布与实施,学前教育事业将步入普及普惠、安全优质发展的新阶段,这对学前教育治理及幼儿园管理提出了更为严格和更高的要求。

当前,学前教育虽已实现基本普及,但其基础薄弱、历史"欠账"较多,发展不平衡不充分的矛盾依然显著,尚不能完全满足人民群众对高质量学前教育的期望。"少子化"时代的到来,使得幼儿园面临生源危机与生存危机。因此,形成办园特色、提升服务质量与办园品质,以确保幼儿园的可持续发展,已成为当前及未来一段时间内幼儿园改革发展的核心战略。就幼儿园而言,当前正处于关键的交汇期、转折期与机遇期,既迎来了一系列新的发展机遇,也面临着诸多新的挑战。

随着社会进入高质量发展新纪元,人民群众对高品质学前教育的需求日益增强。无论是公立还是私立幼儿园,唯有持续提升管理水平,增强核心竞争力,方能更有效地把握机遇、迎接挑战,从而稳步推动幼儿园的高质量发展。

"管理"在幼儿园的发展进程中扮演着全局性、战略性及基础性的关键角色。而精细化管理以其"精""准""细""严"的特点,在幼儿园贯彻执行教育方针、落实立德树人任务、明确发展方向、推进依法治园、保障幼儿安全、优化资源配置、促进家园合作共育、提升保教质量以及推动创新发展等方面,均具有重要的现实意义和深远的历史意义。在党和政府的正确领导、教育行政主管部门的鼎力支持以及社会各界有关方面的广泛协助下,主编在近30年的幼儿教育管理实践中,始终致力于探索并实践精细化管理,通过坚守办园宗旨、健全管理制度、细化工作流程、创新评估体系、强化闭环管理、严格行动落实等一系列举措,有效促进了教师的专业发展、幼儿的和谐成长以及幼儿园的健康可持续发展,同时在塑造"担当社会责任的幼教工作者,创办高品质幼儿园"的形象以及构建具有良好社会声誉和广泛影响力的幼儿教育品牌方面,取得了显著成效。

多年来,我们始终致力于精细化管理的顶层设计、理论框架构建、应用研究与实践探索。在此基础上,主编和汇编组致力于通过编纂、修订打造一套兼具理论深度、实践价值、参考意义及可读性的幼儿园精细化管理丛书。2018年1月,我们首次汇编完成了《幼儿园管理》(内部资料),该资料分为管理制度、安全工作、后勤财务、食堂食品、卫生保健、保教工作、家长工作、队伍建设、环境创设、活动集锦10册,资料中的管理事项在重庆圣弗尔教育、重庆市早幼一家、云南华星幼教集团等所有的28所幼儿园及其他36所指导园中进行了试用。在试用过程中，汇编组深入调研、广泛听取各方意见，不断总结反思，反复修订完善，于2019年12月形成了《幼儿园管理》（内部资料）第二版，该版分为政策汇编、规章制度、目视管理、规划计划、员工手册、招生工作、保教工作、家园共育、安全工作、食堂食品、卫生保健、后勤财务12册。经过相关幼儿园3年多的使用及推广，这套内部资料得到了广泛的肯定与赞誉。多所使用该内部资料的幼儿园管理者认为，《幼儿园管理》丛书细化到了每一个管理岗位的工作范畴、具体事项、工作完成时间、工作完成标准等，使得各岗位人员能够明确知晓自身职责、工作流程及目标要求。

2024年，经过深入探讨，我们决定组建编修组（编委会），对丛书进行全方位重构与全面修改完善，并将其正式定名为《幼儿园精细化管理手册》进行出版。本次修改工作严格遵循新时代学前教育深化改革规范发展的决策部署，紧密结合学前教育及幼儿园高质量发展的新形势、新政策、新法规、新动向与新要求，对幼儿园在实施精细化管理过程中如何坚持党的领导、树立科学理念、突出改革创新、规范办园行为、提升保教质量、推进安全优质发展等方面进行了增补、丰富、调适与完善。同时，我们依据《中共中央 国务院关于学前教育深化改革规范发展的若干意见》《中华人民共和国学前教育法》以及教育部《幼儿园保育教育质量评估指南》等文件精神，对丛书的体例、结构、内容等进行了重新调整与划分。此外，我们还邀请了熟悉教育政策法规及基础教育的教育科研专家、高校教育专家、律师等为本书的修改工作提供专业指导，以确保《幼儿园精细化管理手册》既符合政策法规的严谨性要求，又具备理论科学的指引性作用，更富有专业管理的实操性价值。

《幼儿园精细化管理手册》旨在向幼儿园管理者及从事幼儿教育的工作者提供可供学习、借鉴、查询及实施的专业指引与服务。该手册全面覆盖了精细化管理的概述、精细化管理的计划、精细化管理制度体系、精细化管理流程设计、精细化管理活动案例、精细化管理案例图片展示等内容。同时，本手册紧密围绕新时代学前教育的核心议题，重点强调幼儿园管理的关键环节，致力于有效应对幼儿园管理面临的挑战，并积极回应管理领域的热点问题，是幼儿教育工作者，尤其是幼儿园管理人员在日常工作中不可或缺的参考指南。

期望《幼儿园精细化管理实战手册》能够广泛惠及所有有提升管理水平需求的幼儿园，并为亟需援助的幼教工作者提供切实帮助。我们衷心祝愿更多的幼儿园，通过践行精细化管理，不断强化其竞争实力，提升发展质量与效益，塑造独特的办园品牌，从而在激烈的市场竞争中脱颖而出，迈向更加辉煌的未来。我们期盼学前教育领域能够不断深化改革，规范发展路径，全面推行精细化管理，以更有效地推进普及普惠、安全优质的发展进程，从而更好地满足人民群众对于幼儿教育的美好期盼。

陈民

2024年10月于重庆

目 录
MULU

第一章　精细化管理概述　001
- 001　第一节　精细化管理的内涵
- 003　第二节　目视化管理的内涵
- 004　第三节　幼儿园目视化管理的标识
- 008　第四节　目视化管理标识适用范围

第二章　幼儿园精细化管理计划　023
- 023　第一节　工作计划
- 032　第二节　保教计划
- 034　第三节　教研计划
- 037　第四节　后勤计划

第三章　幼儿园精细化管理制度　041
- 041　第一节　幼儿园章程
- 048　第二节　幼儿园行政管理制度
- 051　第二节　幼儿园队伍管理制度
- 056　第四节　幼儿园保教工作制度
- 062　第五节　安全工作制度
- 072　第六节　食堂工作制度
- 079　第七节　卫生保健工作制度

086	第八节	家长工作制度
093	第九节	资产管理制度

101　第四章　幼儿园精细化管理流程

101	第一节	幼儿园保教工作流程与要求
114	第二节	幼儿园安全工作流程与要求
121	第三节	幼儿园食堂工作流程与要求
125	第四节	幼儿园卫生保健工作流程与要求
128	第五节	幼儿园家长工作流程与要求

145　第五章　幼儿园精细化管理活动案例

145	第一节	幼儿成长仪式活动
158	第二节	幼儿研学体验活动方案
189	第三节	幼儿节日庆典活动
218	第四节	招生体验活动
227	第五节	教师队伍培育活动方案

252　附录

299　后记

第一章　精细化管理概述

第一节　精细化管理的内涵

一、精细化管理的定义

精细化管理是一种科学的管理理念和模式,它强调将管理工作做精、做细,通过标准化、程序化、信息化等方式,提高组织效率和管理水平。精细化管理要求将工作目标进行分解和细化,落实到具体责任人、具体时间、具体工作标准等,形成完整的工作链条和闭环。同时,精细化管理还注重对数据的采集和分析,通过数据反馈来不断优化工作流程和管理方式,提高工作效率和工作质量。

二、精细化管理的特点

(一)"精"是精确,精益求精,追求最好

要求质量最高,不仅要把产品做得最精,也要把服务和管理工作做到极致,无可挑剔,挑战极限。

(二)"准"是准确,标准严明,准确无误

准确的信息与决策,准确的数据与计量,准确的时间,准确的工作流程,准确的工作方法。

(三)"细"是细化,细致入微,细枝末节

管理的细化指执行细化,流程细化,要求细化,这是管理中看似简单实际上最难的部分,需要长时间的总结反思和不断改进。

(四)"严"是严格,控制偏差,严谨求实

严格执行标准和制度,严格落实每一项工作,严格把控每一个细节,追求零缺陷的管理。

三、精细化管理的原则

(一)细节性原则

精细化管理要求注重细节,从每一个细节入手,把每一个环节都分解细化,把每一件小事做到位。

(二)专业性原则

精细化管理要求立足专业、以专业为基础,管理者要不断提高专业水平,确保各项工作更加科学规范、更具专业性。

(三)量化性原则

精细化管理要求科学量化,要求利用各种数据实现管理数字化和标准化,通过数据来衡量和评估工作成果,达到精细化管理的量化标准。

四、精细化管理对幼儿园的价值

(一)提升幼儿园管理水平

为实现规范化、标准化、高效化的管理目标,可以制订详细的管理制度、管理要求,明确各项工作的流程和标准,使每个岗位的人员都清楚自己的工作职责、工作范畴、工作流程和工作标准,从而提高工作效率和质量。

(二)促进幼儿园个性发展

每所幼儿园都有自己的特色和优势。精细化管理可以鼓励幼儿园在遵循教育规律和管理规范的前提下,发挥自身的优势和特点,创造出有个性化的教育和管理风格,形成独具特色的办园风格。

(三)提升幼儿园竞争力

当前,幼儿园的激烈竞争日渐凸显,精细化管理可以帮助幼儿园在各项工作中做到精细、严谨、高效,从而提高幼儿园的整体竞争力。

五、精细化管理的实施

(一)建立科学完善的幼儿园精细化管理体系

建立科学完善的幼儿园精细化管理体系,应明确幼儿园为党育人、为国育才的目标,为培养德智体美劳全面发展的社会主义建设者和接班人打下基础。建立健全安全防范、教育教学、育人环境、家园合作、师资队伍建设、评估考核等科学完善的管理体系。

(二)培育团结协作的幼儿园精细化管理团队

幼儿园管理者应明确精细化管理的核心理念,并将理念贯穿于日常管理和教育教学工作中。通过组织学习、实践研讨,让每一位教职工明确职责、了解标准、掌握方法,并通过文化引领、榜样示范、反思总结、不断创新等方式积极改进和优化。

(三)找准高效快捷的幼儿园精细化管理方法

目视化管理是幼儿园精细化管理中运用范围较广、落实效果较好的一种方法。目视化管理通过直观的视觉标识和引导,能显著提升幼儿园管理效率、管理水平,为幼儿提供更加安全、有序、和谐的教育环境。因此,幼儿园通常用目视化管理标识的形式来实现精细化管理的目标。

六、精细化管理与目视化管理的关系

(一)精细化管理是目视化管理的实施目标

通过制订精细化的管理制度、流程、标准、数据等为目视化管理提供科学的依据,精细化管理可以作为目视化管理的目标。

(二)目视化管理是精细化管理的实施路径

目视化管理可以作为精细化管理的实施工具,帮助幼儿园实现精细化管理目标。通过目视化管理,能快速提高教职工工作效率、工作质量,减少工作失误。

(三)精细化管理和目视化管理相辅相成

精细化管理和目视化管理关系非常密切,两者的关系互为补充、相互完善、相互促进。两者缺一不可。

第二节　目视化管理的内涵

一、目视化管理的定义

目视化管理也称为可视化管理,看得见的管理。它既是精细化管理的一种行之有效的科学管理手段,又是利用形象直观、色彩适宜的各种视觉感知信息来组织现场活动,提高工作效率的一种管理手段,同时也是利用视觉来进行管理的一种科学方法。

二、目视化管理的特征

(一)视觉化特征

以视觉信号显示为基本手段,将可以标示的区域、物品、管理要求、管理标准等进行标示。

(二)透明化特征

将需要看到而又被隐藏或不易看到的地方显露出来。

(三)界线化特征

通过线条、颜色、图标等标注方式,明确管理类别、管理区域、责任人等,使之一目了然。

三、目视化管理的原则

(一)激励性原则

目视化管理要求对教职工有激励作用,能激发教职工的主观能动性,以推动工作的有效开展。

(二)标准化原则

通过制订标准化的管理要求,便于管理者和执行者达成一致目标。

(三)民主性原则

在制订各项要求和标准时广泛听取教职工意见,充分发扬民主精神,以得到教职工的理解与支持。

(四)实用性原则

目视化管理必须讲求适用,切忌形式主义。每一个要求和标准都应切合实际,便于执行到位。

四、目视化管理的要素

(一)时间要素

时间要素是强调以时间为节点,规定具体的时间做哪些具体的事情。特别是在幼儿一日活动各环节中,要明确主班教师、配班教师、保育员在具体的时间分别做什么,以此确认其工作内容。

(二)空间要素

空间要素强调以空间位置为标准。确定各区域具体责任人,做到处处有人管。明确物品的摆放位置,让幼儿园环境更整洁,管理更有序。

(三)人员要素

强调将具体的工作落实到具体的人。明确每一岗位人员的具体工作职责、工作范畴,做到事事有人管、事事有人负责。

(四)数量要素

数量要素是以量化为标准的。目标的量化、检查标准的量化、物品摆放的量化、存放数量的量化,给出具体的数量,是为了减少犯错误的机会,提高工作效率。

(五)质量要素

质量是以相应的标准来进行考核的。在相应的工作目标上明确检查标准,明确每一个人应做到什么程度才符合要求,并明确责任归属,以此减少错误和失误,提高工作质量。

五、目视化管理对幼儿园的发展价值

(一)美化育人环境

通过标识、标牌对幼儿园进行科学的区域划分,通过线条、图案、圆点等规范物品的摆放,让幼儿园的环境更整洁有序。

(二)防范安全风险

通过标识、标牌、颜色等标示出可能存在的安全隐患,或直接写出安全提醒警示语,明确物品的操作流程及要求,让教职工、幼儿、家长遵守相应的规则,防范事故的发生。

(三)降低管理成本

通过对标识、标牌的运用,优化资源配置,对物品量化管理,规范物品使用流程,杜绝浪费现象。采用预防问题发生、简化管理流程等方式有效降低了幼儿园管理成本。

(四)提高工作效率

通过线条、图案、颜色等,将幼儿园管理要素直观展现,使教职工迅速获取信息,提高工作效率。

(五)提升教职工素质

通过标识、标牌等简单的形式,规范教职工的操作流程、操作要求,提醒教职工哪些行为不适宜,从而提升教职工素质。

(六)促进幼儿发展

通过标识、标牌等简单的形式,帮助幼儿形成规则意识、安全意识等,培养幼儿良好的习惯,提高幼儿的综合能力,促进幼儿身心全面和谐发展。

第三节 幼儿园目视化管理的标识

一、目视化管理标识的定义

目视化管理标识是指在幼儿园的环境中,通过色彩、图形、文字、线条、数字等视觉元素,用于传达管理者信息、目标、要求等内容的标识系统。核心在于简单易懂、让人一目了然,它同时也是一种要求执行者根据内容及时做出相应行动的管理工具。

二、目视化管理标识设计原则

（一）统一原则

目视化管理标识统一风格、统一特色、统一色彩、统一符号、统一型号、统一制作、统一管理。

（二）简约原则

目视化管理标识设计要简单易懂，一目了然。

（三）针对原则

目视化管理标识要有针对性，针对不同的受众对象设计合适的标识，特别是针对幼儿的标识，要求采用图文结合的方式，让幼儿能看懂。

（四）鲜明原则

目视化管理标识显示要清晰，张贴位置要适宜，以使执行者更易看见，更好执行。

（五）实用原则

目视化管理标识要有具体的实用价值，讲究实效性。

三、目视化管理标识的要求

（一）目视化管理标识内容要求

1. 目视化管理标识的设计可以用文字、图案、表格、符号等。

2. 物品定名标识一般用文字，针对幼儿的标识可以用图案。幼儿园的工作流程、工作要求、检查标准标识一般用文字。针对幼儿的目视化管理标识，小班宜用图案，中班宜用数字或图案，大班宜用文字表示。

3. 物品定位标识用标识线、圆点，或者用标识线粘贴成等边直角、直角十字架定位。标识线宽度统一、颜色统一。圆点大小统一、颜色统一。

4. 相对固定的目视化管理标识宜设计边框。个别幼儿自行制作的标识可以不要边框，更换比较频繁的，用A4纸打印的标识可以不用边框。

（二）目视化管理标识材质要求

目视化管理标识的使用材质应根据不同的类型、使用地点、使用周期等确定适宜的材质，如用于户外的标识应经久耐用，要具备防晒、防雨、防风等特征。以下列举了幼儿园常用的目视化管理标识使用材质：

1. 教职工胸牌：亚克力板、金属材料。

2. 上墙制度牌：亚克力板、kt板，宽木相框+纸板物品。

3. 定名标识：室内用写真（加膜），室外用亚克力板。

4. 物品使用流程标识：室内用写真（加膜），室外用亚克力板。

5. 工作流程标识：室内用写真（加膜），室外用亚克力板。

6. 物品定位标识：用地贴线或者圆点地贴胶。

7. 其他标识：室内用写真（加膜），室外用亚克力板。

特定物品标识可做特殊要求。

（三）目视化管理标识文字要求

1. 字体统一。根据幼儿园实际情况，可以在不同的区域确定几种字体，如大黑体、思源黑体、方正少儿简体、方正仿宋。

2.颜色统一。根据幼儿园的整体风格统一固定几种颜色。如物品定名、定量标识通常用绿色，表格文字、上墙的制度文字通常用黑色，有等待意图的文字通常用黄色，有警示作用的文字通常用红色。

3.方位统一。所有文字标识的排版统一。幼儿园园名及logo在标识的左上角，标题居中，责任人在标识右下角。标识较小的不需要园名及责任人，如开关标识、较小物品定名标识等。

4.文字字号统一。根据幼儿园不同的区域、字数多少，规定几种适宜的字号。如开关标识统一为40号，物品定名标识文字统一为25号，工作流程及要求标识统一为18号，上墙制度标识标题文字统一为21号，内容文字统一为14号，幼儿园门卫接待流程统一为14号等。

(四)目视化管理标识边框要求

1.颜色统一。根据幼儿园风格确定边框颜色，颜色宜清爽。

2.形状统一。可以将所有标识边框统一为长方形或正方形。也可以根据幼儿园风格确定统一的边框形状。

3.尺寸统一。同一区域或者同一类型标识的边框尺寸一致。

标识边框要求见表1-1。

表1-1　边框尺寸标准

名称	外框尺寸	边框线宽度	图例
灯具开关标识	3 cm×2.5 cm	0.1 cm	
垃圾桶定名标识	11 cm×4 cm	0.2 cm	
清洁、消毒要求标识	18 cm×10 cm	0.5 cm	

续表

名称	外框尺寸	边框线宽度	图例
广播系统管理标识	12 cm×10 cm	1 cm	
制度标识	60 cm×42 cm	2 cm	

四、目视化管理物品定位要求

根据物品的形状设计不同的定位标识。矩形物体用标识线定位,将标识线粘贴成封闭式矩形或等边直角。平面面积直径长度小于20 cm(含20 cm)的用封闭式矩形定位、矩形面积应当和物品接触面一样大。平面面积直径大于20 cm用等边直角定位、直角分别粘贴于物体的四个角,并与物体的四个角完全重合。如图1-1。

图1-1 矩形物品定位标识

圆柱体的物品用圆点和标识线定位。接触面面积直径小于20 cm(含20 cm)用圆点定位。放置物品时物品的底面圆心与圆点的圆心重合。物体接触面面积直径大丁20 cm用标识线定位。标识线需粘贴成等边直角十字架或者直接购买等边直角十字架。放置物品时物品的底面积圆心与标识的中心重合。如图1-2。

图 1-2　圆柱体物品定位标识

五、目视化管理标识安装及粘贴要求

（一）位置要求

目视化管理标识安装及粘贴地点应醒目、易见。

（二）牢固要求

目视化管理标识安装及粘贴应牢固,防止脱落或翘角。

（三）安装要求

目视化管理标识安装及粘贴时应规范、端正,不得倾斜或歪曲。

（四）环境要求

目视化管理标识安装及粘贴应与整体环境和谐,避免影响整体美观。

第四节　目视化管理标识适用范围

目视化管理标识在幼儿园的适用范围较广,涵盖了人员管理、物品管理、安全管理、各项操作流程、安全警示、自我检查与监督等方面,其核心目的是通过直观简单的文字、图片、线条等元素使各项工作要求、工作流程一目了然。具体的适用范围如下。

一、人员管理

目视化管理标识可用于幼儿园人员的管理,通过标识明确教职工身份、工作职责、工作要求等。

（一）教职工身份标识

教职工胸牌、胸卡,明确标示出姓名、职务、照片等信息,以便识别身份。如图1-3。

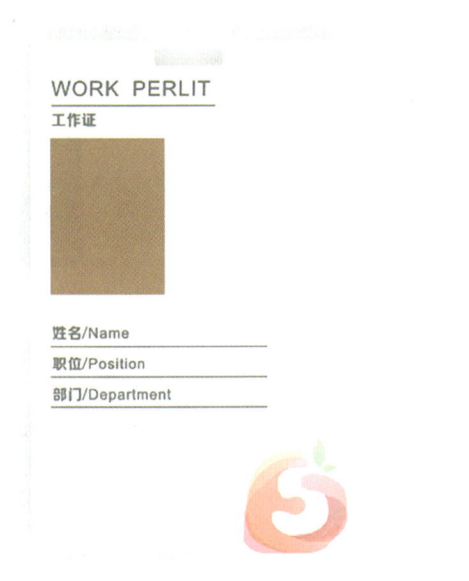

图1-3 教职工工作证

(二)工作岗位标识

岗位标识用于明确各个岗位的工作职责和工作要求,方便工作人员了解和遵守。如图1-4。

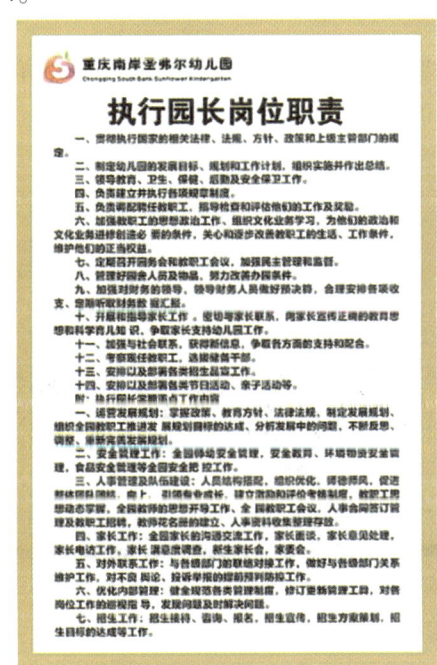

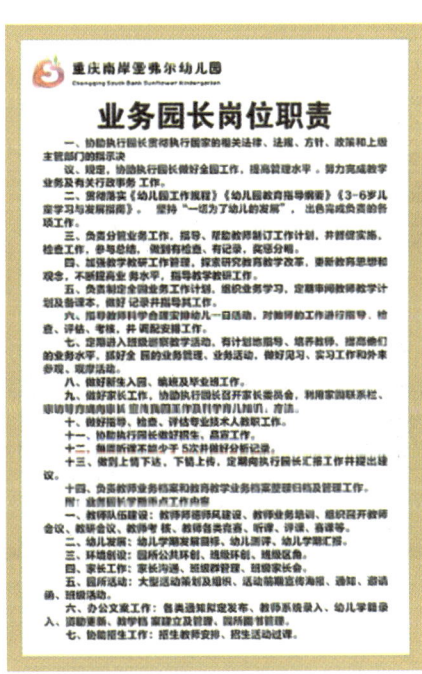

图1-4 工作岗位标识

(三)人员站位标识

在幼儿一日活动的各环节中,人员站位标识可用于明确班级主班教师、配班教师、保育员的具体位置和具体工作要求。如图1-5。

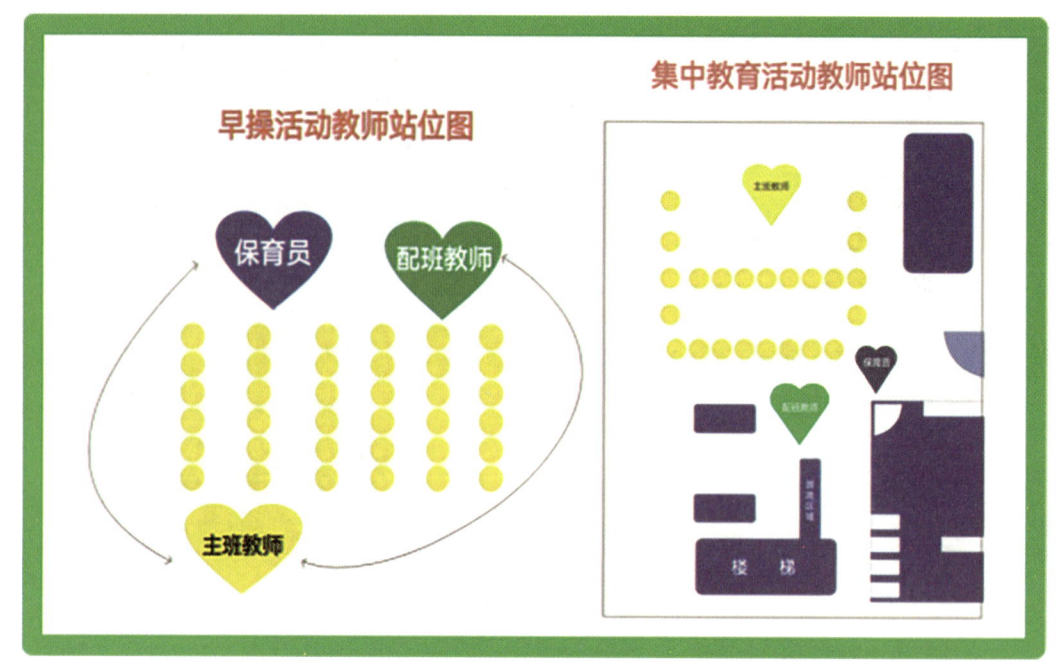

图1-5　人员站位标识

左：早操活动教师站位图　　右：集中教育活动教师站位图

（四）行为规范标识

在幼儿园的公共区域和活动区域，设置行为要求提示标识，如着装规范、请勿喧哗、轻声细语、请勿吸烟等，规范幼儿、家长、教职工的行为。如图1-6。

图1-6　行为规范标识

左：楼层指引+行为规范标识图　　右：禁止吸烟提示图

（五）任务清单标识

设置任务清单，明确各个岗位每日、每月、每学期工作任务和要求，便于工作人员自查及行政监督检查。如图1-7。

图1-7 行政人员督查厨房工作安排标识

(六)指示牌标识

设置安全出口指示牌、楼层指引、进出通道指引、上下楼道指引等,让行走路线更科学、安全。如图1-8。

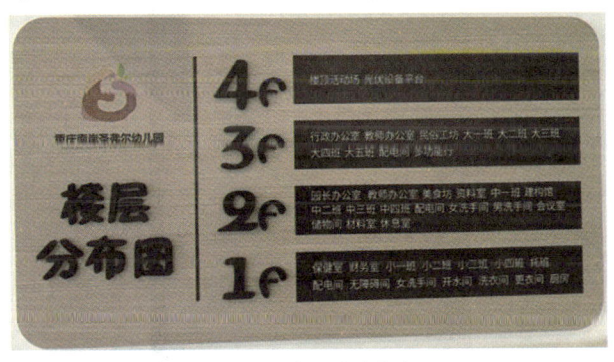

图1-8 楼层分布标识

(七)检查标准标识

制订行政值周检查表,明确行政人员在具体的时间段检查具体的工作,明确检查标准,方便工作人员自查。如图1-9。

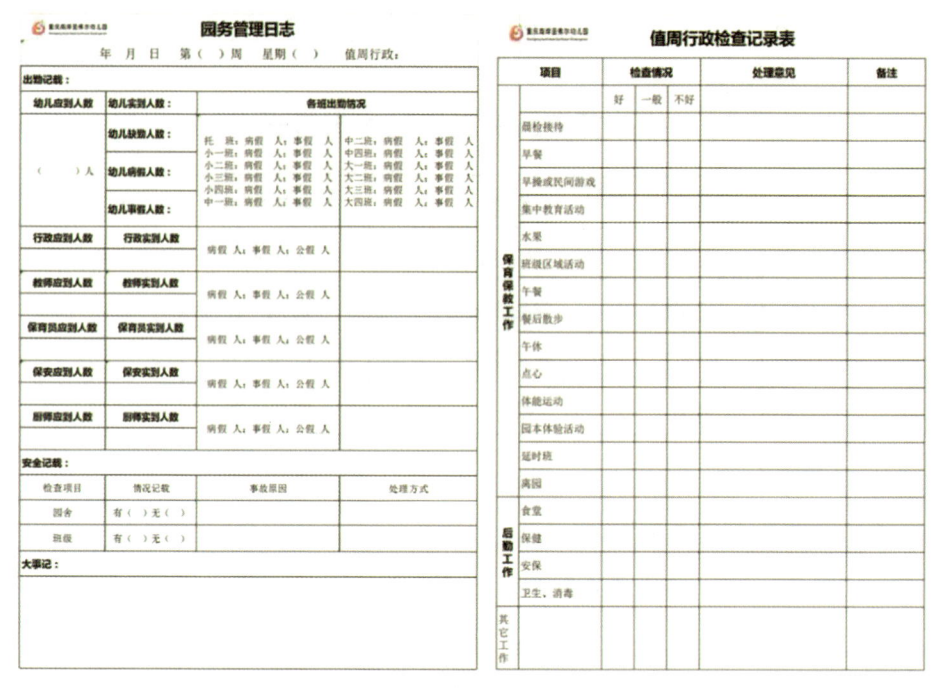

图1-9 检查标准标识

左:园务管理日志标识　右:值周行政检查记录标识

二、物品管理

目视化管理标识可用于幼儿园物品的管理,标识出物品的存放位置、管理要求及责任人。

(一)物品放置区域标识

根据物品使用频率分为高频率使用、一般频率使用、不常用。高频率使用的物品放置到拿取方便的位置。此类标识可用于办公室抽屉、班级活动室吊柜、壁柜等。如图1-10。

图1-10 财务人员抽屉物品分类放置标识

从上至下:财务资料、办公用品、打印纸、个人物品

(二)物品定名标识

用文字或者图片标示出物品的名称。如图1-11。

图1-11 物品定名、定量、定位标识

(三)物品使用流程标识。明确物品使用流程、使用要求、清洗消毒要求及责任人。如图1-12。

图1-12 物品使用流程标识
左:广播系统使用管理标识 右:保健室清洁消毒要求标识

三、保教管理

(一)活动区划分标识

用标识划分室内外活动区,如户外划分出体能区、大型玩具区、玩沙区、玩水区等。室内划分出阅读区、美工区、科学区、角色区、建构区等。在相应的区域设置标识牌、标识线,制订进区规则,有助于培养幼儿规则意识。如图1-13,图1-14,图1-15。

图1-13 大型玩具区

013

图1-14 玩沙区　　　　　　　　　　图1-15 美工区和科学区

(二)活动区活动规则标识

制订出每个区相应的活动规则,明确进区规则、游戏规则。如图1-16。

图1-16 活动区规则标识

(三)幼儿一日活动流程标识

在幼儿园的一日活动中,设置活动流程图,涉及生活活动中的入园、晨检、饮水、如厕、餐点、整理、离园等,运动活动中的早操、体能训练等,游戏活动中的规则游戏和创造性游戏等,以及集中教育活动等环节,以规范幼儿一日活动的开展。如图1-17。

图1-17 幼儿一日活动流程标识

左:幼儿园一日活动流程标识　　右:幼儿用餐标识

(四)幼儿一日活动时间管理标识

设置时间提示牌或时间表,明确各项活动的时间安排和顺序,帮助幼儿和工作人员掌握时间节点。如图1-18。

重庆南岸圣弗尔幼儿园

大班一日作息时间安排表

时间	内容	备注
8:00—8:20	入园	晨间接待 自主游戏
8:20—8:50	早餐	早餐 漱口 整理 晨谈 散步
8:50—9:40	集中教育活动	集中教育活动(周一升旗仪式) 眼保健操
9:40—10:15	早操	眼保健操 早操(周一集教活动)盥洗
10:15—10:45	户外活动	趣味游戏 生活过渡(如厕 饮水)水果
10:45—11:15	区角游戏	区域活动或园本体验
11:15—11:45	生活活动	餐前游戏 盥洗
11:45—12:20	午餐	午餐 漱口
12:20—12:40	户外活动	散步 观察
12:40—14:30	午睡	
14:30—15:00	生活活动	起床 梳头 饮水 整理
15:00—15:40	户外活动	体能运动 生活过渡(如厕 饮水)
15:40—16:10	点心	盥洗 点心
16:10—16:40	集教活动	集教活动
16:40—16:50	生活活动	整理 精彩回顾
16:50	离园	

图1-18 大班一日活动安排标识

四、安全管理

目视化管理标识可用于幼儿园安全管理。用标识规范安全设施管理,呈现重要的安全制度、安全宣传标识以及安全警示标识(如安全出口标识、危险区域的提示等),以此明确管理责任人,增强执行人的安全责任意识,促进安全工作的落实。

(一)安全设施标识

明确安全设施放置地点、管理要求、检查要求等。有警示作用的标识要醒目。如图1-19。

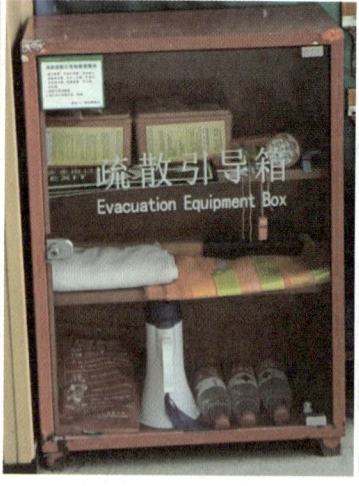

图1-19 安全设施标识

左:消防栓操作流程标识　中:疏散引导箱管理标识　右:灭火器管理标识

(二)安全提示语标识

采用"禁止翻越""大型玩具A点安全管理要求""请在成人看护下玩耍"等提示语明确安全管理的内容和形式等。如图1-20。

图1-20 安全提示语标识

左:"禁止翻越"标识　右:"请在成人看护下玩耍"标识

(三)安全警示语标识

如"厨房重地非工作人员严禁入内"的标识和"紫外线消毒灯"的标识,都用红色醒目标识。如图1-21。

图1-21 安全警示语标识

左:厨房警示语标识　右:紫外线消毒警示语标识

(四)安全管理制度标识

制订幼儿园内的安全管理制度和预案,明确安全管理的各个环节和要求,如消防安全管理制度、食品安全应急预案等。如图1-22。

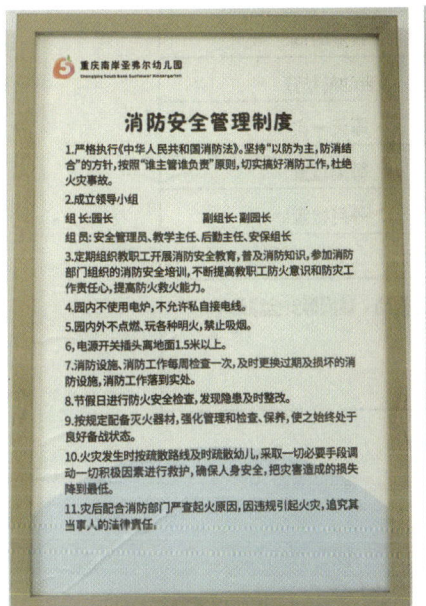

图1-22 安全管理制度标识

左:消防安全管理制度标识　右:食品卫生安全检查制度标识

(五)安全宣传标识

在幼儿园内设置安全宣传标识和海报,宣传各方面安全知识。如图1-23。

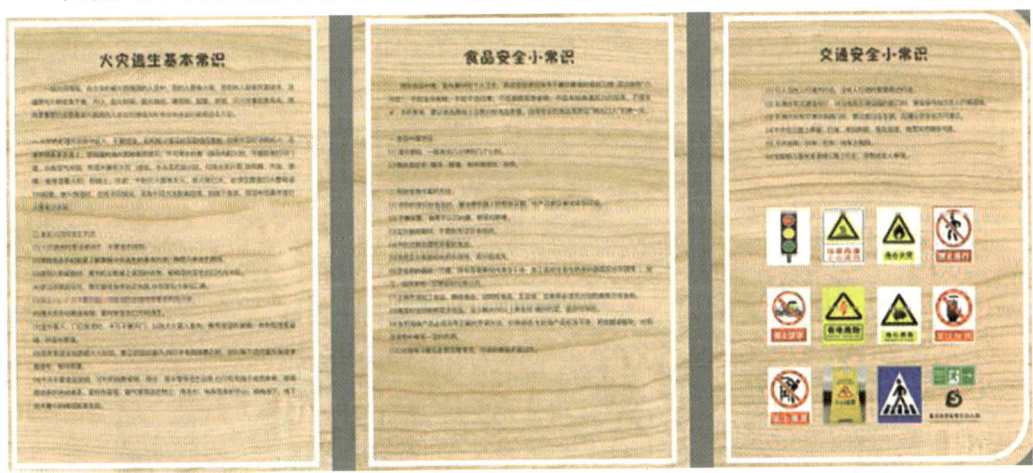

图1-23 幼儿园安全宣传标识

左:"火灾逃生基本常识"标识　中:"食品安全小常识"标识　右:"交通安全小常识"标识

(六)安全检查标识

用于对幼儿园内的各个区域和设施进行安全排查,明确排查区域、排查项目、具体责任人,以及时发现和处理安全隐患。如图1-24。

图1-24 大型玩具安全检查标识

五、食堂管理

(一)食堂区域划分标识

按"生进熟出"的原则划分出粗加工区、烹饪区、半成品区、成品区、主食库、副食库、分餐间、消毒间、面点间。如图1-25,图1-26。

图1-25 食堂区域全览

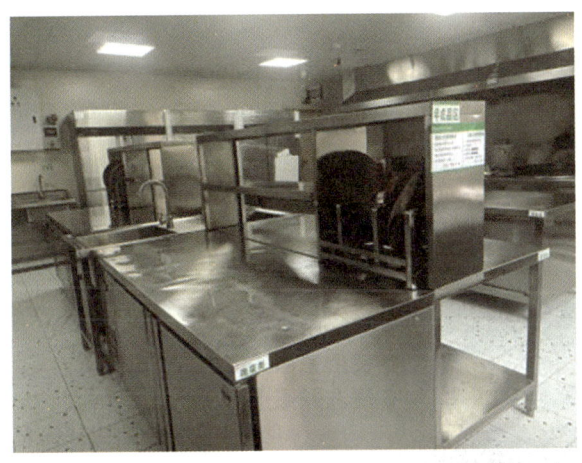

图1-26 食堂区域划分定名标识

(二)清洗消毒标识

明确清洁消毒流程、要求及责任人。如图1-27。

图1-27 厨房清洁、消毒要求标识

(三)厨具管理标识

明确厨具使用、清洗消毒等流程的要求及责任人。如图1-28。

图1-28 切菜机管理标识

(四)库房管理标识

设置库房置物架管理标识、物品放置标识、食材管理标识、进出库管理标识等,明确责任人。如图1-29。

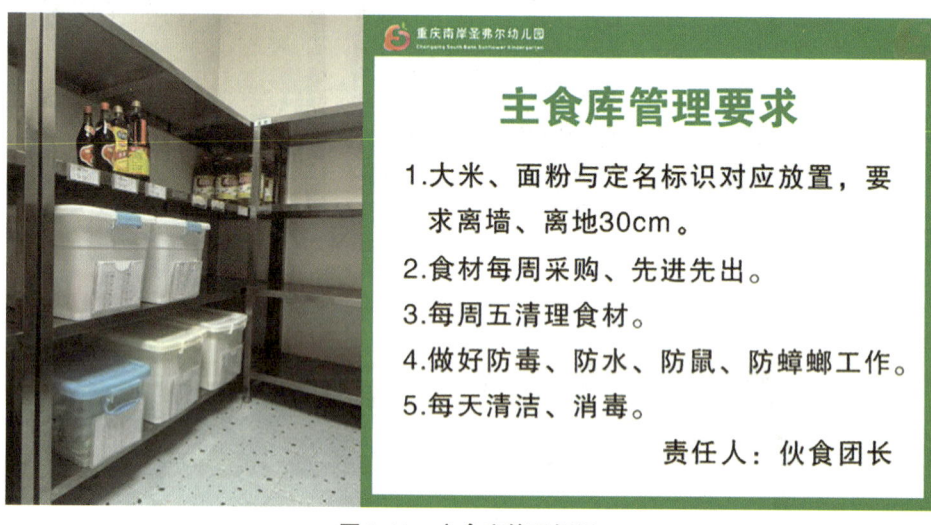

图1-29 主食库管理标识

(五)主食库食材定名标识。如图1-30。

图1-30 主食库食材定名标识

六、卫生保健管理

(一)区域划分标识

明确卫生保健区域,通过标识牌、标识线、标识色,明确划分出清洁区、半污染区和污染区等,避免交叉感染。如图1-31。

图1-31 功能室定名标识

(二)工作流程标识

在幼儿园的卫生保健区域设置流程标识,如洗手流程、消毒流程等,明确操作流程和注意事项,方便工作人员引导幼儿了解并遵循。如图1-32。

图1-32 洗手流程标识

(三)卫生保健制度标识

将幼儿园的卫生保健制度上墙,明确各项制度和要求,方便工作人员遵守。如图1-33。

图1-33 卫生保健制度标识

(四)卫生宣传标识

在幼儿园的卫生保健区域,设置宣传栏,宣传卫生保健知识,提高家长和幼儿的卫生健康意识,提高工作人员的传染病防控处置能力。如图1-34。

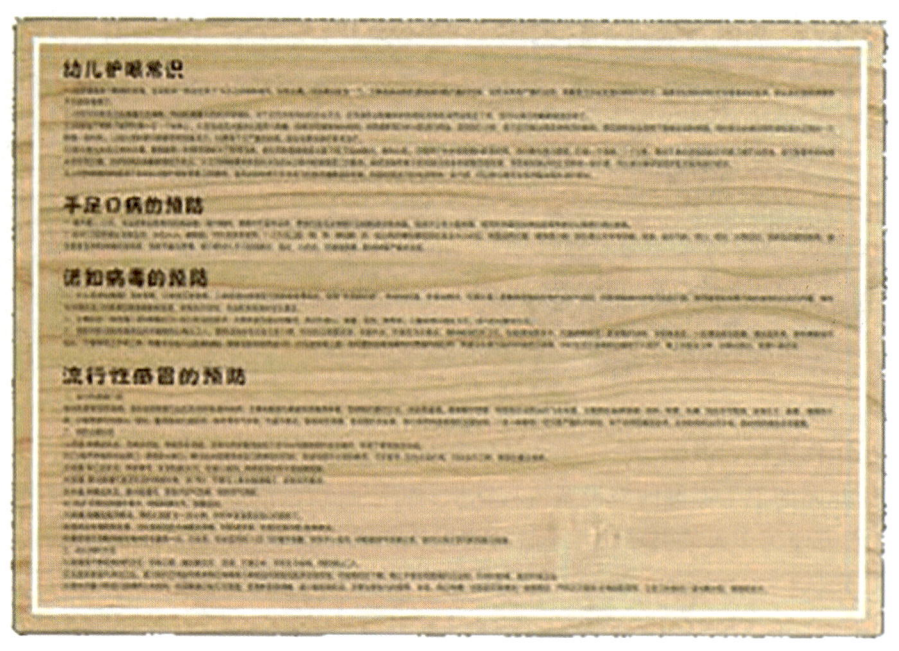

图1-34 卫生宣传标识

第二章 幼儿园精细化管理计划

精细化管理的基石在于精心编制并实施工作计划。就幼儿园来讲,把握国家政策导向,贯彻上级指导要求,结合园所具体实际,认真谋划不同时间维度的管理策略、目标任务、实施步骤、操作要领,对全局的综合工作或者局部的、专项的工作进行精心布局,确保精细化管理理念的有效落实、目标的有序达成、任务的顺利推进,意义十分重大。阳光幼儿园坚持把编制工作计划作为推进精细化管理的重要基础,着力明晰每期、每月、每周的目标任务,力求让每一个教职工都知道做什么、怎么做,进而落实任务、达成目标,持续提升发展质效。期盼本章梳理选编的相关计划,能对您及您的幼儿园编制工作计划有所启发和参考。

第一节 工作计划

2024年秋季工作计划

阳光幼儿园成立于2006年,是一所个人独资的民办普惠幼儿园,占地面积6494.31平方米,建筑面积3680平方米,户外场地约2300平方米,拥有托、小、中、大共12个班级,在园幼儿360名,教职员工48人。多年来,幼儿园秉承"快乐体验、幸福成长"的办园理念,以培养具有国际视野的中国儿童为目标,潜心构建幼儿园园本体验课程,赢得了家长、同行及社会的高度认可,先后被评为重庆市一级幼儿园、重庆市平安校园、重庆市巾帼文明示范岗单位、西南大学教育实习基地,具有较强的业界影响力。

2024年秋季,阳光幼儿园积极响应党和国家关于推进学前教育普及普惠安全优质发展的要求,认真学习贯彻落实全国教育大会精神,始终心怀"国之大者",顺应"群众期盼",围绕《3—6岁幼儿学习与发展指南》和《幼儿园保育教育质量评估指南》,着力于满足群众对幼有所育、幼有优育的美好期盼,促进幼儿教师高素质专业化建设和推动幼儿园高质量发展,切实做有社会责任的幼教人,办高品质的幼儿园。现结合实际,制订本学期工作计划。

一、工作目标

(一)党建工作进一步强化

党对幼儿园的全面领导切实加强,党的教育方针及立德树人根本任务进一步贯彻落实,党的政治建设、思想建设、组织建设、作风建设、纪律建设和制度建设在幼儿园得到进一步深化。

(二)办园方向进一步明确

立德树人根本任务在办园治园各方面得到更好彰显,培养德智体美劳全面发展的社会主义建设者和接班人的方向目标得到更好落实。

(三)精细化管理进一步完善

精细化管理理念进一步提炼,制度机制、流程规范进一步完善,幼儿园治理水平和服务能力进一步提高。

(四)保教品质进一步提升

课程改革不断深化,课程内容不断丰富,适宜幼儿发展特点的保教内容与形式进一步协同,教育科研及保教方法进一步创新,幼儿发展进一步健康向好。

(五)安全工作进一步抓实

安全管理体系更加健全,安全管理设施更加夯实,幼儿园"零事故"目标持续巩固,平安校园创建成果不断拓展。

(六)后勤工作进一步细化

后勤服务不断优化,财务及物品管理不断规范,儿童膳食营养水平不断提升,儿童健康成长切实保障。

(七)家园联系进一步加强

家园联系进一步强化,持续巩固家长对工作的理解与支持,家园合力不断增强。

(八)主题活动进一步丰富

主题活动蓬勃开展,活动内容不断丰富,品牌形象和社会影响力进一步提升。

二、工作任务

(一)全面加强党的建设

1.坚持思想引领。深入学习贯彻习近平新时代中国特色社会主义思想,用党的创新理论武装头脑、指导实践、推动工作。按照上级规定和要求,加强对党的重要会议精神的学习、宣传、阐释,推动其走深走实。贯彻坚持党对幼儿园工作的全面领导,推动幼儿园党组织切实加强政治建设,提高政治判断力、政治领悟力、政治执行力。

2.加强党组织建设。通过组织生活会、民主评议等形式提升党员凝聚力,开展丰富多彩的主题教育活动,增强党员对党的认同感与使命感。每季度进行党员培训,确保党员掌握党的最新方针政策。

3.强化思想政治教育。利用教职工大会、专题学习班等形式,引导教职工树立正确的价值观与人生观,营造积极向上的校园文化。结合时事热点组织讨论会,引导教职工关注社会发展与教育政策变化,提升政治敏锐性与理论水平。

4.发挥党员先锋模范作用。鼓励党员主动担当、积极作为。开展"党员服务日"活动,组织党员主动服务儿童、家长及社区,增强其社会责任感与使命感,确保党员在改革与发展中发挥引领作用。

(二)始终坚守办园方向

1.落实立德树人根本任务。遵循学前教育规律,尊重儿童人格与个体差异,设计符合发展需求的课程,注重德育渗透。通过亲子活动和社区服务,增强儿童的社会责任感。

2.不断优化办园环境。加强幼儿园环境建设,提升硬件设施水平,营造温馨、舒适、富有教育意义的校园环境。优化户外体能区的钻、爬、投掷、平衡等设施,丰富种植区瓜果种类,满足儿童发展的需要。增添科普馆、美食坊、陶艺坊设备,让儿童在体验中获得更全面的发展。

3.全面提升办园品质。加强与先进发达城市幼儿园的交流与合作,引进更先进的教育理念和教学方法,提升办园品质,打造核心竞争力。

(三)持续完善精细化管理

1.进一步落实精细化管理要求。建立健全各项制度与工作流程,提升幼儿园管理水平。不断完善精细化管理制度、精细化管理流程、精细化评估标准,力求把每一件事落实到位,做得更完美。

2.进一步加强过程管理。定期检查与评估,制订详细工作计划与时间表,明确阶段目标与责任人,建立有效反馈机制,鼓励教职工提出建议,及时调整工作策略。每月开展工作检查,对进展情况进行总结与分析。

3.编写幼儿园精细化管理手册。成立《幼儿园精细化管理手册》编写小组,收集、整理、提炼幼儿园精细化管理的经验和做法,力争在2025年完成《幼儿园精细化管理手册》的编写和出版。

(四)持续提升保教质量

1.继续深化幼儿园课程改革。不断优化、完善幼儿园园本体验课程体系,加强"阳光幼儿园美食游戏体验课程"的实施推广,提炼新的经验成果。不断完善"阳光幼儿园农耕体验课程",将其作为2025年的新课程进行申报。

2.积极创新教学方法。在坚持实施游戏化教学模式的基础上,定期组织教师培训与观摩活动,分享教学经验与创新实践,提升教师专业素养,使其能有效激发幼儿学习兴趣和主动性,提升保教质量。

3.深入开展幼小衔接。进一步开展幼小衔接课程研究和实践,开展幼小衔接课程,设置专题衔接活动,使儿童提前适应小学学习生活。与周边小学建立联系,了解小学课程设置与教学要求,制订衔接方案,帮助幼儿顺利过渡到小学阶段,舒缓家长和幼儿的焦虑情绪。

(五)全面强化安全工作

1.高标准完善幼儿园安全设施。不断完善安全设施,建立全面的安全管理体系,定期检查监控系统、消防设施和门禁系统,引入专业的安全管理培训,增强教职工安全意识与应急能力,制订详细安全工作方案,明确安全职责。

2.高要求推进幼儿园安全教育。定期开展安全教育活动,强化教职工安全教育及管理的意识和能力,不断提高幼儿的自我保护能力。

3.高质量建立安全巡查制度。健全安全巡查制度,定期对幼儿园进行安全巡查和隐患排查,确保幼儿园安全稳定。

4.高站位保障食堂食品卫生安全。完善膳食营养搭配,创新菜品开发,提升幼儿膳食质量;定期开展膳食调查和评估。定期组织幼儿健康体检与生长发育监测,及时处理健康问题。建立传染病防控机制,开展卫生知识宣传活动,培养儿童良好卫生习惯。

(六)落细落实后勤工作

1.规范财务管理。加强财务管理制度建设,制订详细财务计划,合理安排与使用经费。定期开展财务审计与检查。

2.规范物品管理:建立完善物品管理制度,制订物品管理流程,明确责任人。

(七)深化拓展家园联系

1.深化家园合作。定期举办家长开放日,邀请家长走进园内,了解儿童学习与生活情况。开展家长讲座与交流会,分享育儿知识,帮助家长参与孩子成长。通过满意度调查,及时收集反馈信息。

2.组建家长学校。成立家长学校,为家长提供科学育儿知识和方法指导。开展个案指导服务,帮助家长解决育儿难题。

3.提升家长满意度。积极关注家长的需求与反馈,开展满意度调查,确保满意度在95%以上。利用微信群、公众号等平台,及时传递园内最新动态,增强沟通互动。

(八)切实提高教研能力

1.加强教研团队建设。定期举办教研活动,邀请专家指导与分享,鼓励教师参与外部教研活动,支持教师课题研究与创新实践,定期展示教研成果。

2.开展课题研究。持续开展"阳光幼儿园美食游戏体验课程""幼小衔接课程"的实施推广,不断总结经验成果。进一步实施并完善"阳光幼儿园农耕体验课程"的研究和实践探索,力争将其作为2025年新课题申报。

3.搭建交流平台。搭建教职工交流学习平台,定期举办教研活动和教学观摩活动;加强与同行之间的交流与合作,共同推动学前教育事业发展。

(九)积极开展主题活动

每月开展一次主题活动,9月开展国庆节庆祝活动,10月开展九九重阳节活动,11月开展家长开放月活动,12月举办冬季运动会(亲子马拉松)活动,1月举办迎新晚会。

三、保障措施

(一)加强组织领导

成立阳光幼儿园"高质量发展高水平安全工作领导小组",明确职责分工和工作任务;加大工作监督和检查力度,确保各项工作落到实处。

(二)加强队伍建设

加强教职工队伍建设和管理,提升教职工专业素养和业务能力;加强师德师风建设,营造良好工作氛围。

(三)加强经费保障

合理安排和使用经费资源,确保各项工作顺利开展;加大经费监管和审计力度,确保资金安全合理使用。

(四)加强宣传引导

加大幼儿园宣传工作力度,提升幼儿园知名度和美誉度;加强与社会各界交流与合作,共同推动学前教育事业发展。

2024年秋期工作行事历

月份	周次	重点工作	保教工作	后勤工作
8月	开学前工作	1.检查计划完成情况：党建工作计划、幼儿园工作计划、保教工作计划、教研工作计划、后勤工作计划、安全卫生工作计划 2.组织教职工培训：培训工作制度、工作流程、评估标准、各项工作计划、师德师风、业务知识 3.督导完成开学前的准备：环境准备、物资准备、人员准备 4.签订安全责任书、完善用工合同 5.召开新生家长会 6.指导完成本学期经费预算	1.拟订保教工作计划、教研工作计划、教师成长计划 2.检查班务工作计划 3.策划开学典礼、准备相应物资 4.督导落实各班区角的规划设计 5.指导完成早锻炼策划及编排 6.指导完善保教工作相关表格 7.组织教师集体撰写9月活动教案	1.制订后勤工作计划 2.做好开学前环境准备、物资准备 3.完善安全、卫生保健、食堂相关制度、流程 4.指导完成食堂"6S"管理标识 5.组织后勤人员专项培训 6.采集教职工健康档案 7.全园安全隐患排查 8.完成本学期经费预算 9.制订幼儿9月食谱 10.检查绿化维护情况
9月	第1周	1.组织策划"国庆节"主题系列活动 2.检查年报系统、资助儿童及资料上报完成情况 3.开展主题党日活动 4.召开行政例会 5.检查各种表格填写情况 6.检查食堂工作	1.组织讨论教研活动的具体安排 2.组织中大班升班主题活动 3.启动教师师徒结对活动、签订协议书 4.组织讨论"国庆节"主题活动的开展形式并制订活动方案 5.召开新生家长会 6.组织召开教师例会、保育员例会 7.检查各班级保教活动相关表格的填写情况	1.完成各种后勤资料的上报 2.组织召开后勤工作会议 3.重点督导晨午检工作的落实 4.收集新生体检表、建立新生健康档案 5.完善收费统计工作 6.完成期初幼儿身高体重测量 7.检查各种表格填写情况 8.检查食堂工作
	第2周	1.组织开展党日活动 2.组织开展幼小衔接家长沙龙活动 3.指导选举并一届家委会、膳食委员会成员 4.开展家庭教育专题讲座《今天，我们要培养什么样的孩子》 5.组织召开行政例会	1.开展家庭教育专题讲座并做好相关准备 2.巡查指导各班级实施"阳光幼儿园美食游戏体验课程" 3.指导开展"阳光幼儿园美食游戏活动体验课程"的教研活动 4.召开教师例会、保育员例会 5.检查各班级保教活动相关表格的填写情况	1.开展幼儿一日活动常规检查 2.根据教师节活动进行物品采购 3.清洁卫生大检查 4.检查各种表格填写情况 5.检查食堂工作的落实情况 6.召开门岗专题会议、后勤人员例会

027

续表

月份	周次	重点工作	保教工作	后勤工作
9月	第3周	1.检查"国庆节"主题活动的前期准备 2.组织开展家长读书分享会 3.检查教研活动开展情况 4.召开行政例会 5.检查各种表格填写情况 6.检查食堂工作	1.检查安全教育课程的落实情况 2.做好"国庆节"主题活动的相关准备 3.开展"防拐骗"安全演练 4.组织开展教研活动 5.开展"中秋节"主题活动 6.召开教师例会、保育员例会 7.检查各班级保教活动相关表格的填写情况	1.开展中秋节安全专题教育 2.开展秋期传染病防控工作 3.检查食堂"三防"工作开展情况 4.开展期初物品进出库盘存 5.检查各种表格填写情况 6.召开后勤人员例会
	第4周	1.带领行政人员开展安全隐患排查 2.召开行政例会 3.指导开展"国庆节"系列活动 4.指导开展安全演练活动 5.组织召开月末工作总结会议	1."国庆节"主题系列庆祝活动 2.收集和分析教研活动的效果和反馈意见,及时调整和优化教研活动方案 3.各班教师参加"绘本阅读指导能力培养培训" 4.组织教师集体撰写10月活动教案 5.召开教师例会、保育员例会 6.检查各班级保教活动相关表格的填写情况	1.做好"国庆节"主题活动的物资准备 2.开展全园安全隐患排查 3.召开节前安全工作专题会议 4.检查厨房工作落实情况 5.检查各种表格的填写情况 6.召开后勤人员例会 7.落实国庆假期安全工作 8.制订幼儿10月食谱
10月	第5周	1.组织召开"阳光幼儿园农耕体验课程"研讨会 2.开展主题党日活动 3.解读"阳光幼儿园农耕体验课程"课题申报机制,培训课题申报书的撰写方法 4.召开行政例会 5.检查各种表格填写情况 6.检查食堂工作	1.组织学习"阳光幼儿园农耕体验课程"的申报 2.讨论并制订"重阳节"活动方案 3.召开教师例会、保育员例会 4.检查各班级保教活动相关表格的填写情况	1.后勤人员专题培训 2.检查各种表格填写情况 3.检查食堂工作 4.召开后勤人员例会
	第6周	1.指导开展"重阳节"主题系列活动 2.召开行政例会 3.联系教师外出学习 4.组织召开行政例会	1.开展"重阳节"主题系列活动 2.开展课题研讨《如何科学有效地进行幼小衔接》 3.召开教师例会、保育员例会 4.检查各班级保教活动相关表格的填写情况	1.幼儿护理工作开展情况督查 2.做好"重阳节"主题活动的相关准备 3.检查各种表格填写情况 4.检查食堂工作 5.召开后勤人员例会

续表

月份	周次	重点工作	保教工作	后勤工作
10月	第7周	1.指导秋季传染病防控工作 2.召开行政例会 3.检查食堂工作 4.检查各种表格填写情况 5.电话抽查家长满意度	1.讨论家长开放日活动形式 2.组织研讨"阳光幼儿园农耕体验课程"实施困惑 3.召开教师例会、保育员例会 4.检查各班级保教活动相关表格的填写情况	1.督导传染病防控工作开展落实 2.督导垃圾分类工作开展落实 3.组织开展保育专题培训 4.组织开展安全演练 5.检查各种表格填写情况 6.检查食堂工作 7.召开后勤人员例会
	第8周	1.组织开展精细化管理主题论坛,细化一日活动流程 2.召开行政例会 3.组织召开"家长开放月活动"研讨会	1.组织开展精细化管理主题论坛 2.组织观摩各班一日活动幼儿常规培养 3.召开教师例会、保育员例会 4.检查各班级保教活动相关表格的填写情况 5.入班查看班级半日活动组织情况	1.收集精细化管理在后勤工作中的问题及建议 2.组织召开膳食委员会会议 3.检查各种表格填写情况 4.检查食堂工作 5.召开后勤人员例会
	第9周	1.指导制订"家长开放月"活动方案 2.指导制订11月膳食搭配 3.召开行政例会 4.检查各种表格填写情况 5.带领行政人员开展安全隐患排查 6.组织召开月末工作总结会	1.组织教师进行《3—6岁幼儿学习与发展指南》语言领域理论知识考试 2.制订家长开放日活动方案 3.组织教师集体撰写11月活动教案 4.召开教师例会、保育员例会 5.检查各班级保教活动相关表格的填写情况	1.开展月末安全隐患排查 2.召开后勤月末总结会 3.检查各种表格填写情况 4.检查食堂工作 5.召开门岗安全专题会议 6.制订幼儿11月食谱 7.召开后勤人员例会

续表

月份	周次	重点工作	保教工作	后勤工作
11月	第10周	1.指导启动家长入园跟班活动工作 2.检查各年龄段家长开放日活动方案 3.召开行政例会 4.检查各种表格填写情况 5.检查安全演练活动开展情况	1.制订家庭教育专题讲座方案，并做好相关准备 2.启动家长入园跟班活动 3.指导开展"11.9"系列活动 4.召开教师例会、保育员例会 5.检查各班级保教活动相关表格的填写情况	1.配合做好"11.9"系列活动准备 2.带领入园跟班家长参观食堂 3.食堂工作检查及燃气专项工作督查 4.做好体弱儿童、肥胖儿童的健康监测 5.检查各种表格填写情况 6.检查食堂工作 7.召开后勤人员例会
	11周	1.组织开展主题党日活动 2.指导开展家长开放日活动 3.召开行政例会 4.检查食堂工作	1.指导开展班级秋季郊游活动 2.开展"阳光幼儿园农耕体验课程"实施研讨 3.召开教师例会、保育员例会 4.检查各班级保教活动相关表格的填写情况	1.开展食堂人员技能培训及技能比赛 2.督导入冬后幼儿护理工作的落实 3.期中物资盘存 4.检查各种表格填写情况 5.检查食堂工作 6.召开后勤人员例会
	12周	1.检查教研活动开展情况 2.组织讨论冬季运动会开展形式 3.开展家庭教育专题讲座《如何和孩子建立良好的亲子关系》 4.召开行政例会	1.指导开展"阳光幼儿园农耕体验课程"实施效果分析 2.召开教师例会、保育员例会 3.检查各班级保教活动相关表格的填写情况	1.开展冬季呼吸道疾病防控工作 2.开展后勤人员培训工作 3.检查各种表格填写情况 4.检查食堂工作 5.检查晨午检及因病缺勤追踪落实 6.召开后勤人员例会
	第13周	1.指导制订冬季运动会活动方案 2.召开行政例会 3.检查各种表格填写情况 4.检查食堂工作 5.带领行政开展安全隐患排查 6.组织召开月末工作总结会	1.讨论并制订亲子运动会活动方案 2.组织教师集体撰写12月活动教案 3.开展"幼小衔接课程"实施研讨活动 4.召开教师例会、保育员例会 5.检查各班级保教活动相关表格的填写情况	1.制订幼儿12月食谱 2.开展全园安全隐患排查 3.召开月末总结会 4.检查各种表格填写情况 5.检查食堂工作

续表

月份	周次	重点工作	保教工作	后勤工作
12月	第14周	1.组织开展全员冬季运动会（亲子马拉松） 2.检查教研活动开展情况 3.召开行政例会 4.检查各种表格填写情况	1.组织开展冬季运动会（亲子马拉松） 2.组织开展《农耕体验课程》实施研讨会 3.督导幼儿一日活动的有效实施 4.召开教师例会、保育员例会 5.检查各班级保教活动相关表格的填写情况	1.协助开展冬季运动会、准备相关物资 2.开展安全专题教育工作 3.继续加强手足口病、诺如病毒等的防控工作 4.开展食物中毒演练 5.检查各种表格填写情况 6.检查食堂工作 7.召开后勤人员例会
	第15周	1.主题党日活动 2.召开行政例会 3.检查厨房工作	1.开展中、小班《幼小衔接课例展示》 2.召开教师例会、保育员例会 3.检查各班级保教活动相关表格的填写情况	1.组织门岗人员进行专题培训 2.开展全园安全隐患排查 3.检查各种表格填写情况 4.检查食堂工作 5.召开后勤人员例会
	第16周	1.开展家长专题讲座《3—6岁怎样给孩子立规矩》 2.召开行政例会 3.检查各种表格填写情况 4.组织召开迎新活动研讨会	1.开展班级环境创设经验分享"幼小衔接课程背景与班级环境的关系" 2.开展家长专题讲座《3—6岁怎样给孩子立规矩》 3.召开教师例会、保育员例会 4.检查各班级保教活动相关表格的填写情况	1.协助完成年检工作 2.完成防雷检测工作 3.完成各种资质证件的检查和更换工作 4.检查各种表格填写情况 5.检查食堂工作 6.召开后勤人员例会
	第17周	1.指导开展迎新活动 2.召开行政例会 3.检查各种表格填写情况 4.检查食堂工作 5.带领行政人员开展安全隐患排查 6.组织召开月末工作总结会	1.组织教师集体撰写1月活动教案 2.组织观摩"幼小衔接课程"实施成果 3.召开教师例会、保育员例会 4.检查各班级保教活动相关表格的填写情况	1.协助做好迎新晚会活动 2.开展月末清洁大扫除工作 3.进行全园安全大排查 4.召开月末总结会 5.检查各种表格填写情况 6.检查食堂工作

续表

月份	周次	重点工作	保教工作	后勤工作
1月	第18周	1.入班检查,查看班级工作配合情况 2.启动2025年春季招生工作 3.教师个别谈话 4.召开行政例会	1.制订招生活动方案 2.组织开展"迎新"晚会活动 3.召开教师例会、保育员例会 4.检查各班级保教活动相关表格的填写情况	1.做好招生工作相关准备 2.组织开展安全演练 3.冬季用电用气安全督查 4.检查各种表格填写情况 5.检查食堂工作 6.召开后勤人员例会
	第19周	1.指导召开期末班级家长会 2.检查各项表格填写情况 3.指导开展教研活动总结和评估 4.召开行政例会 5.检查各种表格的填写情况 6.检查食堂工作	1.组织开展深化落实《如何科学有效地进行幼小衔接》研讨 2.幼儿发展成果展示活动 3.召开教师例会、保育员例会 4.检查各班级保教活动相关表格的填写情况	1.拟定2025春经费预算 2.拟定2025春季物品采购计划 3.检查"阳光餐饮"APP使用情况 4.检查期末食堂库房,食材清理和计划少量购买 5.检查各种表格填写情况 6.召开后勤人员例会
	第20周	1.指导开展期末幼儿测评工作 2.检查各项资料收集、整理情况 3.指导完成设施设备的检查 4.指导开展教职工评优评先活动 5.组织召开学期工作总结会 6.检查放假前的各项工作完成情况	1.检查幼儿作品的收集及装订 2.总结各项工作 3.整理教研成果和典型案例 4.组织讨论下学期大型活动 5.组织讨论下学期的教研计划和工作安排	1.期末幼儿测评工作 2.各项资料收集、整理、上报和存档 3.设施设备安全检查及检修、报损 4.开展班级、库房物品清点、盘存工作 5.开展后勤人员期末、年末考评工作 6.做好放假前幼儿园值班值守及防火防盗工作

第二节 保教计划

2024年秋期保教工作计划

在新时代背景下,学前教育作为国民教育体系的重要组成部分,承担着培养德智体美劳全面发展的社会主义建设者和接班人的重要使命。本保教计划旨在积极响应国家教育政策,以落实立德树人为根本任务,全面提升保教质量,确保幼儿在安全、健康的环境中快乐成长。通过深化课程改革、优化教学法、加强家园合作、推动教师专业成长以及优化园本课程,致力于构建一个高质量、有特色的学前教育体系,为幼儿的全面发展奠定坚实基础。现结合本园实际制订本计划。

一、工作目标

落实立德树人：全面培养德智体美劳全面发展的社会主义建设者和接班人，强化幼儿良好的品德习惯，通过主题活动与家园互动，落实立德树人根本任务。

提升保教质量：科学规划一日活动，深化课程改革，优化教学方法，增强保教活动的精准性和实效性，促进幼儿全面发展。

守护健康安全：加强安全教育，完善安全体系，强化卫生保健，实施体弱儿童监测，预防传染病，科学配餐，保障幼儿健康成长。

促进教师成长：通过培训与实践，提升教师队伍的专业素养与教学水平，构建一支师德高尚、业务精湛、结构合理的教师队伍。

优化家园合作：加强家园沟通与合作，提升家长满意度，共同促进幼儿健康成长，形成家园共育的和谐局面。

优化园本课程：持续推广园本体验课程，加强教研团队建设，开展课题研究，搭建交流平台，推动学前教育高质量发展。

二、工作任务

（一）落实立德树人根本任务

品德习惯培养：将品德及习惯的培养融入幼儿一日生活各环节，采用故事讲述、角色扮演、情景模拟等多元化方式，引导幼儿树立正确的价值观，养成良好的行为习惯。

开展主题教育：结合国庆节、重阳节、世界粮食日等节日，开展丰富多彩的主题教育活动，培养幼儿的爱国主义情感、集体主义精神和敬老爱幼、珍惜粮食等优秀品质。

完善家园共育体系：加强与家长的沟通与合作，共同关注幼儿习惯及品德发展，引导家长在家庭教育中注重习惯及品德培养，形成家园共育的良好氛围与合力。

（二）提升保教质量水平

计划落实与监督：以各项计划的制订和落实为抓手，明确教学活动的目标定位、开展方式和效果评估，确保教师在教学内容把握、教学方法优化等方面取得提升。

活动细节与质量：重视幼儿一日活动的开展，持续推进半日活动视导机制，通过师徒结对指导、问题研讨和策略跟进，营造幼儿主动参与、亲身体验、积极探索的良好氛围，提升保教质量。

课程改革与创新：以"学教形式转型"为引领，依托精品教学课例，深化课程改革，优化教学方法，提升教学活动的针对性和实效性。

（三）守护幼儿安全健康

强化安全工作：完善安全制度、安全预案，定期开展安全隐患排查和整治，加强安全教育、安全培训及安全演练，提升幼儿的自我保护能力以及教职工的安全应急处置能力。

确保卫生安全：严格执行卫生保健制度，定期开展幼儿健康检查，及时发现并处理幼儿健康问题。加强传染病的预防，完善体弱儿童的健康监测。

食堂食品安全：细化各项工作流程，严格监督管理。科学制订合理的膳食计划，加强膳食营养监测，确保幼儿饮食营养均衡。

（四）深化家园合作机制

健全家园沟通平台：定期举办家长会，向家长介绍幼儿园教育教学情况，听取家长意见和建议。组织开展家长专题讲座，提供科学的育儿知识和方法。

开展家长开放月活动：将11月设立为家长开放月，邀请家长入园助教、跟班，让家长走进幼儿园、了解幼儿园。以年级为单位开展亲子活动，展示幼儿园办园理念和服务水平，提升家长满意度。

个案指导服务：针对个别幼儿的特殊情况，为家长提供个性化的家庭教育指导和帮助，促进幼儿健康成长。

（五）提升教师专业水平

师德师风建设：落实师德教育常态化机制，将师德师风建设融入教师日常学习、工作及评价体系中，鼓励教师自觉提升职业道德水平和专业素养，树立良好教师形象。

团队文化建设：营造积极向上的学习型团队氛围，建立和完善激励制度，激发教师比学赶超、互帮互助的积极性。

教师专业培训：实施师徒结对帮扶计划，发挥资深教师的传帮带作用。采取"走出去、请进来"相结合的方式，为教师提供专业指导。推动信息技术与教育教学的深度融合，提升教师信息化教学能力。

（六）强化园本体验课程

加强教研团队建设：鼓励教职工积极参与教研活动，提升专业素养和教学水平。建立教研团队管理制度，明确团队成员职责和分工。

开展课题研究：结合幼儿园实际工作需要和教育教学改革方向，持续开展"阳光幼儿园美食游戏体验课程""阳光幼儿园农耕体验课程"的课题研究。及时总结经验成果，形成可推广的教学模式和方法。

搭建交流平台：定期举办教研活动和教学观摩活动，为教职工提供交流学习的机会和平台。加强与同行之间的交流与合作，共同推动学前教育事业的发展。

三、实施与监督

各部门根据本计划制订具体实施方案，明确时间节点和责任人。

监督检查：幼儿园领导层定期对计划实施情况进行监督检查，确保各项任务落到实处。

评估反馈：学期末对计划实施效果进行评估总结，及时发现问题并调整优化。

第三节　教研计划

2024年秋期教研工作计划

为落实立德树人根本任务，践行科学保教理念，提升保教质量，促进幼儿快乐健康成长，提高教职工专业素养。结合本园实际，制订本计划。

一、工作目标

（一）队伍素养进一步提高

通过系统的教研活动,提高教职工的教育理论水平和实践能力,使其能够更好地适应学前教育改革的需求。

（二）教学方法进一步优化

积极探索和推广新型教学方法,如项目式学习、探究式学习等,提高幼儿的学习兴趣和主动性。

（三）评价体系进一步完善

建立多元化评价机制,注重过程性评价,全面、客观地评价幼儿的发展情况,促进幼儿全面发展。

（四）家园合作进一步加强

通过教研活动,提升家园合作的水平,形成家园共育的良好氛围,共同促进幼儿健康成长。

（五）保教质量进一步提升

幼儿身心发展规律得到更多的关注,幼儿卫生、生活、行为习惯和自我保护能力得到全方位培育,幼儿在园得到健康快乐的成长。

二、主要任务

（一）课程改革与优化

1.完善园本体验课程体系。进一步优化和完善"阳光幼儿园美食游戏体验课程",积极推进"阳光幼儿园农耕体验课程",深化"幼小衔接课程"。注重课程的实践性和体验性,通过丰富多样的活动设计,提高幼儿的学习兴趣和动手能力。同时,加强对课程实施效果的评估,及时调整和优化课程内容。

2.推广新型教学方法。积极推进幼儿项目式学习、探究式学习等新型教学方法。鼓励教职工在实践中探索和创新,将新型教学方法与幼儿园实际情况相结合,形成具有特色的教学模式。通过教研活动,分享和推广成功的教学案例和经验,提高全体教职工的教学水平。

（二）教师培训与发展

1.定期组织教研活动。鼓励教职工积极参与,教研活动内容包括教学案例分析、教育理论探讨、教学方法创新等。通过教研活动,促进教职工之间的交流与合作,提升其专业素养和教学水平。

2.引进外部专家资源。邀请学前教育专家、优秀教师来园指导,通过他们的指导和引领,拓宽教职工的视野,提升教育教学水平。同时,鼓励教职工积极参加外部培训和交流活动,学习先进的教育理念和教学方法。

3.深化师徒结对活动。通过骨干教师带领普通教师共同成长的方式,提升整体保教水平。师徒结对活动包括教学观摩、教学指导、教学反思等环节。通过师徒结对活动,发挥教职工之间的传帮带作用,提高整体保教质量。

（三）评价体系改革与完善

1. 建立多元化评价机制。采用观察记录、作品展示、口头表达等多种评价方式,全面、客观地评价幼儿的发展情况。注重评价过程的科学性和公正性,确保评价结果的准确性和有效性。同时,鼓励家长参与评价过程,形成家园共育的良好氛围。

2. 注重过程性评价。关注幼儿在学习过程中的表现,及时给予肯定和鼓励。通过过程性评价,激发幼儿的学习积极性,促进其全面发展。同时,将过程性评价与总结性评价相结合,形成完整的评价体系。

（四）家园合作与沟通

1. 强化家园联系活动。多形式开展活动,如家长会、家长专题讲座、家长沙龙活动、家长开放日活动等,让家长走进幼儿园、了解幼儿园,认可幼儿园。还可以组织亲子马拉松、亲子郊游活动等,增进亲子关系,促进幼儿身心和谐发展。

2. 广泛利用信息化技术。充分利用微信平台、小视频等向家长宣传幼儿园的理念、活动,以及分享孩子的成长点滴。同时收集家长的意见反馈,建立专门的反馈机制收集家长意见建议并及时调整优化,提升家长的满意度。

3. 为家长解疑答惑。通过开展家长沙龙,解决家长在教育孩子中的困惑。常态化开展家庭教育个案指导,及时纠正家长的育儿偏差行为。

（五）课题研究与实践

1. 持续开展课题研究。结合幼儿园实际工作需要和教育教学改革方向,在"阳光幼儿园美食游戏体验课程"取得重大成就的基础上,持续推广该课程的研究和实践探索。同时,积极申报新课题,开展相关研究和实践工作。通过课题研究,推动幼儿园教育教学改革和创新发展。

2. 总结经验成果。及时总结经验成果,形成可推广的教学模式和方法。通过教研活动和教学观摩活动等方式,将成功经验进行分享和推广,为幼儿园的发展提供有力支撑。同时,鼓励教职工积极参与课题研究和实践工作,提高自身的专业素养和教学水平。

三、具体方法

（一）行动研究法

鼓励教职工在实践中发现问题、分析问题和解决问题。通过行动研究法,将教研工作与教育教学实践相结合,形成"实践—反思—再实践"的良性循环。

（二）案例研究法

选取典型的教学案例进行深入分析和研究。通过案例研究法,总结成功的教学经验和教训,为今后的教学工作提供借鉴和参考。

（三）小组讨论法

组织教职工进行小组讨论和交流活动。通过小组讨论法,促进教职工之间的思想碰撞和灵感激发,形成新的教学思路和方法。

（四）专家引领法

邀请学前教育专家来园进行指导和引领。通过专家引领法,拓宽教职工的视野和思路,提升专业素养和教学水平。

四、活动开展

结合保教计划，根据教研计划和工作安排，将每周三定为教研活动日。教研形式有观摩学习、研讨、外出学习交流、开展课题研究、课题实践、师徒结对等，通过召开家长会、开展科学育儿专题讲座、家庭教育个案指导，收集和分析教研活动的效果和家长的反馈意见，及时调整和优化教研活动方案，以完成学期教研评估总结等工作。

五、保障措施

（一）组织保障

成立由园长牵头的教研领导小组，负责教研计划的制订、实施和评估工作。同时，建立教研团队管理制度，明确团队成员的职责和分工，确保教研活动的顺利开展。

（二）师资保障

加强师资队伍建设，提高教职工的专业素养和教学水平。通过引进外部专家资源、加强内部培训和交流等方式，打造一支高素质、专业化的教研团队。

（三）经费保障

合理安排教研经费，用于邀请专家、购买教学资料、组织教学观摩和外出培训等活动。确保教研经费的充足和有效利用。

（四）制度保障

建立健全教研制度和管理制度，如教研活动制度、教学观摩制度、课题研究制度等。通过制度保障，规范教研活动的流程和要求，提高教研活动的质量和效果。

第四节　后勤计划

2024年秋期后勤工作计划

根据《幼儿园工作规程》《中小学幼儿园安全防范工作规范（试行）》《托儿所幼儿园卫生保健工作规范》《学校食品安全与营养健康管理规定》等相关规定，按照我园工作计划的总体要求，着眼于践行"保障幼儿安全、促进幼儿健康成长"的宗旨，为全面提升我园后勤工作的精细化管理水平和精细化服务质量，为幼儿营造安全、卫生、健康、和谐的成长环境，特制订本计划。

一、工作目标

（一）安全工作水平更高

坚持精细化管理实施原则，进一步完善和优化幼儿园的安全管理体系，追求幼儿园"零事故发生"目标。严格执行各项安全措施，加强安全隐患排查和监管，提高全体师生的安全意识，全面保障幼儿及教师的生命安全和身体健康。

（二）卫生保健工作更实

持续加强幼儿园卫生保健工作，提升卫生保健服务水平。加强传染病防控措施，做到早发现，早处理。密切关注幼儿的身心健康状况，加强体弱儿童、肥胖儿童的健康监测,积极提供个别帮助指导,为幼儿的健康成长提供有力保障。

(三)食堂食品工作更严

严格执行食堂食品安全管理制度,严格制订采购标准,加强食品操作、加工、储存、食品留样等环节的落细落实,确保幼儿及教师"舌尖上"的安全。科学制订膳食计划,重视营养均衡,满足幼儿健康成长的需求。

(四)资产财务工作更细

规范幼儿园固定资产及物品的管理,确保资产及物品的完好及有效利用。建立健全财务管理制度,细化资金使用过程管理,提高资金的使用效率。为幼儿园的持续发展提供坚实的物质基础。

(五)档案管理服务更优

建立健全档案管理制度,加强档案信息安全保护,提高档案管理的科学化和规范化水平。规范幼儿园各类档案的收集、整理、归档和使用,确保档案的完整、准确和系统性。积极利用档案资源,为幼儿园的教育教学、管理决策提供有力支持。

二、工作任务及措施

(一)构建全方位安全防护网

安全管理是幼儿园工作的重中之重,全园教职工要形成共识。要坚定不移把幼儿安全放在首位。要通过进一步完善制度、加强宣传教育、重视隐患排查,确保幼儿园师生安全。

完善各项制度。进一步完善幼儿园各项安全制度、安全工作流程、安全检查标准、大型活动安全预案,层层签订安全责任书,将责任落实到具体的人,做到事事有人管,确保每一项安全工作都能得到有效落实。

重视宣传教育。利用公众号、微信群、录制专题小视频等方式向家长、幼儿广泛宣传安全知识。定期组织教职工进行师德师风及安全专题培训,不断提升他们的安全素养和专业能力。定期开展幼儿安全教育主题活动及安全演练活动,增强他们的自我保护能力和对突发事件的应急处置能力。

强化隐患排查。定期对幼儿园房屋、设施设备、户外活动器械、班级教玩具,特别是对监控系统、消防设施进行隐患排查,确保设备运行正常、无任何安全隐患。定期对周边环境、园内外矛盾纠纷进行全面排查,及时发现并消除潜在的安全隐患。

加强门岗管理。加强幼儿园门卫室设备管理,确保设备正常使用。加强幼儿园出入登记及查验工作,严格防止无关人员进入以及幼儿独自离园,确保幼儿园师生安全。

(二)打造健康洁净环境

卫生管理是确保幼儿身体健康的重要基石。为了构建良好的卫生环境,幼儿园要加强日常清洁、消毒工作,加强传染病防控,促进幼儿健康成长。

严格日常清洁消毒。严格执行幼儿园户外及公共区域的清洁消毒工作,落实幼儿一日活动各环节的清洁消毒。规范各项卫生、消毒记录的填写,确保日常环境卫生、消毒工作落实到位。

加强传染病防控,定期开展相关知识的学习和宣传,严格执行幼儿晨午检流程和要求。建立传染病防控工作预案,防止传染病的流行。关注幼儿的心理健康,培养幼儿良好的心理素质和情绪管理能力。

加强监测指导。注重培养幼儿在一日活动各环节中的卫生习惯,加强体弱儿童及肥胖儿童的健康监测,提供针对性的指导和帮助。定期对幼儿园卫生保健工作进行检查和评估,及时发现问题并整改,确保卫生保健工作质量。

(三)确保食品安全与营养均衡

食品安全大于天,责任重于泰山。为保障幼儿饮食安全,要进一步完善食堂工作制度,细化工作流程,细化检查标准,通过"6S"标识落实精细化管理的目标,确保食堂工作规范有序。

完善各项制度。本学期要继续完善各项食堂管理制度、细化各项操作流程、各项管理要求,进一步完善食堂"6S"管理标识,通过目视化管理标识不断提高工作效率和工作质量。

加强人员培训。进一步细化从业人员的管理要求及各项操作流程,加强从业人员的岗位培训,定期组织学习,不断强化食堂工作人员的责任意识和专业能力,确保食堂食品安全。

加强监管力度。定期召开膳食委员会,主动听取家长意见,及时调整膳食。定期对食堂进行全面检查,邀请家长代表及膳食委员会成员入园检查监督,定期召开食堂工作会议,交流工作经验,积极改进,不断提高食堂工作质量和服务水平。

(四)促进资产管理运作高效

幼儿园资产管理是后勤管理的一部分,通过进一步建立健全资产和财务管理制度,细化过程管理,提升资金使用效率,为幼儿园的稳健发展提供坚实的物质基础。

建立健全精细化的资产管理制度,通过制订全面而细致的物品采购、使用、管理制度,确保固定资产的科学使用,通过制订细致的经费预算、财务报销、收支管理制度等,确保幼儿园的经费使用更科学。

细化固定资产及物品管理。建立详细的资产(物品)台账,准确记录资产名称、规格、数量、使用状态等信息,确保资产信息准确无误。定期盘点清查,及时发现并处理资产的丢失、损坏等,保障资产的安全完整。加强资产的日常管理,包括维修、保养、报废等,确保资产能够正常使用,并合理延长其使用寿命。

细化财务管理。科学编制每学期财务预算,合理安排资金,确保幼儿园各项工作能够顺利开展。加强预算执行情况的监督和分析,及时发现并纠正预算偏差,确保资金的合理使用。加强收支管理,确保各项收入及时入账,各项支出合法合规。提高资金使用效率,为幼儿园的持续发展提供坚实的财务保障。

(五)优化档案管理服务模式

积极推行幼儿园档案管理的精细化。通过完善档案管理制度,细化档案收集整理流程及要求,加强档案信息安全管理,以提升档案管理水平。

完善档案管理制度。建立健全幼儿园档案管理的各项规章制度,明确档案的收集、整理、归档、利用及档案信息安全保护等各个环节的具体要求,确保档案管理工作的规范化和制度化。

细化档案收集整理。进一步细化档案收集流程及要求,及时、完整收集幼儿园各类档案,及时准确分类归档,方便后续的查找和利用,同时保证档案的安全使用。

积极利用档案资源。充分发挥档案资源在幼儿园教育教学、管理决策等方面的重要作用。通过开发和利用档案资源,为幼儿园的教育教学改革、师资队伍建设、幼儿健康成长等提供有力支持。

三、保障措施

(一)加强组织领导

成立由园长任组长的后勤工作领导小组,负责统筹协调后勤工作的各项任务。明确各部门职责分工,确保各项工作有序推进。

(二)加强监督考核

建立后勤工作监督考核机制,定期对各部门的工作进行检查和评估。根据检查结果和评估结果,对表现优秀的部门和个人进行表彰奖励,对存在问题的部门和个人进行督促整改。

(三)加强沟通协调

加强各部门之间的沟通协调,确保各项工作能够顺利开展。定期召开后勤工作会议,交流工作经验和心得,共同解决工作中遇到的问题和困难。

第三章 幼儿园精细化管理制度

  精细化管理的核心在于建立健全完善的制度体系。就幼儿园来讲，遵循党的教育方针、政策指引，落实国家法律法规的规定，结合园所建设与管理需求，突出重点，着力难点，不断健全完善科学规范、务实管用的内部管理制度，既是建设现代幼儿园制度、提升依法管理能力和水平的现实需要，也是引领幼儿园稳健前行、持续发展的必然要求。阳光幼儿园坚持把健全完善规章制度作为推进精细化管理的核心要素，积极构建以章程为核心的园内制度体系，使内部制度程序规范、内容合法、规定合理、运行有效，推动了依法办园水平的整体提高。期盼本章梳理选编的章程、规则及相关制度，能对您所管理的幼儿园的制度建设方面，有所启发和参考。

第一节 幼儿园章程

阳光幼儿园章程

第一章 总则

  第一条 为依法规范阳光幼儿园（以下简称"幼儿园"）的办学活动和管理工作，根据《中华人民共和国教育法》《中华人民共和国民办教育促进法》《中华人民共和国民办教育促进法实施条例》《民办非企业单位登记管理暂行条例》《中华人民共和国学前教育法》等有关法律法规的规定，制订本章程。

  第二条 幼儿园全称：（略）

  第三条 幼儿园住所：（略）

  第四条 办学性质：阳光幼儿园是由××教育委员会于2006年审批设立的民办幼儿园，是举办者利用非国家财政性经费举办的主要从事教育活动的社会服务机构，办学属性为非营利性，举办者不取得办学收益，学校的办学结余全部用于办学。

  第五条 办学宗旨：坚持中国共产党领导，以习近平新时代中国特色社会主义思想为指导，全面贯彻党的教育方针，坚持社会主义办学方向，遵守宪法、法律法规和国家政策，践行社会主义核心价值观，弘扬中华民族传统美德，遵守社会道德风尚，坚持教育的公益属性，落实立德树人根本任务，培养德智体美劳全面发展的社会主义建设者和接班人。

  办学理念：快乐体验、幸福成长。

  办学目标：培养具有国际视野的中国儿童。

  第六条 幼儿园的审批和业务主管单位是重庆市××教育委员会。登记机关是××民政局。

  幼儿园接受审批机关、业务主管机关、登记管理机关和其他职能部门的指导、监督和管理。

第二章　举办者、开办资金和办学范围

第七条　幼儿园由举办者××独资成立,注册资本为人民币30万元。

第八条　举办者权利包括:

1.了解幼儿园的办学状况和财务状况;

2.在成立幼儿园时,依法制订章程草案,推选幼儿园首届理事会或其他形式决策机构的组成人员;

3.根据法律法规和幼儿园章程规定的权限和要求派代表进入理事会,并依据章程规定的权限行使相应的决策权、管理权;

4.有权查阅学校理事会会议记录和学校财务会计报告,有权向理事会提出工作意见和建议;

5.决定幼儿园的合并、分立、变更、解散;

6.法律法规范围内的其他权限。

第九条　举办者义务包括:

1.遵守国家法律法规和幼儿园章程;

2.按时、足额履行出资义务,保证幼儿园必要而稳定的办学经费,保证办学条件达到国家相关标准;

3.依法保障幼儿园的法人财产权,举办者不得抽逃出资,不得挪用办学经费或者私分幼儿园财产。

第十条　幼儿园办学层次:学前教育(幼儿园)

办学形式:全日制。

办学规模:12个班。

第十一条　幼儿园经营范围:经营范围以登记机关核定为准。

第三章　党的建设

第十二条　拥护中国共产党的领导,坚决执行党的路线方针政策,坚持以习近平新时代中国特色社会主义思想为指导,走符合新时代要求的中国特色民办教育发展道路。

第十三条　幼儿园按照党章规定,经上级党组织批准设立党支部组织(如暂不能单独建立党组织,支持通过联合建立党组织、选派党建工作联络员等方式),在本组织开展党的工作。

第十四条　党组织成员或党员代表通过法定程序进入幼儿园决策机构和行政管理机构。

第十五条　建立健全党组织参与和监督制度。若成立党支部组织,涉及幼儿园发展规划、重要改革、人事安排、大额经费开支、接收大额捐赠,幼儿园变更、分立、合并或注销等重大事项,党支部参与讨论研究。理事会在做出决定前,要征得党支部同意;涉及党的建设、思想政治工作等事项,由党支部研究决定。

建立健全党支部与理事会、监事会日常沟通协商制度,以及党支部与行政领导班子联席会议制度;强化党支部对幼儿园重要决策实施的监督。

第十六条 党组织领导幼儿园思想政治工作,推动习近平新时代中国特色社会主义思想进校园,促进全员全过程全方位育人,巩固思想文化和意识形态阵地。重视师德师风建设,加强思想政治工作者队伍建设。

第十七条 依据《中国共产党章程》,条件成熟时应设立党的纪律检查委员会,加强党内纪律检查监督。

第十八条 落实党建经费、活动场所等方面的保障机制,幼儿园为党组织开展工作提供必要的场地、人员、经费和时间支持,党组织活动经费列入年度经费预算。

第十九条 幼儿园支持领导班子与党组织班子交叉任职,优先推荐领导班子中的中共正式党员担任党组织以及纪检组织负责人。

第四章 管理体制

第二十条 幼儿园的决策机构是理事会,成员有5人,由举办者或其代表、园长、教职工代表、党组织负责人等组成。

理事会中的举办者代表由举办者提名,教职工代表由教职工代表大会推选,党组织代表由党组织推荐(没有党组织或党员的可由工会推荐代表)。

理事会每届任期3年,任期届满时应按照本章程的规定开展换届工作。理事会届满,可以连选连任。

第二十一条 理事会设立理事长1名,由××担任;设理事4名。理事会成员应品行良好、遵守国家法律法规,具有政治权利和完全民事行为能力,三分之一以上的成员应当具有5年以上教育教学经验。成员应当报审批机关备案。

第二十二条 决策机构理事会行使下列职权:

1. 聘任或解聘幼儿园园长及高级管理人员;
2. 选举或罢免理事长、理事;
3. 筹备办学经费,审核幼儿园的年度财务预算方案、决算方案;
4. 决定教职工工资标准;
5. 决定幼儿园的合并、分立、变更、解散;
6. 决定幼儿园内部管理机构的设置;
7. 决定幼儿园的经营发展计划和投资方案;
8. 组织修改幼儿园章程、制订幼儿园的基本管理制度;
9. 本章程规定的其他职权。

第二十三条 理事长依法行使以下职权:

1. 召集和主持理事会会议;
2. 检查理事会决议的实施情况;
3. 法律法规、规章和本章程规定的其他职权。

第二十四条 理事会每年至少召开两次会议。会议须有三分之一成员出席方为有效。

有下列情形之一,应当召开理事会会议:

1.举办者(或理事会)认为必要时;

2.经三分之一以上成员联名提议时。

理事会会议由理事长召集并主持。

第二十五条 召开理事会会议,应于会议召开10日前将会议的时间、地点、内容等通知全体成员,理事会成员因故不能出席的,可以书面委托其他理事代为出席,委托书必须载明被委托人、委托事项、对会议讨论事项的意见等内容。

第二十六条 理事会决议实行一人一票,并应经理事会全体成员二分之一以上同意方可做出。

下列事项属重大事项,应经理事会全体成员的同意方可通过:

1.变更举办者;

2.聘任、解聘园长;

3.修改幼儿园章程;

4.制订发展规划;

5.审核预算、决算;

6.决定幼儿园的分立、合并、终止;

7.幼儿园章程规定的其他重大事项。

第二十七条 理事会会议应形成书面决议材料,由与会成员签名并注明是否同意。

实行理事会会议材料存档制度。存档材料至少应包括会议时间、地点、出席人员、签到记录、会议记录、会议决议等内容。

第二十八条 幼儿园设园长,由理事会决定聘任或者解聘。园长任期为5年,可以连选连任。

园长应符合下列条件:

1.具有中华人民共和国国籍,在中国境内定居;

2.遵守国家法律,具有较高政治素质和管理能力,品德高尚,作风正派,热心于社会主义教育事业,熟悉教育及相关法律法规,个人信用状况良好;

3.年龄不超过70岁,身体健康,能依法履行职责;

4.具有5年以上教育管理经验和良好办学业绩;

5.具有相应的专业技术职务。

第二十九条 园长对理事会负责,负责学校的教育教学和行政管理工作,依法行使下列职权:

1.执行理事会或其他决策机构的决定;

2.实施发展规划,拟定年度工作计划、财务预算和学校规章制度;

3.拟定幼儿园内部管理机构设置方案;

4.拟定幼儿园的基本管理制度;

5.组织教育教学、教研活动,保证教育保教质量;

6.提请聘任或者解聘幼儿园管理人员、工作人员;

7.理事会授予的其他职权。

第三十条 幼儿园设立监事会,不得少于3人,并推选1名监事长。监事会成员中应包括党组织负责人,且教职工代表不得少于三分之一。

监事会中的教职工代表应当由教职工代表大会推选。

监事任期与理事任期相同,任期届满,可以连选连任。监事会成员的变更及换届由相关各方按本条规定推选产生。

幼儿园理事会成员、财务负责人及其近亲属不得担任、兼任监事会成员。

第三十一条 监事会成员应当遵守有关法律法规和幼儿园章程,忠实履行职责。监事会依法行使下列职权:

1. 监督幼儿园的办学活动是否符合党的教育方针、社会主义办学方向,是否符合法律法规、规章和章程的规定。

2. 监督理事会和园长等行政机构成员履职情况,当理事会成员和园长等行政机构成员行为损害学校利益时,要求其予以纠正。

3. 检查幼儿园财务。

4. 国家法律法规和幼儿园章程规定的其他职权。

监事会成员列席理事会会议。监事会或监事可以根据监督情况,向登记管理机关、业务主管机关及相关部门反映情况。

第三十二条 监事会会议实行1人1票制。监事会决议须经二分之一以上监事会成员同意方可通过。

监事会决议应由监事会成员签名并注明是否同意。

第三十三条 幼儿园可根据办学需要设立内部组织机构,如园务部、教学部、财务部等,各机构根据相应职权与制度开展工作。

第五章 保育教育管理

第三十四条 幼儿园的主要任务是保育教育工作。教学内容应当符合宪法、法律和法规的规定,执行国家课程标准和教学大纲,完成教学计划。

第三十五条 保育教育的基本原则:

1. 尊重儿童人格尊严和合法权益的原则;

2. 促进儿童全面发展的原则;

3. 注重儿童发展个体差异的原则;

4. 对儿童的评价应具有客观性、全面性和个体差异性;

5. 保教结合的原则;

6. 以儿童游戏为基本活动的原则;

7. 儿童课程的多样性原则;

8. 发挥儿童一日活动整体教育功能的原则。

第三十六条 幼儿园坚持全面贯彻党的教育方针,全面提高保育教育质量。实行科学化、规范化管理,努力提高办学效益。

第三十七条 积极推进和鼓励保育教育研究和改革,运用先进的教育理论指导保育教育活动,积极推广科研成果及成功经验。

第三十八条 注重素质教育,培养儿童的实践能力和体验能力,提高儿童的基本素质和综合能力。

幼儿园严禁体罚和变相体罚儿童。

第三十九条 幼儿园接受教育行政部门和其他有关部门对保育教育的监督管理;接受人民政府对幼儿园办学水平、保育教育质量的督导评估。

第六章 教职工和儿童权益

第四十条 幼儿园根据国家规定和实际需要,自主聘任教职工。聘任的教师或者教学人员应当具备相应的教师资格或者其他相应的专业资格、资质。

幼儿园聘用教师和其他职工,应当与其签订聘用合同。

第四十一条 幼儿园教师享有《中华人民共和国教师法》及有关法律法规、聘用合同规定的权利,履行《中华人民共和国教师法》及有关法律法规、聘用合同规定的义务。

幼儿园其他职工的权利、义务依据有关法律和聘用合同确定。

幼儿园依法保障教职工的工资、福利待遇,为教职工缴纳社会保险。

第四十二条 幼儿园执行国家教师资格证制度及教师专业技术职务评定制度,支持鼓励教师从事科学研究、参与学术交流,参加专业学术团体。

幼儿园对所聘用的教师加强思想品德教育和业务培训。

第四十三条 幼儿园对取得教育教学成果和对幼儿园作出重大贡献的教职工,根据幼儿园的规定,予以表彰、奖励;对违反《中华人民共和国教师法》等法律法规和幼儿园规章制度的教职工,根据幼儿园的制度,实施惩罚。

幼儿园每年对教师的思想品德、业务水平、工作态度和工作成绩进行考核,考核结果作为受到聘用、晋升工资、实施奖惩的依据。

第四十四条 幼儿园成立教职工代表大会、工会等组织,实行民主管理、开展民主监督,保障教职工与儿童权益。

第四十五条 幼儿园对教职工做出处分决定前,应当告知教职工其有权进行陈述申辩,教职工对所受处分不服的,可以根据有关规定提出申诉。

重大奖励和处分应当听取幼儿园教职工代表大会和工会的意见。

第四十六条 幼儿园按照教育行政部门的规定面向社会招收适龄儿童,并为其建立学籍档案。

第四十七条 受教育者享有法律法规规定的受教育的权利,履行法律法规规定的受教育的义务。

第四十八条 对取得明显进步的儿童和对幼儿园做出重大贡献的儿童(家庭),幼儿园根据法律法规和教育行政部门有关要求制订的规定,予以表彰、奖励。

第四十九条 学前时期是行为习惯和规则意识养成的黄金时期,幼儿园根据教育行政部门的有关规定和幼儿的实际情况对儿童予以正确引导。

第五十条 幼儿园结合儿童特点,组建儿童家长(监护人)代表委员会,通过相关方式和程序参与幼儿园民主管理。

第七章 资产与财务管理

第五十一条 幼儿园对举办者投入的资产、受赠的财产以及办学积累享有法人财产权,存续期间,任何组织和个人不得侵占、私分和挪用。

第五十二条 幼儿园经费来源包括:

1. 举办者投入;
2. 政府资助;
3. 收取接受服务的儿童保教费;
4. 资金利息;
5. 其他合法收入。

幼儿园取得的收入主要用于保育教育活动、改善办学条件和保障教职工待遇。

第五十三条 幼儿园对接受服务的儿童收取费用的项目和标准在符合规定的条件下由幼儿园制订,报教育行政部门和价格主管部门备案,并向社会公示。

幼儿园所收取的保育教育费、延时服务费及生活点心费标准须按照备案标准执行,不得追加或另行收取其他费用。

第五十四条 幼儿园应当依照法律、行政法规和国务院财政部门的规定建立财务、会计制度,依法进行独立的会计核算,保证会计资料合法、真实、准确、完整。

幼儿园应配备具有专业资格的会计人员,会计人员不得兼任出纳。

第五十五条 幼儿园应建立健全财务管理制度,在每一会计年度终了时编制财务会计报告,经会计师事务所审计并公布审计结果。

第五十六条 幼儿园应将举办者的出资、政府补贴、收费、办学积累及设施设备等各类资产分类登记入账,定期开展资产清查。

第五十七条 幼儿园更换法定代表人时,应当进行离任财务审计。

第八章 幼儿园变更与终止

第五十八条 幼儿园的合并、分立,在进行财务清算后,由理事会报教育行政部门批准后,向民政局办理登记。

第五十九条 幼儿园举办者的变更,须由举办者提出,在进行财务清算后,经幼儿园理事会同意,报教育行政部门核准后,向民政局申请变更登记。

幼儿园举办者变更的,应当签订变更协议,但不得涉及幼儿园的法人财产,也不得影响幼儿园发展,更不得损害师生权益。

举办者为法人的,其控股股东和实际控制人应当符合法律、行政法规规定的举办民办幼儿园的条件,控股股东和实际控制人变更的,应当报主管部门备案并公示。

第六十条 幼儿园改变名称、层次、类别,或办学期限届满申请续办,应由理事会报教育行政部门批准,向民政局申请变更登记。

第六十一条 幼儿园有下列情况之一的,应当终止:

1. 经幼儿园举办者或理事会自行决定不再继续办学的;
2. 因资不抵债无法继续办学的;

3. 被吊销办学许可证或吊销营业执照。

第六十二条 幼儿园终止运营时,应当依法进行财产清算。

幼儿园自行终止运营的,由幼儿园自行组织清算;被吊销办学许可证的,由审批机关组织清算;因资不抵债无法继续办学而被终止时,由人民法院组织清算。

清算期间,幼儿园不进行清算以外的活动。

第六十三条 幼儿园终止运营时,应妥善安置在园幼儿和教职工。

第六十四条 对幼儿园的财产按下列顺序清偿:

1. 应退受教育者的学费、杂费和其他费用;
2. 应发教职工的工资及应缴纳的社会保险费用;
3. 偿还其他债务。

第六十五条 幼儿园完成清算后,应当将办学许可证交回教育主管部门,并至登记机关依法办理注销登记手续。

第九章 附则

第六十六条 幼儿园章程的最终解释权属理事会。

第六十七条 幼儿园章程经举办者及理事签字捺印或盖章后生效。

第六十八条 经理事会提议可以修改本章程,经理事会三分之二以上的组成人员同意,法定代表人签署并报业务主管单位、登记机关备案。

第六十九条 章程如与法律、行政法规相抵触的,以法律、行政法规为准。

幼儿园所有规章制度不得与章程冲突。

举办者签名(盖章):

第二节 幼儿园行政管理制度

园长办公会议事规则

第一章 总则

第一条 为深入推进幼儿园工作制度化、规范化、程序化,确保园行政领导议事决策的科学化、民主化、法治化,根据有关规定,结合本园实际,制订本规则。

第二条 坚持园党组织领导下的园长负责制。园长是本园的法定代表人,在园党组织的领导下,全面贯彻落实党的理论和方针政策,全面贯彻落实党中央、上级主管部门决策部署,组织实施园党组织决议,依法依规行使职权,全面负责业务工作和行政管理工作。园行政领导人员自觉接受园党组织领导,按照分工抓好集体决策事项的组织实施。

第三条 园长办公会议是园行政领导人员的议事决策性会议,研究并提出拟由园党组织讨论决定的重要事项方案,具体部署落实园党组织会议决议的有关措施,研究园务工作和园务管理等工作。

园长办公会议坚持民主集中制,坚持科学决策、民主决策、依法决策,按照集体领导、民主集中、个别酝酿、会议决定的原则,讨论决定重要事项及其解决方案。

第二章 议事决策范围

第四条 园长办公会议研究提议的重要事项:

1.幼儿园发展规划、年度工作要点、规章制度和规范性文件的制订修订;

2.幼儿园内部职能配置、内设机构设置、人员编制设置与调整;

3.根据党管人才原则及有关规定,涉及人才队伍的培养、招聘(录)、使用、管理、服务和职称评审等相关工作;

4."三重一大"所涉基本建设、项目安排、资产处置、资源配置、无形资产授权使用和资金使用、预算安排等相关方案;

5.业务工作、行政管理等领域的市县级以上重大表彰推荐和园级表彰事项;

6.幼儿园文化建设、干部职工作风建设、意识形态领域的重要事项;

7.事业编制人员、聘用人员的薪酬体系、绩效(收入)分配、福利待遇、奖励、惩处和事关教职工切身利益的其他重要事项;

8.园长认为需要提交园党组织会讨论决定的其他事项;

9.园党组织认为需要先由园长办公会议审议的事项。

10.幼儿园须处理的有关紧急事项。

第五条 园长办公会议讨论和决定下列事项:

1.贯彻落实党的教育工作方针政策以及上级决策部署,贯彻执行国家、市县主管部门的法律、法规、规章、规范性文件中的重要事项;

2.执行园党组织会议决定或决议事项的实施方案和重要措施;

3.执行事业发展、干部人才队伍建设等的重要规划、年度工作要点,业务工作、行政管理等基本管理制度和具体规章制度;

4.内部职能分工、内设机构设置、外聘人员编制设置与调整的具体方案;

5.外聘人员的聘用合同订立、解除或终止等有关事项;

6.年度预算方案、决算情况,大额度支出和年度追加预算,以及其他大额度资金运作,财务管理和审计监督的有关事项;

7.执行重大建设项目、重要资产处置、重要资源配置方案、无形资产授权使用方案,重要合作、采购项目实施以及管理、保护资产中的重要事项;

8.幼儿园宣传、文化、服务工作的重要事项;

9.按规定需要由园长办公会议审议的其他事项。

第六条 下列事项不纳入园长办公会议讨论和决定范围:

(一)依照分工属于园行政人员职权范围内能够处理的事项,或者分管副园长之间能够协调解决的事项;

(二)属于园各班室、年级组范围内能够处理、协商的事项;

(三)议题提出后,会前沟通协商中存在重大分歧暂未形成倾向性意见的事项;

(四)上级已有明文规定,属于园行政领导、各部门贯彻落实的一般性事项。

第三章　议事决策原则和程序

第七条　园长办公会议原则上每月召开一次,遇有重要情况经园长同意可以随时召开。会议由园长召集并主持。园长因故不能参加会议的,由园长委托的副园长召集并主持。

第八条　园长办公会议成员一般为园行政领导人员。会议应当有半数以上行政领导人员到会方能召开。园行政领导人员因故不能参加会议的,应当在会前向园长请假。

不是园行政领导人员的党组织班子成员可参加会议,办公室、纪检负责人应当固定列席,议题相关的部门负责人可列席会议,涉及教职工切身利益的重大议题可邀请职工代表列席。列席人员有发言权,没有表决权。会议召集人可根据议题指定有关人员列席会议。

第九条　园长办公会议议题由园行政领导人员提出,园长确定。对重要议题,园长应当在会前听取党组织书记意见,意见不一致的议题应当暂缓上会。研究决定重大事项前,党组织书记、园长和其他党政领导应当个别酝酿、充分沟通。

第十条　园长办公会议坚持科学决策、民主决策、依法决策。讨论决定重要事项、重大问题,应当在调查研究基础上提出建议方案,经园行政领导人员特别是党组织书记和园长充分沟通且无重大分歧后提交会议讨论。

对事关教职工切身利益的重要事项,应当通过教职工大会或其他方式,广泛听取教职工的意见和建议。对专业性、技术性较强的重要事项、重大问题,应当经过专家评估及技术、政策咨询;讨论决定涉及合法性审查的重大事项之前,应当听取法律顾问的法律意见。

第十一条　园长办公会议议题实行一事一报制度,议题相关材料应当提前提交办公室,办公室应当提前将会议议题及相关材料送达有关参会人员。

议题相关材料由牵头或承办的部门准备,并在提交办公室前提请园长或分管副园长审核并完成议题材料前置审核程序。

议题材料一般包括议题的主要背景、基本情况、主要内容、调研情况、有关说明、具体建议及需要会议决策的事项。如需确定方案的,应当准备两个以上方案备选。

第十二条　园长办公会议议题由分管副园长或分管行政的主要负责人汇报。会议按既定议程逐项进行,无特殊情况或未经园长同意,一般不临时动议议题。

第十三条　园长办公会议研究讨论议题时,出席人员应当充分讨论,对决策建议明确表示同意、不同意或缓议的意见,并说明理由。未到会园行政领导人员的意见可以书面形式表达。园长或会议主持人应当末位表态。

第十四条　园长办公会议研究讨论议题时,园长应当广泛听取与会人员意见建议,在此基础上对研究讨论的事项做出决定。如对重要问题发生较大意见分歧,一般应当暂缓做出决定。

第十五条　紧急情况下不能及时召开园长办公会议研究讨论的事项,可由园长与分管副园长共同商议临机处置,事后应当及时向园长办公会议通报,并按程序予以确认。

第十六条　园长办公会议议题涉及与会人员本人及其亲属的,本人必须回避。其他应当回避的情形,按照有关规定执行。

第十七条 园长办公会议由办公室安排专门人员如实记录并根据会议记录起草纪要,经办公室负责人初核后,按程序送副园长审核,报园长审签。

园长办公会议材料、记录、纪要等相关资料应当妥善保管,按规定存档备查。

第十八条 园长办公会议作出的决议或决定,按照有关规定需要公开的,应当及时公开;按照有关规定需要保密的会议材料、会议内容、会议决定以及尚未正式公布的会议决定等,与会人员应当严格遵守保密规定,不得泄露。

办公室应当及时将党组织会议议决事项向缺席人员通报或传达,并应当遵守前款规定。

第四章 议定事项执行与监督

第十九条 园长办公会议决定的事项,由园行政领导人在职责范围内认真抓好贯彻落实,由相关部门具体负责办理,贯彻落实及执行情况应当及时向园长或园长办公会议汇报。

园长办公会议讨论通过决定印发的文件、方案,原则上须在会议结束后7个工作日内印发。

第二十条 园长办公会议讨论决定的事项,应当坚决执行。相关部门、年级组和个人执行不力的,应当依照有关规定问责追责;决策执行过程中需做重大调整的,应当提交党组织会议决定;会议议定(决定)的事项如需变更、调整、复议的,应当按照本规则重新提交议题研究。

第二十一条 各部门、年级组和个人对园长办公会议议定的事项有不同意见,允许其保留,或按程序向上级组织反映。但在未作出新的决议之前,任何组织和个人不得对抗、改变、推诿、敷衍,不得有任何与园长办公会议决策相违背的言论和行为。

第五章 附则

第二十二条 违反本规则规定,或未真实全面准确向园长办公会议汇报,导致园行政领导人员决策失误的,按照有关纪律、法律法规的规定追究责任。

第二十三条 本规则由园长办公会议负责解释,园长办公会议的会务工作由办公室负责。

第二十四条 本规则自印发之日起施行。

第三节 幼儿园队伍管理制度

教职工入职查询办法

为贯彻未成年人特殊、优先保护原则,加强对幼儿园教职员工的准入管理,预防利用职业便利实施的性侵幼儿等相关违法犯罪,维护本园、幼儿、教职工等相关主体权利与利益,促进学前教育安全优质发展,根据有关法律法规规章等规定,结合本园实际,制订本办法。

1.本园在教育行政主管部门的领导下,负责全园教职员工的入职查询和准入管理工作。

2.本园录用(聘用)教师、保育员、卫生保健人员、安全保卫人员和其他工作人员时,应当向教育行政主管部门、公安机关等有关部门查询应聘者(拟录用者)是否有违法犯罪记录,并进行相关背景查询。

3.通过入职背景查询,发现应聘(拟录用)人员有下列情形之一的,不得聘用(聘任):

(1)被剥夺政治权利或者有犯罪记录的;

(2)因实施虐待、性侵害、性骚扰、暴力伤害等行为被处以治安管理处罚或者行政处分的;

(3)有吸毒、酗酒、赌博等违法或者不良行为记录的;

(4)患有精神性疾病或者有精神病史的;

(5)有严重违反师德行为的;

(6)有其他可能危害儿童身心安全,不宜从事学前教育工作情形的。

4.本园已经聘用(录用)人员及在岗人员,经发现或查询有前条规定可能危害儿童身心安全情形的,应当依法依规予以开除或者解除劳动合同(聘用合同),并向教育行政主管部门报告。

对患有传染性疾病或者有其他不适合从事学前教育工作情形的人员,本园不再聘用(聘任);系在岗期间患病的,应当立即离岗治疗,治愈后方可上岗工作或按有关规定办理(处理)。

5.本园相关负责人或者经办人员若在教职工聘用(录用)、常规管理等工作中,未按照法律法规规章、上级有关规定以及本办法要求,认真履行入职查询及背景调查义务,或者查询到教职工有相关违法犯罪记录但仍予聘用(录用)或者隐瞒不报或者不依法依规处理的,按照本园有关规定予以处理,并依纪依法追究其相应责任。

6.本办法所指的性侵违法犯罪信息,是指符合法律法规等规定条件的违法犯罪信息,且由公安机关根据有关规定建立并纳入性侵违法犯罪人员信息库的信息。

7.本办法由本园园长办公会负责解释,具体工作由本园办公室承担。

8.本办法自2024年5月1日起施行。本办法在执行过程中,如法律法规规章以及上级有新规定,则从其规定。

职初教师培养制度

1.三年以下教龄(含三年教龄)的教师为职初教师。

2.职初教师需要备详案。每周自行找时间找教研组长、保教主任汇报下一周的课程安排,教研组长或保教主任听后给予指导,并签字。

3.业务领导每周至少看一节职初教师的课。每月观摩两位职初教师的半日活动。并及时给予指导,提出具体的改进建议。

4.幼儿园每两个月组织职初教师参加一项基本功展示活动,包括说课、上课、绘画、弹琴、唱歌、舞蹈、粉笔字、区角活动设计、游戏活动设计等。(按照计划,分别研究五大领域的课堂教学活动)

5.职初教师要参与骨干教师或项目组的课题研究。

6.职初教师要积极认真参与各级各类培训活动。

7.职初教师可自行拜师,或者由业务领导指派师父。每周至少看一节师父的课,或者观摩一次教育活动。

8.提倡职初教师之间观摩互助,每周互看一节课或者一次教育活动。

9.职初教师学年初制订自己的个人发展规划,学年末做出总结,并保留好相关过程记录。

教师违反职业道德行为处理办法

第一章 总则

第一条 为加强本园教师队伍建设,规范本园教师职业行为,保障教师、幼儿的合法权益,根据有关法律法规规章和上级制度规定,结合本园实际,制订本办法。

第二条 本办法所称教师指在本园从事保教工作的教师、保育员。

本园卫生保健人员、安全保卫人员和其他工作人员参照执行。

第三条 给予教师的处理,应当坚持公平公正、教育与惩处相结合的原则;应当与其违反职业道德行为的性质、情节、危害程度相适应;应当事实清楚、证据确凿、定性准确、处理恰当、程序合法、手续完备。

第二章 处理的种类和权限

第四条 本办法所称处理包括处分和其他处理。处分种类包括警告、记过、解除聘任合同(解除劳动合同)。其中,警告期限为6个月,记过期限为12个月,撤职期限为24个月。中共党员教师违反职业道德行为的,同时按照有关规定报请给予党纪处分。

其他处理包括给予批评教育、诫勉谈话、责令检查、通报批评,以及取消在评奖评优、职务晋升、职称评定、岗位聘用、工资晋级等方面的资格。取消相关资格的处理执行期限不得少于24个月。

第五条 给予教师处理按照以下权限决定:

(一)警告、记过、解除聘任合同(解除劳动合同),均由幼儿园相关领导提出建议,幼儿园举办者做出决定,报主管部门备案。

(二)给予批评教育、诫勉谈话、责令检查、通报批评,以及取消在评奖评优、职务晋升、职称评定、岗位聘用、工资晋级等方面资格的其他处理,由幼儿园相关领导或举办者视其情节轻重作出决定。

第三章 违反教师职业道德的行为及其适用的处理

第六条 应予处理的本园教师违反职业道德行为如下:

1.在保教活动及其他场合中有损害党中央权威,或违背党的路线方针政策、党和政府重大决策部署的言行。

2.损害国家利益、社会公共利益,或违背社会公序良俗。

3.违反国家民族宗教政策,造成严重后果。

4. 通过保教活动、论坛、讲座、微信及QQ等工作群、朋友圈及其他渠道发表、转发错误观点,或编造散布虚假信息、不良信息。

5. 在工作期间玩忽职守、消极怠工,或空岗、未经批准找人替班,利用职务之便兼职兼薪。

6. 在保教活动中遇突发事件、面临危险时,不顾幼儿安危,擅离职守,自行逃离。

7. 体罚和变相体罚幼儿、歧视、侮辱幼儿、猥亵、虐待、伤害幼儿。

8. 采用学校教育方式提前教授小学内容,组织有碍幼儿身心健康的活动。

9. 在入园招生、绩效考核、岗位聘用、职称评聘、评优评奖等工作中徇私舞弊、弄虚作假。

10. 索要、收受幼儿家长财物或参加由家长付费的宴请、旅游、娱乐休闲等活动,推销幼儿读物、社会保险或利用家长资源谋取私利。

11. 组织幼儿参加以营利为目的的表演、竞赛活动,或泄露幼儿与家长的信息。

12. 组织、推荐或诱导幼儿参加校外培训,或为校外培训机构等介绍生源、提供相关信息。

13. 侵吞、剽窃、抄袭他人学术成果,或有篡改数据文献、捏造事实等学术不端行为。

14. 其他违反职业道德的行为。

第七条 经调查核实教师存在违反教师职业道德行为,情节轻微的,给予警告、记过处分或其他处理;情节较重的,给予撤职处分;情节严重的,给予解除聘任合同或者劳动合同处理。

第八条 教师违反职业道德行为情节轻微,经批评教育后改正的,可以免予处分;对主动承认错误、停止违反职业道德行为并主动采取措施有效避免或者挽回损失的,应当减轻或免予处分。对屡教不改的,拒绝或干扰调查,隐匿、伪造、销毁证据的,应当从严处理、从重处分。

第四章　处理的程序和运用

第九条 给予教师处理按照以下程序办理:

1. 调查核实。发现教师存在本办法所列违规行为的,应当及时组织调查,核实有关事实,形成书面调查报告,提出拟处理意见。做出处理决定前,应当听取教师的陈述和申辩,调查了解幼儿情况,听取其他教师、家长委员会或者家长代表意见,并告知教师有要求举行听证的权利。对于拟解除聘任合同或者劳动合同的,教师要求听证的,应当组织听证。

2. 处理结论。按照给予教师处理的种类及权限,由本园及举办者按照规定程序做出处理决定。处理决定应当书面通知教师本人并载明认定的事实、理由、依据、期限及申诉途径等内容。

3. 复核申诉。教师不服处理决定的,可以自知道或者应当知道该处分决定之日起30日内向本园主管部门申请复核。对复核结果不服的,可以自接到复核决定之日起30日内向本园主管部门的上一级行政部门提出申诉。

4.处理解除。对于教师违反职业道德行为的处理,在处理期满后根据悔改表现予以延期或解除。解除处理的决定应在处理期满后一个月内作出。处理决定和处理解除决定都应完整存入教师档案。

第十条 教师违反职业道德行为受到警告以上处分的,在受处分期间,不得聘用到高于现聘岗位等级的岗位,不得在受处分的当年考核中确定为优秀等次,不得在受处分的所在学期享受工资晋升和综合考核奖,不得在受处分期间参加专业技术职务任职资格评审。

第十一条 违反职业道德行为谋取的奖励、荣誉称号,或在获得奖励、荣誉称号期间违反职业道德行为的,按管理权限由本园或报请上级有关部门取消其相应的奖励、荣誉称号。教师违反职业道德行为获得的经济利益,必须予以清退或上缴。

第十二条 教师受到处分的,符合《教师资格条例》有关规定的,报请教育行政主管部门依法撤销其教师资格。教师受处分期间暂缓教师资格定期注册。依据《中华人民共和国教师法》有关规定丧失教师资格的,不能重新取得教师资格。

第十三条 教师涉嫌违法犯罪的,及时移送司法机关依法处理。教师被依法判处刑罚的,给予解除聘任合同或者劳动合同。教师受到剥夺政治权利或者故意犯罪受到有期徒刑以上刑事处罚的,丧失教师资格。

第五章 处理的责任追究

第十四条 本园园长、副园长及管理人员不履行或不正确履行师德师风建设教育、管理职责,有下列情形的,本园举办者自行或者报请上级行政部门视其情节轻重采取约谈、诫勉谈话、通报批评、纪律处分、解除聘任合同或者劳动合同等方式严肃追究园长、副园长、直接管理人员的责任:

1.师德师风长效机制建设、日常教育督导不到位的;

2.师德失范问题排查、发现、制止、处理、上报不及时的;

3.对已发现的师德失范行为处置不力、方式不当或拒不受理或处理、拖延上报、推诿隐瞒的;

4.对已做出的师德失范行为处理决定落实不到位,师德失范行为整改不彻底的;

5.多次(一学年三次及以上)出现师德失范问题或因师德失范行为引起不良社会影响的;

6.其他应当问责追责的失职失责情形。

第十五条 因管理不力导致教师违反职业道德行为受到上级有关部门通报批评及以上相关处理的,取消园长、副园长、直接管理人员当年评先评优或专项考核奖励资格;情节严重或者影响恶劣的,取消园长、副园长、直接管理人员三年的评先评优或专项考核奖励资格;同时符合或达到解除聘任合同或者劳动合同情形及条件的,解除聘任合同或者劳动合同。

第六章　附则

第十六条　本园举办者、园长应当主动接受社会、家长的监督,面向社会公布举报渠道,听取社会各界对本园工作的意见和建议。

第十七条　本办法施行之前本园与教师及其他人员签订的劳动合同或者聘任合同、本园制订实施的相关规章制度,与本办法有冲突或者抵触的,以本办法为准。

第十八条　本办法由本园园长办公会负责解释,具体工作由本园办公室承担。

第十九条　本办法自2024年3月1日起施行。本办法在执行过程中,如法律法规规章以及上级有新规定,则从其规定。

第四节　幼儿园保教工作制度

集体备课(撰写教案)制度

一、组织与管理

1. 幼儿园实行集体撰写教案的制度,旨在提升保教质量,促进教师专业成长。

2. 教师按大、中、小班段分为三个备课组,由保教主任负责组织,年级组长带领本年级教师开展集体备课活动。

二、备课流程与要求

(一)集体讨论

1. 年级组长带领教师充分讨论,结合幼儿个体差异和本班实际情况,形成各具特色的活动教案。

2. 教师要认真领会各领域具体目标,关注幼儿个体差异,设计符合不同发展水平的教学指导形式。

(二)教案撰写

1. 教师要充分熟悉教学内容,按照说课的流程讲述活动目标、活动准备、活动流程、活动指导方法等,确保教案的完整性和可操作性。

2. 教学设计要以目标为指导,及时调整教育行为,解决好重点难点,提高活动组织能力。

(三)半日活动计划

1. 教师根据周计划,设计制订半日活动计划,实施过程中可根据具体情况适当调整活动内容,以更好地促进幼儿发展。

2. 业务园长每周五审阅教案,提出修改意见和建议,确保教案质量。

三、教案规范与要求

1. 教案撰写要书写规范,不使用繁体字、异体字、二简字或错别字。

2. 教案内容应包括活动目标、活动准备、活动流程、活动指导方法等板块,表述准确,条理清晰。

3.活动目标应涵盖情感目标、能力目标、知识目标,体现全面性和启蒙性。

4.活动过程要充分考虑幼儿的学习特点和认知能力,动静交替,注重教学方法、手段、教具学具的综合运用,寓教育于生活之中。

5.设计中要注重探究式师生互动,敏锐观察幼儿需求,及时以适当方式应答。

6.充分考虑幼儿在发展水平、能力、经验、学习方式等方面的个体差异,因材施教,使每个幼儿都能得到满足和成功。

四、教案反思与教育笔记

1.反思是教师执行活动设计后的总结,包括目标完成、重难点突破、幼儿反馈等方面的内容,有助于改进和提升保教质量。

2.教育笔记是教师审视教育实践和保育质量的专业记录,有助于调动和改进工作,提高保教质量。

五、其他要求

1.教师要根据"一日活动安排"做好逐日教学计划,准备好每个活动的教案。

2.教案讨论要做到讨论大纲、讨论教学内容、讨论幼儿,注重各领域内容的相互渗透。

3.教师要科学使用参考资料,细化活动过程,发挥个人教育风格,丰富教玩具材料,拓宽活动空间,营造有利于幼儿成长发展的教育环境。

通过以上制度的实施,确保集体备课活动的有效性和教案的质量,提升幼儿园整体保教水平。

听评课制度

一、目的

本制度旨在建立并规范幼儿园行政、教研组长及教师的听课评课流程,以全面、系统地评估和提升幼儿园的保教质量。

二、范围

听课内容覆盖幼儿园一日活动的四大核心板块:生活活动、游戏活动、学习活动及运动活动。

三、频次要求

(一)正副园长

每学期听课次数不得少于20次,旨在全面了解幼儿园整体教学状况,为教学改进提供指导。

(二)教研组长

每学期听课次数不得少于15次,重点关注本教研组教师的教学实践,推动教研活动向纵深发展。

(三)教师

每学期听课次数不得少于10次,通过观摩学习,不断提升个人教学水平。

四、听课记录与评课规范

(一)听课记录

听课人员需在听课记录本上详细记载听课时间、地点、课程名称、执教教师及具体听课内容。

(二)评课要求

1. 评课应秉持客观、公正的原则,真实反映课堂教学情况。

2. 评课内容要全面,包括教学目标、教学内容、教学方法、幼儿表现及教师表现等方面。

3. 评课应既肯定优点,也指出不足,并提出具有针对性的改进建议。

4. 评课应注重实效性,避免形式主义,评课结果须及时反馈给执教教师,以便其调整教学策略。

五、听课重点与对象

(一)听课重点

1. 正副园长应根据教师不同发展层次及每月监控重点,有针对性地选择听课对象和内容。

2. 教研组长应关注一日活动课程的平衡性。

3. 一般教师应关注课程实施中幼儿基本经验的把握。

4. 新教师应重点关注活动流程及各环节的衔接。

(二)观摩对象

1. 骨干教师应于每月15日前提交月展示活动名称及观摩重点,供其他教师观摩与评课。

2. 观摩教师必须现场签到,认真参与,并主动完成评课任务。

六、评课活动组织

(一)定期组织

幼儿园应根据实际需要,定期组织集中评课活动,促进教师间的交流与合作。

(二)专业指导

评课活动应邀请专家或资深教师参与,提供专业指导与建议,推动幼儿园保教水平的持续提升。

七、听课记录本管理

(一)审核与统计

听课记录本须在学期结束前交业务园长审核,统计听课量及评课质量,作为教师绩效考核及专业发展评估的重要依据。

(二)检查与指导

业务园长应定期对听课记录本进行检查与指导,确保听课评课工作的规范性与有效性。

教研工作制度

为促进教师队伍高素质、专业化发展,依据《幼儿园教育指导纲要(试行)》《幼儿园教师专业标准(试行)》等相关规定,结合本园实际,制订本制度。

一、教研活动原则

遵循"确定专题、学习理论、独立实践、集体讲评、总结提高"原则,教研组长牵头有计划地分步实施,注意环环紧扣。

二、教研组织架构

1. 幼儿园成立以园长为组长,业务园长为副组长,保教主任为成员的教研领导小组。
2. 成立以教研组长为首,年级全体专任教师参与的小、中、大班教研组。
3. 教研组长在教师中竞选产生,教研组长在园长及业务园长助理统一领导下开展工作,组织教师按计划进行教研活动。

三、教研计划制订

1. 领导教研小组学期初组织召开教研工作专题研讨会,根据幼儿园教研工作中存在的问题,有针对性地提出教研重点,有目的有计划地开展教研活动。
2. 保教主任根据园长统一部署和幼儿园实际情况,确定本学期教研计划。
3. 教研组长根据学期教研计划制订出本年级的教研活动计划及行事历。
4. 每学期有针对性地举办1—2次教育理论专题讲座,每位教师学年末撰写论文或教育故事或经验文章1—2篇。
5. 通过多种形式每学期举办1次教师业务能力、基本技能、技巧的培训或竞赛,提高教师的专业素质。

四、教研活动实施

1. 各教研组成员应准时参加教研活动,不无故缺席,因故不能参加活动,提前向教研组长请假,活动时不随意离开研讨现场。每次活动有主题、有中心发言人、有总结、有反思,激励形成争鸣、探究、团结、进取的教研气氛。
2. 每次活动前做好充分的准备,确定好教研目标、教研内容、教研形式、教研经验、物资准备等。教研活动备课、研讨活动时,专人做好研讨记录。
3. 活动要求紧扣主题,活动中组长要注意调控整个活动的节奏,围绕主题展开讨论,不偏题、离题。经过激烈的辩解、讨论后,组长要善于归纳总结,把教师中的零星观点汇总、整理成本次活动的讨论成果,并提出1—2个思考题。
4. 活动之后要有反思,并跟进落实,动态解决生成性的问题。

五、教研活动要求

1. 教研组长要有计划地在园内开展听课、评课、研讨,以先进的教育理论为依据进行点评、梳理、总结,对教师改进教育教学方法、提高保教质量要有积极促进作用。

2. 不同层次的教研活动由不同级别的教研组长组织和主持,各环节围绕教研主题充分研讨,并安排专人做好书面记录,记录要规范,有时间、有地点、有议程、有小结。

3. 教研组活动时间:每周星期一中午进行集体备课,星期三专题研讨,每学期末进行总结。

4. 每次教研活动进行签到签退、拍照,并做好相关记录。每次教研活动结束后及时收集好所有相关资料,存档归档,期末将各种资料交园长室。提倡和支持教师及时总结自己在教学活动中的经验,并形成经验论文。

5. 教研组每月至少要召开一次例会,研究部署或总结教研活动。每月组织开展一次园本教研活动,每学期开展两次全园性的教学观摩活动,运用观摩、评析、反思等方式,针对某一领域或学科开展教研,学期末对全园的教研工作进行总结、汇报、评价。

六、其他工作要求

1. 小教研组长每周听课3节以上,小教研组每周组织一次小组教研活动,核心教研组每月组织一次集体教学观摩活动,并围绕教学活动展开研讨。

2. 园长一学期进班听课40节以上,并做好记录;业务园长每周进班(蹲点)看活动不得少于3次,并做好记录,一学期听课40节以上;保教主任每周进班听课不少于3次,一学期听课不少于40节。

3. 小教研组每周一进行集体备课,研讨主题及日计划的制订,促进班级之间的交流;每周三进行小教研组专题研讨活动,审议教育计划,解决日常教学活动中存在的问题,研讨教学主题。

4. 保教主任每学期组织一次全园教师公开课展示评比。

5. 小教研组长每月检查组员的教案、听课记录、班务会议记录、交接本、教学反思(随笔)、教研本以及会议记录本。教研组成员每学期至少完成一篇教育故事、教育案例分析,鼓励教师撰写教研论文,在市级以上刊物发表论文或经验材料的教师可以获得一定奖励。

6. 教研组成员收集本班幼儿的各种资料分类存档(照片不少于3张但不允许为大头贴及摆拍照片,应是幼儿活动中随机照片、作品等),为每位幼儿做好成长手册。

7. 各教研组长期末做好教研总结、班级总结、个人总结、特色课总结。

七、教研评价奖励

1. 学年末,考评小组针对各教研组长及成员参研情况,以及各项计划的完成质量给予等级评价,并作为年度考核指标的等级评分。

2. 每月对教研组成员教研教学反思进行检查和评价,并作为月考核中的一项指标进行评价。

3. 期末对教师参与教研活动、各教研组的开展教研情况以及成果情况进行相互评价,评出"教研先进个人""优秀教研组""优秀教研组长"。

4.期末评出优秀文章、优秀案例分析、优秀教育故事,进行表彰,考核加分。

幼儿园一日生活作息制度

一、制订原则

(一)遵循幼儿身心发展规律

1.合理安排幼儿一日作息时间,确保动静交替,注重全面发展,同时满足幼儿身心成长的需求。

2.遵循科学的时间管理原则,安静活动时长控制在30分钟以内,室外剧烈运动时间不超过20分钟,以保证幼儿身心健康。

(二)科学制订作息时间

1.根据不同年龄段幼儿的生理和心理特点,制订符合其发展需求的一日生活作息制度。

2.明确生活活动、教育活动、户外活动、游戏活动等各环节的时间安排,以培养幼儿良好的生活习惯和独立生活能力。

3.保证幼儿一日活动的时间,其中户外活动时间不少于2小时,体育运动时间不少于1小时,游戏时间不少于1.5小时,三餐间隔时间不少于3.5小时。

二、具体作息安排

(一)入园与晨间活动

7:30-8:00:幼儿入园,晨检,一摸、二看、三问、四查,自主区角活动。

8:00-8:30:晨间活动,可以安排晨间锻炼、早操活动、区角活动、自由游戏等,促进幼儿身体活动。

(二)早餐与整理

8:30-9:00:提供营养均衡的早餐,鼓励幼儿自主进餐,使其养成良好的进餐习惯,学会餐后漱口。

9:00-9:15:餐后散步或轻松游戏,促进消化,整理。

(三)教育活动

9:15-9:45:主题教育活动,涵盖语言、健康、科学、艺术等领域。

9:45-10:00:如厕、整理、饮水、自主游戏或自主区域活动,也可提供水果。

(四)户外活动

10:00-11:30:户外活动或体育运动,包含体能区运动、体育游戏、户外探索等。

11:30-11:40:如厕、整理、饮水、餐前活动。

(五)午餐

11:40-12:10:提供午餐,介绍餐食、指导幼儿愉快进餐,培养幼儿良好的用餐习惯及礼仪。

(六)散步与午休

12:10-12:15:散步,提醒幼儿注意安全。

12:15-14:30:午睡,关注幼儿睡姿,确保睡眠安全。

(七)起床与整理

14:30-15:00:起床,整理。

(八)教育活动与点心

15:00-15:40:教育活动,根据五大领域开展活动,小班开展游戏活动。

15:40-16:00:提供点心、牛奶、酸奶等,补充能量。

(九)户外活动与整理

16:00-16:50:户外运动、户外体育游戏。

(十)游戏活动与总结整理

17:00-17:20:游戏活动,如角色扮演、建构游戏等,促进幼儿社交能力和创造力的发展。

17:20-17:30:总结与回顾,教师与幼儿共同回顾一天的活动,进行简单的情感教育。收拾整理,做好离园准备。

(十一)晚餐与离园

17:30-18:00:有晚餐的,可安排晚餐;无晚餐的,幼儿离园。

三、制度执行

(一)严格执行作息制度

1.全体教职工应严格遵守幼儿一日生活作息制度,按时开展各项活动。

2.定期检查和评估作息制度的执行情况,及时发现问题并整改。

(二)灵活调整作息时间

1.根据春、夏、秋、冬四季变化可以灵活调整一日作息时间。

2.根据托、小、中、大班幼儿的年龄特征调整活动时间,以确保作息制度既符合幼儿身心发展需求,又便于幼儿园管理。

四、注意事项

1.在执行作息制度时,应充分考虑幼儿的个体差异,避免整齐划一。

2.教师应密切关注幼儿的身体和心理状态,确保每位幼儿都能在幼儿园度过健康、快乐的一天。

3.幼儿园应定期邀请家长参与作息制度的讨论和评估,共同为幼儿的健康成长营造良好的环境。

第五节　安全工作制度

安全工作责任制度

一、安全责任原则

1.分级管理:幼儿园安全工作实行园长领导下的分级管理,通过分级负责机制,明确各级、各岗位的安全职责,确保安全管理责任到人。

2."一岗双责":全体教职工在履行教育教学职责的同时,必须承担相应的安全管理责任,实行"一岗双责"。

3.责任追究:对于违反安全规定,造成安全事故的,依据相关法律法规及制度,严肃追究相关责任人的责任。

二、幼儿园责任

1.园长责任:园长作为幼儿园安全第一责任人,全面负责幼儿园的安全管理工作,制订并执行安全管理制度,组织安全教育培训,监督安全检查,确保幼儿园安全设施完善、安全制度落实。

2.管理层责任:分管安全的副园长、安稳办主任、年级组长等管理层人员,按照职责分工,具体负责各自领域的安全管理工作,定期组织安全检查,及时发现并消除安全隐患。

3.教职工责任:教师、保育员、后勤工作人员等全体教职工,应严格遵守幼儿园安全管理制度,履行岗位职责,加强对幼儿的安全教育和管理,确保幼儿在园期间的安全。

三、责任划分

(一)班主任职责

1.作为班级安全管理的第一责任人,负责班级日常安全教育和管理工作。

2.定期组织班级安全教育活动,增强幼儿安全意识和自我保护能力。

3.及时发现并报告班级安全隐患,采取有效措施进行整改。

4.对幼儿进行日常行为管理,防止幼儿发生意外伤害。

(二)副班主任职责

1.在教学活动中,关注幼儿安全,确保教学设施、设备的安全使用。

2.发现幼儿异常行为及时阻止,发现安全隐患及时告知班主任或幼儿园相关行政人员。

3.配合班主任进行安全教育和演练活动。

(三)设施设备管理责任

1.后勤主任负责幼儿园设施设备的安全检查、维修和保养工作。

2.定期对幼儿园消防、食品、卫生等设施进行检查,确保符合安全标准。

3.及时处理设施设备故障,消除安全隐患。

(四)安全事件处理

1.发生安全事故时,园长及相应管理人员应立即启动应急预案,组织抢救和疏散工作。

2.及时向上级部门报告事故情况,配合相关部门进行事故调查和处理。

3.根据事故调查结果,对责任人进行严肃处理,并采取措施防止类似事故再次发生。

四、责任追究

1.对于违反安全规定,造成安全事故的,依据相关法律法规及本制度,对责任人进行严肃处理。

2.安全事故责任追究实行"一票否决"制度,对于发生安全事故的责任人,取消其当年评优评先、晋升等资格。

3.构成犯罪的,依法移送司法机关追究刑事责任。

幼儿园门岗管理制度

一、出入管理

(一)定时开关门禁系统

门岗人员按照规定时间开启和关闭幼儿园大门及门禁系统。

(二)开关时间

早上开启时间:7:20

早上关闭时间:9:20(除有教职工进出或特殊情况外)

下午开启时间:16:30

下午关闭时间:18:00(确保所有幼儿安全离园)

二、出入查验登记

1.所有进出幼儿园的人员必须遵守出入规定,主动配合安保人员进行身份验证和登记。

2.非幼儿园教职工进入幼儿园,须提前通过电话或对讲机向门岗人员说明来访目的,并在安保人员处出示有效身份证明(如身份证、工作证等)。

3.安保人员应仔细核对来访者身份,对无法证明身份或来访目的不明的人员,有权拒绝其进入,并礼貌地做好解释工作。

4.外来人员进入幼儿园前,须进行体温检测、双手消毒,并佩戴由安保人员发放的临时入园证。

5.外来人员离园时,须交还临时入园证,安保人员确认无误后方可离开。

三、会客管理

1.教师在工作期间原则上不接待访客,特殊情况须提前向园领导报备,并由教师亲自到门卫室确认和登记访客信息后方可接待。

2.幼儿家长如需入园与教师交流或了解幼儿情况,须提前与园方预约,经园领导批准后,由教师到门卫室确认和登记家长信息后方可入园。

3.上级主管部门或相关单位到园检查、指导工作时,安保人员应及时通知相关行政人员到门卫室接待,并核实来访者身份后进行登记。

四、物品出入查验管理

1.安保人员对进入幼儿园的外来人员携带的物品应进行详细登记,并对可疑物品进行仔细检查,严禁易燃、易爆、剧毒、管制刀具等危险物品进入幼儿园。

2.幼儿园教职工或外来人员带出幼儿园的大宗物品,须事先向园领导报备,经园领导同意并检查后方可放行。

3.安保人员应加强对带入或带出幼儿园物品的监督和管理,确保幼儿园财产安全及师生人身安全。

幼儿安全管理制度

一、入园安全

1.幼儿入园时,安保人员应规范着装并佩戴必要的安全保护设备,站在门外巡视,确保周边无安全隐患和可疑人员。

2.家长须亲自将幼儿送入幼儿园,幼儿打卡入园后,交给幼儿园负责接待幼儿的工作人员,或者亲自交给幼儿所在班级的教师。

3.幼儿进入班级后教师须做好幼儿入园记录,明确幼儿已安全入园。

4.保健医(员)应规范晨检,做到一摸、二看、三问、四查。

5.幼儿园应设立门禁系统,外来人员应经保安核验身份后允许并登记后方可入园,确保园区安全。

6.幼儿进班时,教师应对入园幼儿进行晨检,并引导幼儿放好晨检卡,便于教师当日关注。

7.教师应检查幼儿身体状况及携带物品,防止幼儿携带危险物品入园。

二、日常安全

1.幼儿园应建立安全巡查制度,安排人员定期对园区进行巡查,确保设施、设备完好,无安全隐患。

2.教师在组织幼儿活动时,应确保活动场所及设施的安全性,避免幼儿在活动中受伤。

3.教师应关注幼儿情绪变化,及时安抚幼儿,防止幼儿因情绪波动而发生意外。

4.幼儿园应设立急救箱,并配备必要的急救药品和器械,以备不时之需。

5.教师应加强对幼儿的安全教育,教育幼儿遵守交通规则,禁止其在马路上追逐打闹,确保幼儿出行安全。

三、食品安全

1.幼儿园应确保食品来源安全,选择有资质的供应商。采购人员应严格把控食品进入关,行政人员定期对食品进行检验。

2.幼儿园应设立食品安全管理制度,对食品的加工、储存、烹饪等坏节进行严格控制,确保食品安全卫生。

3.教师应教育幼儿养成良好的饮食习惯,使其不乱吃零食,不暴饮暴食。

四、卫生安全

1.做好日常消毒工作。幼儿园设施设备、大型玩具、班级物品每周消毒。班级餐桌餐前餐后清洗消毒,毛巾、餐具使用后清洗消毒。班级每日按规定的时间和方式消毒。

2.做好传染病的预防,传染病流行季节应加强消毒频次。

3.加强幼儿卫生习惯的教育,引导幼儿勤洗头洗澡、勤换衣服。

4.保持室内空气流通,根据季节和天气调节室内温度。

五、活动安全

(一)园内活动

1.教师在设计活动时,要充分考虑活动的安全性,确保幼儿的安全。

2.教师在组织活动时要加强对幼儿的安全教育、安全提示,讲解活动规则。关注幼儿的安全。

(二)园外活动

1.幼儿园组织幼儿外出活动时应制订定安全应急预案。

2.班级外出活动需要向园长申请,经批准后方可实施,同时制订好安全应急预案。

3.做好对可能发生的突发事件的演练,确保幼儿在突发事件中得到及时有效的救助。

4.教师应掌握基本的急救知识和技能,能够在突发事件中迅速作出反应,保护幼儿安全。

5.幼儿园应建立与家长的沟通机制,在突发事件发生时,及时与家长取得联系,共同应对。

六、离园安全

1.班级教师应做好幼儿离园前的准备工作。

2.保安佩戴好安全保护装备并站到规定的地点关注周边及幼儿离园情况。

3.开启门禁系统,家长按秩序打卡入园。

4.家长到达孩子班级等待的位置,各班级教师按规定和家长做好交接,告知家长幼儿无异常后交给家长。

5.教师应主动向有异常情况的幼儿家长说明情况。

6.本班所有幼儿安全离园后教师填写好交接记录,填写幼儿安全离园后方可离园。

7.值日行政人员待所有幼儿安全离园后进行安全巡查,确定无异常后填好行政值日登记表后方可离园。

七、家园共育

1.幼儿园应定期召开家长会,向家长宣传幼儿安全教育知识,提高家长的安全意识。

2.教师应与家长保持密切沟通,了解幼儿在家的行为习惯和安全状况,共同制订针对性的安全教育措施。

3.幼儿园应鼓励家长参与幼儿园的安全管理工作,共同维护幼儿园的安全环境。

八、责任追究

1.幼儿园应建立安全责任追究制度,对违反安全管理制度的人员进行严肃处理。

2.教师应严格遵守安全管理制度,确保幼儿在园期间的安全。

3.家长应配合幼儿园的安全管理工作,共同为幼儿的健康成长创造安全环境。

幼儿意外伤害防范制度

一、防幼儿烫伤

(一)热源管理

1.暖水瓶、开水壶、热食等高温物品应放置于幼儿无法触及的安全区域。

2.厨房、储藏室、配电室等危险区域应严禁幼儿进入,门窗须保持关闭状态,并设置警示标识。

(二)温度控制

1.幼儿盥洗前,务必测试水温,确保水温适宜(以手背试温,不烫为宜)。

2.幼儿的饮水、食物都应严格控制温度,开水机应调制在45度左右,幼儿的餐食分发时应冷却到60度以下方可送进班级,避免烫伤。

二、防幼儿外伤

(一)环境安全

1.定期检查园内设施,及时消除安全隐患,发现玩具破损或者边角太锋利时应立即停止使用。

2.大型玩具每日检查,发现问题立即停用并维修。

(二)活动安全

1.户外活动时教师应全程监护,确保每一位幼儿在教师的视线范围内。

2.加强安全提示,关注幼儿行为,及时制止幼儿不当行为。

3.小班幼儿户外活动最好与中大班分开进行,避免混龄带来的安全风险。

(三)物品安全

1.班级及园内的锐利工具如剪刀、刀具等应存放在成人专用柜内,并加锁保管。

2.幼儿使用的设备应稳固安全,无松动或尖锐部分。

3.存在安全隐患的用具,如幼儿用的刀具、剪刀等应在教师的全程监控下使用。

(四)安全教育

1.通过游戏和日常活动,加强幼儿的安全教育,加强幼儿自我保护的意识和能力。

2.每天入园时教师应检查幼儿是否携带异物,及时收缴并妥善处理。

(五)异物伤害预防与应急处理

1.严防异物进入幼儿耳、鼻、口腔等部位。

(1)幼儿玩具应足够大,避免误吞。

(2)发现幼儿捡拾小物件时,应及时清理。

2.发生异物伤害时,教师应保持冷静,遵循科学急救方法立即进行急救,如幼儿园无法处理应立即送往就近医院就医。

3.加强每日晨检,检查幼儿有无携带不安全物品入园。

三、防幼儿中毒

(一)生活用品管理

1.有毒物品严禁存放在幼儿活动区域,应专柜存放并加锁。

2.清洁剂、消毒剂等应存放在幼儿触及不到的地方。

(二)食品安全管理

1.严格管理食材采购和验收,确保食品来源安全可靠。

2.严格按照食物烹饪要求加工,确保食品加工安全。

3.严格按食品分餐要求分餐,严格管理取餐流程,确保食物流通安全。

(三)药品及服用管理

1.幼儿园保健室应配备日常急救外用药,由保健医(员)保管,并定期检查是否过期。

2.幼儿如自带药品须由家长填写委托喂药登记书,由保健医(员)分发到各班级后放置在班级专门的药品袋里(幼儿触摸不到)。

3.给幼儿服用时应先核对委托书上的幼儿姓名、药品名称、服用剂量后再给幼儿服用。并做好详细记录,包括幼儿反应及异常情况。

四、防幼儿走失

(一)入园与离园管理

1.家长送孩子入园时,应亲自将孩子交至接园教师手中,确认交接后方可离开。

2.接送幼儿的家长应当是接送登记表上有记录的人员。确保接送安全。

3.特殊情况需委托他人接送时,家长应提前与班级教师联系,并填写幼儿园提供的临时委托接送确认书,受托人须持有效证件及临时委托接送确认书方可接走幼儿。

4.不允许18周岁以下人员来园接幼儿。若家长有特殊要求,须签订书面承诺和责任免除协议,以明确责任。

(二)门岗及园内管理

1.安保人员应坚守岗位,严格把控出入管理,如有幼儿单独在门口玩耍或想要出门的幼儿应立即通知园长办公室或当班教师。

2.除孩子入园或离园时段,幼儿园应随时关闭大门,防止幼儿单独离园,特别要密切注意其他人进出时幼儿趁机出门。

3.教师组织户外活动前后要清点人数,避免幼儿单独行动或走失。交接班时,交接的教师应当在第一时间清点人数并做好交接。

4.全面防范一切可能导致幼儿走失的安全隐患。

五、防幼儿触电

(一)电器设备管理

1.录音机、手提电脑等电器设备应放置在幼儿触及不到的地方,确保安全。

2.洗衣机等家用电器使用后应及时断电,避免触电风险。

3.电源插座(包括插线板)应安装在幼儿无法触及的位置,并定期检查电线是否破损。

4.定期检查园内所有电器设备是否符合国家安全标准,确保用电安全。

(二)安全教育

1.教育幼儿打雷下雨时远离电源和电器,避免雷击和触电。

2.告知幼儿不得玩耍电器插头和插线板,培养其正确的用电习惯。
3.通过实例让幼儿了解触电的危害,增强其自我保护意识。
(三)日常用电管理
1.幼儿园应设立专门的用电安全管理人员,负责监督和执行用电安全制度。
2.定期对幼儿园内的电器设备和线路进行检查和维护,确保用电安全,无隐患。
3.对于违反用电安全规定的行为,应及时制止并给予相应的处理。

幼儿接送与请假管理制度

一、接送时间

幼儿入园时间为早上8:00至8:30,离园时间为17:00至18:00。

二、接送管理

(一)中途离园

家长需提前接走幼儿的,应提前与班级教师联系,当班教师填写好幼儿提早离园出门条并拍照传给家长,再将幼儿及出门条交给安保人员,家长来园接幼儿时应出示幼儿提早离园出门条,保安核对无误后方可交接幼儿。

(二)接送要求

1.接幼儿时,家长应打卡入园,方可接走孩子,如未带卡,须出示有效证件并填写未打卡入园接幼儿登记表。填写后经班主任核对并确认无误后方可接走幼儿。
2.送幼儿时,家长应直接将幼儿送至园内接待人员处或者交给班级教师。

(三)接送人要求

1.接送人应当是幼儿接送登记表上已登记确认的人员。如临时让非接送登记表上的人员接送,家长须提前告知班级教师临时接送人员的姓名,并填写委托接送书,受托人带上有效身份证明及委托书前来幼儿园接送孩子。班级教师查看委托接送书并核对无误后方可让受托人接走幼儿。
2.法定监护人或接送人变更时,家长应向幼儿园提交书面说明并重新填写幼儿接送登记表。
3.被委托接送人应年满18岁,无精神类疾病,具有完全民事行为能力。
4.家长应遵守幼儿园门岗管理制度,不得随意进入幼儿活动场地。

三、请假管理

1.幼儿因故短时(连续不超过两天)请假,家长须在上午10点前致电班级教师,并说明请假原因。当班教师应填写幼儿缺课追踪管理表。
2.连续三天(含三天)以上请假的,家长应填写请假条并交给班级教师,教师应填写幼儿缺课追踪记录表。
3.患传染病或疑似传染病的幼儿应立即离园回家,待完全康复后并提供正规医疗机构出具的康复证明方可入园。

幼儿园消防安全管理制度

一、安全教育培训

1.定期培训:幼儿园应定期组织全体教职工进行安全培训,内容涵盖消防安全、人身安全、应急处置,以提高教职工的安全意识和防范能力。

2.新员工培训:新入职的教职工必须接受安全教育培训,通过考核后方可上岗。培训内容包括幼儿园安全规章制度、岗位安全操作规范等。

3.幼儿安全教育:幼儿园应将安全教育融入日常教学活动,通过游戏、讲故事、模拟演练等形式,增强幼儿的安全意识和自我保护能力。

二、消防检查

1.明确逐级消防安全责任制和岗位消防安全责任制,实施定期巡查制度。

2.按规定配置足量消防器材并合理设置分布,建立消防设施管理记录,内容包括设施数量、分布情况、维护保养等细节,还要明确管理责任人和职责。

3.后勤部门每月进行一次全面消防检查,发现问题及时整改并跟踪整改情况。定期请专业人员对消防设施进行维修保养和技术检测。

4.专职安全管理员每日检查器材使用情况,保持整洁、卫生。

三、安全疏散管理

(一)通道管理

1.保持安全出口畅通无阻,严禁占用通道或在通道堆放杂物。

2.按规定设置消防安全疏散指示标志和应急照明设施,定期检查确保其处于正常状态。

3.严禁幼儿在园期间关闭消防门或封闭安全出口,严禁遮挡或覆盖疏散指示标志。

(二)疏散管理

1.教职工须熟练掌握消防设施使用方法,确保火灾时操作有序、准确、迅速。

2.教职工应熟练掌握疏散路线和疏散方式。

3.教职工应教会幼儿看懂逃生路线。

4.发现火灾应立即启动消防应急预案。

四、责任追究

(一)责任界定

对未能履行消防安全职责的部门和个人,将依据其失职程度及后果严重性进行责任界定。

(二)处罚措施

1.对于违反消防安全管理制度的行为,视情节轻重给予警告、罚款、行政处分等处罚。

2.若因个人失职导致火灾事故发生,将依法追究其法律责任,并通过法律使其承担因此造成的经济损失。

（三）整改与反馈

1.对于发现的消防安全隐患及责任问题,须立即制订整改措施并落实,同时向上级部门反馈整改情况。

2.定期对责任追究情况进行复查,确保整改措施得到有效执行,防止类似问题再次发生。

幼儿园安全检查制度

一、检查频次

幼儿园应实施定期与不定期相结合的安全检查工作制度,包括每日小检查、每周大检查以及每月拉网式排查,确保无遗漏。

二、检查内容

（一）安全教育与安全管理

1.师生的安全教育与培训情况。

2.幼儿园秩序管理,包括大型活动、日常活动的安全保障。

（二）食品卫生安全

1.日常检查食品卫生状况。

2.食堂操作规范、食材来源及储存安全。

（三）环境与设施安全

1.幼儿园周边环境安全评估情况。

2.防火防盗措施及疏散通道畅通情况。

3.设施设备的安全性能与定期检查情况。

（四）园舍与财产安全

1.园舍结构安全,包括门窗、楼梯、走廊、防护栏等。

2.屋面、屋顶及墙体安全状况。

3.幼儿园财产安全保护。

（五）班级安全管理

1.班级物品及玩具的安全检查。

2.班级安全教育与记录情况。

（六）安全检查记录

保证安全工作记录、台账的完整性与准确性。

三、检查要求

（一）日常检查

1.每日检查食品卫生,确保无安全隐患。

2.每日巡查防火防盗设施,及时整改发现的问题。

3.严格门岗管理,执行来访人员查询与登记制度,保障园所安全。

(二)周检查

1.每周五对园舍进行全面安全检查,包括门窗、楼梯等关键部位。

2.检查用水、电路、电器设备及消防设施,确保无安全隐患。

(三)月检查

1.每月进行拉网式排查,覆盖所有安全领域。

2.检查安全教育记录与台账,确保工作有效落实。

(四)整改与反馈

1.对检查中发现的问题,应立即制订整改措施并限时完成。

2.整改情况须及时反馈,确保问题得到有效解决。

第六节　食堂工作制度

从业人员健康管理制度

一、健康检查管理及要求

1.食品从业人员在入职前必须接受全面的健康检查,并取得健康证明,方可持证上岗。

2.从业人员每年应进行一次定期健康检查,确保以健康状态投入工作中。

3.每日自查:员工每日上岗前应进行晨检,自我观察有无发烧、咳嗽等异常体征,如有异常应立即离岗并寻求医疗帮助。

二、日常健康管理

(一)个人卫生管理

1.食品从业人员应保持个人卫生,勤洗头、勤洗澡、勤换衣服。

2.食品从业人员工作期间不留长指甲,不得涂抹指甲油,不得佩戴首饰。

3.食品从业人员上岗应规范着装,穿工作服,戴好帽子、手套、口罩,穿上防水鞋。

4.食品从业人员在岗期间,如厕时应脱下工作服,取下帽子、口罩及手套,换下防水鞋。

5.严禁在食品加工场所吸烟、吃东西、随地吐痰或面对食品打喷嚏。

(二)人员疾病管理

1.严格执行"五病"(痢疾、伤寒、病毒性肝炎、活动期肺结核、化脓性或者渗出性皮肤病)调离制度,一旦发现员工患有上述疾病,应立即调离直接为幼儿服务的工作岗位。

2.调离人员须接受全程健康监护,直至完全康复并符合上岗条件后方可重新返岗。

(三)健康档案管理

1.建立完善的食品从业人员健康档案,包括健康证原件或复印件、每次健康检查的结果记录等。

2.定期检查健康证的有效期,确保所有员工的健康证均在有效期内,到期前及时组织员工进行健康检查。

膳食管理制度

一、膳食委员会管理

(一)成立膳食委员会

1.每学期开学即成立膳食委员会,膳食委员会成员包括幼儿园行政、保健医(员)、厨师、教师代表、保育员代表、家长代表及幼儿代表。

2.家长代表由班级推荐或选举产生。

(二)膳食委员会职责

1.每月召开会议,总结上月膳食情况,提出改进建议。

2.审议并决定膳食计划、食谱及膳食费用使用。

3.监督膳食质量与卫生,确保儿童膳食健康。

二、幼儿膳食管理

(一)制订食谱

根据季节供应情况,结合儿童每日需要的营养,根据幼儿人数制订科学的幼儿带量食谱,并向家长公示。

(二)营养分析

定期开展膳食营养分析,根据幼儿身体生长发育情况,适时调整食谱的结构。

(三)膳食采购

严格按照食品采购制度执行,严格把好食品进入关口,保证质量。

三、伙食费管理

1.伙食费专款专用,教职工与幼儿伙食分开核算。

2.定期向家长公布伙食账目。

食材管理制度

一、采购与索证管理

(一)采购人员要求

熟悉并掌握国家及地方关于食品原料采购的法律法规和索证要求。具备鉴别食品原料质量的能力,确保采购的食品及原料符合国家食品卫生标准。

(二)采购方式要求

食堂大宗物品采购必须通过公开招投标方式确定供应商,确保采购渠道正规合法。

(三)采购质量与索证要求

1.采购人员严禁采购"三无"(无生产日期、无质量合格证、无生产厂家)及过期食品,保证食品原料来源合法、质量可靠。

2.肉类原料:必须索取"动物产品检疫合格证明""肉品品质检验合格证明",肉质应符合国家标准一级鲜度要求。

3.水产类原料：须为新鲜或冷冻、组织有弹性、肉骨紧密连接的水产品，并索取相应的质量证明文件。

4.果蔬类原料：必须新鲜、无病虫害、无农药残留、无腐烂，使用专业工具进行农药残留检测并记录。

5.定型包装食品：须索取生产商的食品卫生许可证及检验合格证明。

6.食品添加剂：每次采购须让供应商提供相关资质证件，并建立专用台账记录购进及使用情况。

二、验收与入库管理

（一）原料验收

1.验收流程。

（1）专人负责食材的验收工作，逐件核对规格、质量，并逐一过秤。

（2）不符合要求的食材应拒收，并通知相关部门处理。

（3）验收合格后，验收人员与送货人员共同签字确认，作为入库凭证。

2.验收标准。

（1）发霉、变质、腐烂、不洁或未索证的食品不得验收入库。

（2）食品必须来自有卫生许可证的生产经营者，且验收人员应索证、登记，并建立台账。

（二）库存管理

1.存放要求。

（1）库房内不得存放变质、有异味、污秽不洁或超过保质期限的食品。

（2）食品应分类分架、隔墙、离地整齐摆放，散装食品及原料须加盖密封。

（3）主食、副食应分库房存放，食品与非食品、有毒有害物品应严格分开存放。

（4）易腐烂食品须冷藏、冷冻储存，标明进货日期，做到先进先出。

2.卫生要求。

（1）库房应定期清扫，保持清洁卫生，经常开窗通风，防潮、防腐。

（2）冷藏、冷冻设备应定期化霜、消毒，保持温度适宜。

（3）库房内应安装防尘、防潮、防鼠、防蟑螂等设施，确保食品安全。

（三）出库管理

1.库房管理人员应根据食堂需求，按照先进先出的原则，及时、准确地出库食品，并做好出库记录。

2.出库食品应经过检查，确保质量合格，符合食品安全要求。

（四）监督责任

园长、后勤园长应定期监督检查库房管理工作，确保各项制度得到有效执行。

（五）责任追究

若因食品采购、验收、储存等环节把关不严而发生食品安全事故，将严肃追究相关责任人的责任。

食品加工管理制度

一、粗加工及切配管理

(一)场地与设施
1.粗加工应在专用粗加工间进行,切配须设专用操作台。
2.清洗池标识明确,分为"蔬菜类清洗池""肉类清洗池""水产类清洗池"。

(二)工具与容器
1.各类工具、容器、定名定位、分类标识明确。
2.各类工具、容器按标识要求摆放。
3.各类工具、容器按标识要求分类使用。

(三)原料处理
1.冷冻食品应彻底解冻,蔬菜应定点摆放。
2.易腐食品及时冷藏。

(四)卫生管理
1.冰箱专人管理,定期化霜消毒,食品分类存放,不重叠。
2.加工区域分开设置,标识明显,不得混放和交叉使用。
3.加工结束后,及时清理场地,工具、容器清洗干净,定位存放。

(五)质量控制
1.原料严格检查,腐败变质、有毒有害或感官异常的原料不得用于加工。
2.蔬菜按"一择、二洗、三切"顺序操作,确保清洁。
3.肉类、水产品加工应在专用区域,清洗彻底。

二、烹饪加工管理

(一)人员与卫生管理
1.人员资质:烹饪人员须持健康证上岗。
2.着装卫生:按着装要求(工作服、帽、口罩)穿戴整齐。
3.用具消毒:容器、用具须洗净、消毒。

(二)食材处理与烹饪
1.食材检查:加工前仔细检查,拒绝不合格食材。
2.食材准备:食品清洗干净,盛装容器放置指定案台。
3.烹饪规范:严禁烹饪易引发食物中毒的食品,如四季豆等。
4.烧熟煮透:食品中心温度不低于70℃,确保熟透。

(三)食品存放与保鲜
1.熟制品管理:熟食现烧现吃,或置于安全温度下保存。
2.剩饭菜处理:剩饭菜废弃或凉透后加盖冷藏。
3.再次使用:剩饭菜彻底加热至安全温度,不掺新食品。

(四)操作规范与卫生
1.操作流程:烧煮、出菜流程合理,避免交叉污染。

2.容器工具:生熟容器标记明确,不混用,定期清洗消毒。

3.个人卫生:严禁用炒菜勺尝味,保持环境整洁。

4.防虫防蝇:窗户安装防蝇窗纱,防止害虫进入。

(五)监督与检查

定期检查操作情况,确保制度有效执行,记录完整。

三、其他要求

1.专业培训:烹饪人员应定期接受食品安全与烹饪技能培训。

2.应急处理:制订食物中毒等相关应急处理预案,定期演练。

3.家长监督:邀请家长代表定期参观厨房,提出改进建议。

配餐间卫生与操作管理制度

一、配餐间环境与卫生管理

(一)环境要求

1.配餐间应独立设置,确保空间封闭、整洁。

2.墙面、天花板、门窗须定期清洁,保持无污渍、无灰尘。

3.配餐间内不得存放与配餐无关的物品,地面保持干燥、无积水、无异味。

(二)清洁消毒流程

1.配餐前后,对操作台、食品容器、公共用具等进行全面清洁和消毒。

2.消毒后,所有物品应定位保洁存放,避免交叉污染。

3.配餐结束后,应对配餐间整体环境进行彻底清洁和消毒。

(三)防虫、防鼠、防尘措施

1.配餐间应安装防虫、防鼠、防尘设施,定期检查并维护。

2.定期进行除害灭虫工作,确保配餐间内无害虫、无鼠迹。

二、配餐间个人卫生与操作规范

(一)个人卫生管理

1.配餐间工作人员应穿戴整洁的工作衣帽、口罩和一次性手套。

2.严格遵守个人卫生制度,工作前后洗手消毒。

3.严禁在配餐间内抽烟或从事其他可能污染食品的行为。

(二)配餐操作规范

1.配餐前,应打开紫外线灯进行30分钟的消毒,并确认配餐台无油渍、污渍。

2.配餐过程中,实行"五专"原则(专用房间、专人制作、专用工具容器、专用冷藏设施、专用洗手设施)。

3.非工作人员不得随意进出配餐间,食品传递应通过专用食品输送窗进行。

三、餐饮具清洗与消毒管理

(一)餐饮具清洗流程

1.餐饮具使用前,应彻底清洗去除食物残渣和油污。

2.清洗应在专设间内进行,确保清洁质量。
(二)餐饮具消毒方法
1.煮沸或蒸汽消毒:煮沸消毒温度应达到100℃,时间控制在15—30分钟;蒸汽消毒温度应超过100℃,时间不少于15分钟。
2.化学药物消毒:对于不宜使用热气消毒的餐饮具,可采用有效氯浓度为200~300 mg/L的消毒液浸泡20分钟,再用清水冲洗干净。
(三)餐饮具存放要求
1.消毒后的餐饮具应贮存在专用保洁柜内备用。
2.保洁柜内不得存放其他物品,避免交叉污染。
3.已消毒和未消毒的餐饮具应有明显标志区分。

食品留样管理制度

一、组织架构与职责

(一)组织架构

设立食品留样管理小组,由幼儿园后勤园长担任组长,指定专人负责日常留样工作。

(二)职责分工

1.留样专责人员:负责每餐、每样食品的留样工作,确保留样量达标、存储条件符合要求,并负责留样记录及标识完善。

2.后勤园长监督留样工作的执行情况,确保留样制度的落实,并对违反制度的行为进行纠正和责任追究。

二、留样要求

(一)留样范围

对当餐供应的所有菜品进行留样,确保每样食品均有留样。

(二)留样量及容器

每样食品留样量不得少于125克,使用已消毒且有盖的专用容器存放,避免污染。

(三)留样存储

1.留样食品应在0~6℃的冷藏条件下保存48小时。

2.留样冰箱为专用设备,不得存放与留样食品无关的其他物品。

三、标识与记录

(一)留样食品冷却后,应立即用保鲜膜密封加盖,在容器外的留样标识上标明留样时间、品名、餐次及留样人姓名。

(二)每餐留样后,应立即填写留样记录表,详细记录留样信息,便于后续检查。

四、监督与检查

(一)幼儿园应定期对食品留样工作进行检查,确保制度得到有效执行。

(二)对于违反本制度的行为,应及时纠正并追究相关责任人的责任。

陪餐制度

一、组织架构与职责

（一）组织架构

成立陪餐管理领导小组，由园长担任组长，成员包括幼儿园行政人员、教师及家长代表等。

（二）职责分工

1.园长：负责陪餐制度的整体规划、监督执行及检查结果的通报。

2.陪餐人员：包含园长、行政人员、教师及家长代表等。

二、陪餐要求

（一）陪餐安排

1.制订详细的陪餐安排表，并存档备案，确保陪餐工作的有序进行。

2.园长每周至少参与陪餐两次，加强对食堂陪餐情况的监督检查。

（二）陪餐流程

1.试吃：陪餐人员在工作人员取餐前10分钟到食堂试吃并对食品质量进行评估。

2.填写试吃记录：陪餐人员应对食品做出客观公正的评价同时填写试吃记录。

3.进班陪餐：陪餐人员应进到班级和幼儿一同用餐，用餐完毕后填写陪餐记录表。

三、食堂职责与响应

（一）食堂职责

1.认真听取陪餐人员的意见和建议，对提出的问题及时整改落实。

2.加强食品安全管理，确保食材来源可靠、加工过程规范、食品质量达标。

（二）响应机制

1.建立快速响应机制，对陪餐中发现的问题立即进行整改，确保问题得到及时解决。

2.定期对陪餐工作进行总结分析，针对存在的问题制订改进措施，不断提升食堂服务质量。

四、请假与替代

1.因故不能陪餐的陪餐人员，应提前向园长报告，并由幼儿园指定其他人员代替陪餐。

2.如园长不能陪餐，应委托其他行政人员代为陪餐。

食堂卫生检查制度

一、设立检查领导小组

设立专门的卫生检查小组，负责监督卫生制度的落实情况，确保各项卫生检查工作有序进行。

二、制订卫生检查计划

1.定期与不定期结合：制订科学合理的卫生检查计划，结合定期检查和不定期抽查，确保检查工作的全面性和有效性。

2. 多种检查方式并用：采用全面检查、重点抽查、自查等多种方式，全面检查各项食品安全制度的落实情况，确保制度得到有效执行。

三、日常卫生检查

（一）检查频次与范围

1. 食堂每日至少进行一次全面卫生检查。

2. 检查范围包含食堂粗加工间、精加工间、面点间、分餐间、洗消间、库房等。

（二）检查内容

1. 食品加工区：检查食品加工设备是否清洁，刀具、砧板等是否生熟分开，操作人员是否佩戴工作服、帽子和口罩。

2. 储藏室：检查食品原料是否分类存放，有无过期、变质现象，温湿度控制是否得当。

3. 餐具清洗消毒区：检查餐具清洗消毒流程是否规范，消毒设备是否正常运行。

4. 分餐区：检查台面、地面、餐具是否干净。

（三）记录与整改

每次检查应详细记录检查结果，发现问题应立即整改，并记录整改措施及完成情况。

四、定期卫生检查

（一）全面检查：每周进行一次全面卫生检查，除日常检查内容外，还应检查食堂的整体卫生状况，包括墙面、天花板、门窗等是否清洁无污渍。

（二）食品安全专项检查：每月进行一次食品安全专项检查，重点检查食品原料的采购渠道、储存条件、加工过程、留样制度等，确保食品安全。

（三）整改与反馈：对检查中发现的问题，及时下达整改通知，明确整改要求和期限，并跟踪整改情况。整改完成后，应进行复查确认。

五、从业人员卫生检查

1. 健康检查：检查从业人员的健康证是否在有效期内。

2. 卫生培训：检查是否定期对从业人员进行食品安全与卫生知识培训。

第七节　卫生保健工作制度

卫生保健信息收集制度

一、总体要求与责任明确

（一）建立健康档案系统

按规定全面收集、登记、整理和归档园内卫生保健工作情况，关键信息包括传染病疫情报告、托幼机构工作人员健康合格证、儿童入园健康检查表等。

(二)明确人员责任分工

1.园长作为卫生保健信息收集的第一责任人,负责整体监督与指导。

2.卫生保健员作为具体实施人,负责日常信息的收集、整理与上报工作。

(三)确保信息准确完整

所有卫生保健信息应真实、完整、字迹清晰,以确保信息的准确性和可追溯性。

二、卫生保健信息收集内容

(一)日常记录

1.出勤记录、晨午检及全日健康观察记录。

2.膳食管理记录,具体涵盖食谱制订、食材采购与验收等。

3.卫生消毒记录,详细记录环境、物品及人员消毒情况。

(二)健康监测

1.营养性疾病、常见病、传染病的记录与追踪。

2.幼儿伤害记录及其后续处理情况。

3.健康教育活动开展情况的详细记录。

三、信息统计与上报

(一)定期统计与分析

1.建立卫生保健登记与统计档案,定期对收集的信息进行系统的整理与分析(至少每年进行一次)。

2.针对每次体检资料,撰写小结并提出针对性的改进建议。

(二)及时上报

1.严格按照上级卫生行政部门及业务指导部门的要求,及时、准确地填报卫生统计报表。

2.报表须经过本单位负责人审阅、签字并盖章后上报。

四、资料管理与保存

(一)资料整理

对所有卫生保健信息进行科学的分类整理,以确保资料的有序性和易查性。

(二)资料保存

1.相关卫生保健资料应按要求进行长期保存,以便进行长期的动态比较与分析。

2.实行保密管理,确保信息的安全性与隐私性。

3.工作记录和健康档案至少保存3年,以确保信息的可追溯性。

入园健康检查制度

一、入园前健康筛查

(一)幼儿入园前检查

1.基本信息收集:收集幼儿的疾病史、传染病史、过敏史、家族史及生活习惯等,为后续的健康评估提供基础数据。

2.全身体格检查:进行全面的体格检查,包括但不限于身高、体重、视力、听力、口腔、心肺功能等,以评估幼儿的身体健康状况。

3.特殊疾病筛查。

(1)对有传染病接触史的幼儿,进行胸部X线透视、肝功能检查等必要的实验室检测,并根据疾病类型进行相应的检疫期观察。

(2)对有过敏史的幼儿,进行过敏原筛查,以制订个性化的防过敏措施。

4.健康评估与指导:根据检查结果,进行健康评估,并为幼儿制订个性化的健康管理方案,包括饮食、运动、疾病预防等方面的建议。

(二)教职工入职前检查

1.体格检查:进行全面的体格检查,包括胸部X线透视、肝功能、心电图等常规检查,以及视力、听力等特定检查。

2.专项检查:女性工作人员须进行阴道霉菌、滴虫等妇科检查;所有工作人员须进行传染病筛查,如结核菌素试验等。

3.健康评估与录用:根据体检结果,进行健康评估,确保录用人员身体健康,无严重生理缺陷和传染病。

二、定期体检与健康管理

(一)幼儿定期体检

1.年度体检计划:每年制订详细的年度体检计划,包括体检项目、时间安排等。

2.生长发育监测:每半年测量幼儿的身高、体重,并进行生长发育评估,及时发现并处理生长发育迟缓等问题。

3.健康档案管理:为每个幼儿建立健康档案,记录体检结果、生长发育数据、疾病预防接种情况等,便于后续的健康管理和疾病统计。

4.缺点矫正与健康促进:根据体检结果,制订个性化的缺点矫正计划,如视力矫正、营养补充等,促进幼儿健康成长。

(二)教职工定期体检

1.年度体检制度:每年进行一次全面的体检,包括常规检查和专项检查。

2.疾病处理与调岗:发现患有传染病或严重疾病的教职工,应立即让其离职治疗。待痊愈后,持区级以上医疗机构出具的健康证明方可恢复工作。对于患有慢性痢疾、乙型肝炎表面抗原阳性、滴虫性阴道炎等疾病的保教人员,应调离直接接触幼儿的岗位。

三、日常健康观察与应急处理

(一)每日晨检制度

1.一摸、二看、三问、四查:一摸幼儿有无发烧;二看咽部、皮肤及精神状态;三问饮食、睡眠及大小便情况;四查是否携带不安全物品。

2.异常情况处理:发现异常情况,如发烧、皮疹等,应及时通知家长,并根据情况采取相应的应急处理措施。

(二)全天健康观察

1.持续观察与记录:在幼儿入园后的全天时间内,持续观察其健康状况,记录饮食、睡眠、活动等情况。

2.健康分析与指导:定期对幼儿的健康状况进行分析,为制订个性化的健康管理方案提供依据。同时,对家长进行健康教育和指导,共同促进幼儿健康成长。

四、制度执行与监督

1.制度培训:定期对教职工进行入园健康检查制度的培训,确保每位教职工都能熟悉并严格执行制度。

2.监督与检查:定期对制度执行情况进行监督和检查,发现问题及时整改,确保制度的有效实施。

晨午检及因病缺勤病因追踪制度

一、晨午检制度

1.检查体系:由保健医(员)与班级教师协同,形成双轨检查机制,保健医(员)负责标准制订与结果汇总,班级教师负责具体实施与异常记录。

2.检查流程:一摸、二看、三问、四查。一摸幼儿有无发烧;二看咽部、皮肤及精神状态;三问饮食、睡眠及大小便情况;四查是否携带不安全物品。

3.记录与报告:班级教师记录异常情况并填写晨午检记录表,保健医(员)汇总并报告园领导,提出处理建议。

二、因病缺勤病因追踪制度

1.请假与记录:家长替幼儿请假并说明病因,班主任记录缺勤日期、病因及联系方式。

2.病因追踪与报告:班主任定期与家长沟通,了解幼儿病情及治疗情况,填写病因追踪记录表;怀疑有传染病应立即通知家长并报告园领导及保健医(员),保健医(员)提供专业指导并决定是否上报。

3.缺勤统计与分析:班级教师统计因病缺勤人数,保健医(员)定期汇总分析,评估健康状况及防控效果。

4.复课管理:幼儿病愈后须持复课证明并经保健医(员)健康评估后方可返园;班主任劝导治疗期间幼儿在家休息。

5.家园联系:班主任及幼儿园行政人员定期与家长沟通幼儿健康状况,共同关注幼儿成长;应急情况下保持密切联系,共同应对。

药品管理及服药管理制度

一、药品管理

(一)药品分类与存放

1.幼儿带入幼儿园的药品放入有幼儿姓名(学号)的专用药袋或专用药品柜,并由专人管理。

2.教师个人因病带药入园,应妥善存放于幼儿拿不到的地方,如教师储物柜,避免幼儿接触。

3.蟑螂药、老鼠药等有毒性药品以及腐蚀性药品应放入特定专用箱上锁,由专人管理。

(二)药品储存环境管理

1.幼儿药品袋应置于整洁、干燥且不易受潮的地方。

2.保健室药品应定期检查,及时处理潮解、霉烂、变质、失效药品,确保药品质量与安全。

二、幼儿服药管理

(一)幼儿带药入园规定

1.幼儿因病带药入园,须由家长填写服药委托单,明确幼儿班级、姓名、药品名称、服用时间、服用剂量、服用方法,并由保健医(员)转交至班级教师处。

2.无标签、无说明书的中药、碾碎的粉末药等均不允许带入幼儿园。

(二)服药流程

1.幼儿服药前,保健医(员)或班级教师须核对药袋上幼儿姓名与本人是否一致,并严格按喂药委托书上的填写记录执行喂药。

2.当天剩余药品离园时应交由家长带走,并做好记录。

(三)药品安全责任

1.幼儿服药剂量应控制在安全范围内,严格按照服药方法喂服。若家长要求增加剂量服用,须由保健医(员)请家长在登记本上签字,并明确告知可能产生的不良反应及责任归属。

2.教师不得私自接收家长或幼儿所带药物,须由保健医(员)检查审核,并连同喂药委托书一并交给教师。

三、保健室职责

(一)保健室应建立健全药品管理制度,确保药品管理规范、安全。

(二)保健医(员)须定期检查药品有效期及安全性,对过期药品严格销毁处理,并做好记录。

(三)保健医(员)须对教师喂药过程进行监督与指导,确保喂药操作规范、准确。

卫生消毒制度

一、卫生消毒内容与范围

(一)环境卫生消毒

1.公共区域:幼儿园户外场地、走廊、楼梯、操场等。

2.室内区域:幼儿活动室、睡房、功能室、办公室、食堂等。

(二)物品卫生消毒

1.大型设施设备:大型玩具、体能器械等。

2.班级日常用品:桌椅、床铺、玩具柜、门把手、水龙头、餐具、口杯、毛巾、地垫等。

3.教玩具及教学书籍:图书、桌面玩具、小型器械、学具、乐器等。

(三)个人卫生消毒

1.幼儿及教职工应保持仪表整洁,定期洗头洗澡,修剪指甲。

2.饭前便后正确洗手,饭后漱口。

3.接触食品前必须清洁双手。

二、卫生消毒频次与周期

(一)每日常规清洁消毒

1.幼儿餐饮具、日常接触物品每日清洁消毒。

2.活动室、睡房、盥洗室等区域每日全面清洁消毒。

(二)每周集中清洁消毒

1.教玩具、大型玩具每周集中清洁消毒一次。

2.幼儿园整体环境每周进行一次集中消毒。

(三)月末清洁卫生消毒

1.每月月末进行全园大扫除及全面消毒。

2.幼儿被褥每月月末清洗消毒。

(四)节假日返园前消毒

小长假返园前一天,对幼儿园进行全面清洁消毒。

(五)传染病期间加强消毒

根据传染病情况,适当增加消毒频次,确保卫生安全。

三、卫生消毒方法与操作

(一)擦拭消毒

使用含氯消毒液(配比1:250)对门窗、把手、桌椅、床铺等物体表面进行擦拭消毒,静置30分钟后清洁。

(二)浸泡消毒

使用含氯消毒液(配比1:250)对幼儿毛巾、污染衣物及桌面玩具进行浸泡消毒,静置30分钟后清洗。餐具、口杯等也可采用此方法,但一般优先采用物理消毒(如蒸煮)。

(三)喷洒消毒

使用含氯消毒液(配比1:250)对幼儿园户外场地、走廊、楼梯等公共区域进行喷洒消毒,静置30分钟后清洁。

(四)紫外线消毒

使用紫外线灯对空间进行消毒,持续照射60分钟。注意紫外线对人体有害,使用时须确保人员不在消毒区域内。

(五)日晒消毒

将图书、棉絮等物品置于阳光下,持续照射2—6小时进行消毒。

(六)蒸煮消毒

对餐具、厨具、毛巾等物品进行蒸煮消毒,确保卫生安全。

四、卫生消毒要求与标准

(一)消毒液配比及消毒时间要求

1. 严格按照消毒液配比表进行配比,确保消毒效果。

2. 消毒液消毒时,须让消毒液在物体表面静置30分钟左右后再清洁。

3. 紫外线消毒时,须紫外线灯持续照射60分钟左右。

4. 日晒消毒时,须阳光持续照射2—6小时。

(二)通风要求

1. 保持室内空气流通,每天至少开窗通风两次,每次不少于60分钟。

2. 室内外温差不大的情况下,尽量保持窗户开启状态。

(三)清洁卫生检查标准

1. 地面、墙面、天花板:地面清洁无污渍、水渍,墙面干净无涂鸦、霉斑,天花板无蜘蛛网及灰尘。

2. 门窗:门窗玻璃及窗帘明亮洁净,窗槽无污渍灰尘。

3. 设施设备:清洁无污渍,摆放整齐,标识齐全。

4. 盥洗室:地面墙面清洁无水渍,镜子明亮面盆洁净;蹲便器洁净无污渍、水垢,墙缝无污渍,盥洗室无异味;清洁用品干净整洁并分类定点放置。

五、监督与考核

(一)幼儿园设立卫生消毒监督小组,负责定期检查卫生消毒工作的执行情况。

(二)监督小组应记录每次检查结果,并及时向园方反馈。

体弱幼儿管理制度

一、体弱幼儿识别

明确将哮喘、先天性疾病、过敏体质、贫血、营养不良、佝偻病、生长迟缓、单纯性肥胖等幼儿纳入体弱儿童管理范围。

二、体弱幼儿护理

(一)个性化护理

1. 全面关注。园长、保健医(员)及班组成员应全面关注体弱幼儿的生活、保健与日常护理工作。

2. 制订计划。根据体弱幼儿的个案情况,制订针对性的护理计划与食疗方案,包括食谱、食量及护理细则等。

3. 评估与调整。定期评估护理与食疗效果,根据幼儿健康状况及时调整计划,确保管理措施的有效性与针对性。

(二)心理健康支持

对体弱幼儿给予充分的关爱与鼓励,增强其自信心与自强意识,避免歧视与疏远。

（三）运动管理

合理安排体弱幼儿的日活动量，遵循循序渐进的原则，逐步增加运动量，避免其过度劳累。

三、体弱幼儿家园共育

（一）家长宣传

定期组织家长会议或讲座，向家长普及体弱幼儿的保健护理知识，鼓励家长积极参与幼儿的管理与照顾。

（二）家园联动

建立家园沟通机制，要求家长及时反馈幼儿在家情况，共同制订并实施体弱幼儿的个性化管理计划。

四、体弱幼儿信息档案管理

（一）建立档案。建立健全体弱幼儿的信息档案，详细记录幼儿健康状况、管理措施及效果等信息。

（二）定期随访。定期对体弱幼儿进行随访记录，及时更新档案内容，确保信息的准确性与完整性。

（三）档案保存。对身体已经正常的体弱幼儿进行结案处理，归档保存相关资料，以备后续查阅与总结。

第八节　家长工作制度

家长联系制度

一、家长委员会管理

（一）组织架构

设立家长委员会，由各班推选一至两名家长代表组成，设正、副主任各一名，并纳入幼儿园园务委员会成员体系。

（二）会议制度

1. 每学期定期召开两次家长委员会会议，期初讨论并制订工作计划，年末进行工作总结与汇报。根据需要，可临时召集会议。

2. 家长委员会应主动收集家长意见与建议，及时向幼儿园反馈，并协助组织家庭教育经验交流活动。

二、家长活动管理

（一）教育互动活动

1. 每学期至少举办一次家庭教育专题讲座，提升家长育儿水平。

2. 组织家长观摩或参与半日教学活动，增进家长对幼儿园教育的了解。

3.定期开展家园同乐活动,如节日庆典、亲子运动会等,增强家园互动。

(二)经验交流活动

每学年组织一次家庭教育经验交流会,分享成功育儿案例。

三、家园常规联系管理

(一)信息管理

建立健全幼儿家长名册,确保信息准确无误,便于紧急联系。

(二)新生入园

新生入园前,通过家访、电话访问等方式,全面了解幼儿情况,帮助幼儿减轻入园分离焦虑情绪。

(三)家园沟通

1.设立家园联系栏,每月更新内容,包括教学活动计划、家庭教育方法、幼儿保健常识等。

2.利用接送幼儿时间,进行简短交流;通过电访、实地家访、线上沟通等方式,每月填写家园联系本,确保每学期全覆盖家访。

3.每学期至少召开两次家长会,征求家长意见与建议,改进保教工作。

四、家园社协同育人

(一)园长接待

建立园长约谈机制,及时接待并处理家长诉求。

(二)家长参与

组建"家长义工队",开展义务助教、亲子活动、社区志愿服务等活动,促进家校社共育。

五、家长意见反馈

(一)满意度调查

每学期开展家长满意度调查,全面了解家长对幼儿园工作的评价与建议,及时改进提升。

(二)意见处理

对家长提出的意见和建议,应认真记录、及时分析,并采取有效措施进行改进,确保家园合作顺畅有效。

家长委员会制度

一、家长委员会选举

(一)选举资格

1.家长应具备相对充裕的自由时间,能积极参与幼儿园组织的各类会议、活动及园所事务。

2.具备一定的文字撰写能力,能完成家委会相关工作心得、反馈及宣传文稿的撰写。

3.善于观察,对幼儿园及班级活动有细致关注,能积极提出建设性意见。

4.态度正面积极,富有爱心、责任心及奉献精神,愿意为幼儿园、家长及孩子服务。

5.教育观念正确,关注并支持幼儿园教育事业。

6.具备较强的组织和协调能力,能听取意见、公道办事,并赢得广大家长的信赖。

(二)选举流程

1.幼儿园发布家委会选举通知及报名方式,家长可自主报名或由班级教师推荐。

2.幼儿园根据家长提交资料,结合年级组长及班级教师意见,进行初审筛选。

3.通过线下或线上会议方式,对候选人进行公开投票,选举出家委会成员。

4.选举结果公布,颁发家委会聘书,任期为一学年。每学年初进行改选,优秀成员可连任。

5.幼儿离园时,其家长家委会委员身份自动终止。家长应提前两周与幼儿园沟通,共同推选新任委员。

二、家长委员会工作内容

(一)权利与职责

1.权利。

(1)了解幼儿园保育、教育、管理及发展规划等情况。

(2)对幼儿园设施进行监督检查。

(3)对幼儿园工作提出意见和建议。

(4)提议召开家长会及提交议案。

2.职责。

(1)宣传幼儿园办学方向、教育品质及成果。

(2)支持幼儿园发展,协助提升保教质量及德育工作。

(3)积极参与会议及学习活动,受幼儿园委托通知相关人员参加活动。

(4)协助幼儿园开展家长工作及组织策划活动。

(5)发挥桥梁纽带作用,促进家园沟通与合作。

(6)利用自身优势资源,为幼儿园发展提供协助。

(二)工作要求

1.委员须为在园幼儿家长,热心公益服务,为人正直,有家庭教育或学校教育经验。

2.委员由幼儿园行政领导审定,每学年调整一次,通过选举确立。

3.委员每学期至少参加一次园方会议,交流学习生活活动情况,为幼儿园发展出谋划策。

4.幼儿园领导及教师须通过家长委员会及时听取家长意见,不断改进工作。

5.家长委员会常规工作由年级分管领导及年级组长具体协调,由幼儿园提议召集,常委会主任主持,园方领导参与,共商教育及发展良策。

(三)层级关系

1.班级家委会:由班级内委员组成,负责班级具体事务。

2.年级家委会:由年级内委员组成,负责年级相关工作。

3.园级家委会:由各班级选定1—2名家委会代表成员组成,负责协助幼儿园大型活动和园级工作的开展。

家长志愿者服务制度

一、家长志愿者的招募管理

(一)招募方式

1.每学期初家长会发布"家长志愿者招募公告",鼓励家长自愿报名。

2.每月初通过幼儿园"家园共育栏"及园方通信平台发布招募信息,吸引家长报名。

3.基于对幼儿家长能力与资源的了解,园所或班主任主动邀请符合条件的家长加入志愿者队伍。

(二)报名与筛选

1.家长填写家长志愿者报名表,明确服务意向与可投入时间。

2.园所根据报名情况,结合家长特长与活动需求,进行筛选与分配。

二、家长志愿者的权利与义务

(一)权利

1.知情权:活动前,班主任须向家长志愿者详细说明活动目的、内容、流程及要求。

2.选择权:家长可根据个人兴趣与能力,选择适合的志愿服务项目。

3.建议权:对活动组织、内容等提出改进建议,促进活动优化。

4.表彰权:参与评比,有机会获得园所颁发的家长志愿者荣誉证书或奖励。

(二)义务

1.遵守规章制度:严格遵守幼儿园的各项规章制度,维护园所秩序。

2.服从安排:积极响应园所对志愿服务岗位的分配与调整。

3.接受指导:接受园所提供的志愿服务培训,提升服务质量。

4.认真履职:按照约定,认真完成志愿服务任务。

三、园所对家长志愿者的支持与指导

(一)沟通协作

1.班主任应定期与家长志愿者沟通,了解服务进展与困难,提供必要支持。

2.建立"家长志愿者资源库",在征得家长同意后,实现信息共享,优化资源配置。

(二)培训指导

1.组织家长志愿者培训,内容涵盖幼儿心理、沟通技巧、活动组织等。

2.根据志愿服务内容,提供针对性的指导与建议,提升家长志愿者的服务能力。

家长开放日制度

一、开放日活动开展要求

(一)开展目的

家长开放日活动旨在增进家园沟通,让家长走进幼儿园,了解幼儿在园一日活动详情,展现幼儿园保教成果。

(二)开展频次

每学期开展一次开放日活动,每次活动时长为半日。

二、家长开放日活动开展内容

(一)展示环节

1.全面展示幼儿园半日活动流程,包括课程教学、户外运动、游戏活动等。

2.让家长直观了解教师和保教人员的工作状态,以及孩子在园的表现。

(二)作品展示

1.提前整理幼儿作品及在园活动的文字、音像资料。

2.在开放日活动中进行展示,增强家长对孩子成长的认同感和参与感。

(三)分析说明

1.教师针对孩子的综合表现进行分析说明。

2.为家长提供正确的育儿指导和建议。

三、活动计划与通知

(一)制订计划

1.班主任须提前一个月编写并提交家长开放日活动计划或方案。

2.细化活动流程,确保各项准备工作落实到位。

(二)家长通知

1.教师在活动前向家长发出通知,确保所有家长都收到该通知。

2.及时收集家长参与活动的信息反馈,家长出勤率应不低于90%。

(三)家长接待

1.设立签到登记处,由班级安排专门教师负责接待家长。

2.专人引领家长进行半日活动观摩,确保活动有序进行。

四、活动总结与意见反馈

(一)活动总结

1.活动结束后一周内,班主任须提交家长开放日总结报告。

2.总结活动亮点与不足,提出改进建议。

(二)意见收集

1.广泛听取家长意见和建议,促进幼儿园持续改进。

2.将家长意见纳入幼儿园发展规划,提升保教质量。

家长入园跟班制度

一、家长入园跟班要求

(一)入园跟班目的

增进家园共育,让家长走进幼儿园进一步了解幼儿在园的一日活动情况,同时也让家长了解教师的工作态度、专业能力以及幼儿园的餐食情况等。

(二)入园跟班安排

原则上根据家长的时间来确定其跟班时间,教师应事先征求家长的意见,确定其入园跟班时间。

(三)入园跟班频次

1.可设定为每天、每周或每月一次,并明确具体时间段。

2.幼儿园应提前公布跟班日程,确保家长知晓。

二、家长入园跟班安排

(一)名额分配

1.以班级为单位,每次安排1—2名家长入园跟班,避免影响幼儿秩序。

2.根据家长工作及时间情况,合理安排跟班顺序。

(二)入园流程

家长须按时到园,入园前在门岗处进行登记,完成体温测量、手部消毒措施后,佩戴跟班工作牌方可入园。

(三)反馈机制

1.跟班结束后,教师应与家长简单交流,收集感想、意见和建议。

2.家长须填写入园跟班表,记录观察心得和反馈内容。

三、家长及教师行为规范

(一)教师行为

1.教师以常态化工作模式展现,确保教育活动的真实性。

2.在家长跟班期间,保持专业态度,积极与家长沟通。

(二)家长行为

1.家长应客观认真地观察和反馈意见,尊重幼儿和教师。

2.家长入园跟班应为幼儿做好表率,遵守幼儿园的规章制度,爱护环境卫生,不吸烟、不随地吐痰和乱扔垃圾,不大声喧哗影响幼儿正常的活动秩序。

家访制度

一、家访的内容

(一)新生幼儿家访

1.目的:建立师生初步情感,了解幼儿生活习惯及家庭教育观念,为入园适应做准备。

2.内容:收集幼儿基本信息,沟通入园注意事项,解答家长疑问。

(二)老生学期常态家访

目的:沟通幼儿在园与在家表现,共同调整育儿策略。

内容:分享幼儿成长点滴,讨论行为习惯培养,听取家长意见。

(三)突发事件家访

目的:及时处理突发事件,稳定家长情绪,共商解决方案。

内容：详细通报事件经过，提供心理支持，协商后续措施。

（四）幼儿进步家访

目的：汇报幼儿所取得的进步，展示教育成效，鼓励家长参与家园共育。

内容：分享成长记录，肯定家长贡献，探讨持续支持策略。

（五）行为问题家访

目的：共同解决幼儿不良行为，改善家庭教育方法。

内容：分析行为成因，提出教育建议，增强家长家教能力。

（六）长期缺勤家访

目的：了解缺勤原因，提供必要帮助。

内容：核实缺勤情况，关注家庭变故，提供园方支持。

二、家访的实施

（一）计划制订

提前一周制订家访计划，明确目的、进程及解决方案。

（二）时间安排

与家长沟通确定合适时间，考虑幼儿是否参与以及参与的时机。

（三）沟通方式

尊重家长意见，选择面对面或线上沟通，确保信息准确传递。

（四）记录与反馈

家访时简要记录，回园后整理填写家访沟通记录表，及时反馈给领导及教师团队。

三、家访的要求

（一）尊重家长

礼貌谦和、不卑不亢、心态平稳，建立平等"师长"关系。

（二）倾听与反馈

认真倾听家长意见，合理建议及时反馈给园方，促进家园合作。

（三）专业与规范

用专业知识指导家长，规范言行，树立教师威信。

（四）保护隐私

遵守法律法规，保护幼儿及家长个人隐私，不泄露任何信息。

（五）持续改进

根据家访反馈，不断优化家访制度，提升家园共育效果。

四、家访后续工作

（一）整理存档

整理家访记录表并归档，作为幼儿成长档案的重要组成部分。

（二）跟踪评估

对家访效果进行跟踪评估，必要时进行二次家访或调整教育策略。

第九节　资产管理制度

物品出入库管理制度

一、入库管理

(一)物品验收与登记

1.仓管人员须对到货物资进行严格验收,确保物资质量符合标准。

2.验收合格后,仓管人员应详细填写物资验收入库表,记录以下信息:物资名称、规格、数量、供应商信息等。

3.入库物资管理:

(1)按类别、顺序及存储要求进行分类存放。

(2)确保物资安全、易取易用。

(二)不合格物品处理

1.对于验收不合格的物资,仓管人员应拒绝入库,并及时通知供应商或采购部门处理。

2.仓管人员管理要求与责任:

(1)未经许可,不得将不合格物资入库登记。

(2)违者将承担相应责任。

二、出库及库存管理

(一)领用流程

1.使用部门或个人需领用物资时,应提前填写《物料申购单》,明确以下内容:物资名称、数量及用途。

2.《物料申购单》审批。

(1)须经园长签字审批。

(2)审批后,仓管人员根据申请单领出物资。

3.仓管人员确保。

(1)出库物资与申购单一致。

(2)做好出库登记。

(二)盘点与核对

1.仓管人员应定期进行库存物资盘点:

(1)每两个月盘点一次。

(2)核对物资数量与台账记录是否相符。

2.盘点问题处理:

(1)及时记录并处理盘点中发现的问题。

(2)确保物资管理台账的准确性与完整性。

3.物资管理台账:

(1)建立详细的物资管理台账。

(2)确保账、卡、物三者一致。

三、仓管人员职责

(一)负责日常管理

1.仓管人员应负责仓库的日常管理工作,包括但不限于:

(1)物资的分类、存放、保管。

(2)确保物资安全。

2.定期检查:

(1)检查仓库环境。

(2)确保物资不受损坏、丢失或变质。

(二)人员专业培训

仓管人员应接受相关专业培训,以提高物资管理水平和业务能力。

物品领用制度

一、物品领用原则

1.严格禁止任何形式的私自领用仓库物品,所有物品领用均须按规定流程进行。

2.后勤用品实行定期发放制度,每周统一发放一次,确保物资供应有序。

二、特殊物品领用

教学用品,如塑封机、小型打印机等,须由使用人前往业务园长处进行登记借取,确保教学设备使用的规范性和可追溯性。

三、领用物品保管

1.领用的物品应妥善保管,在使用过程中应轻拿轻放,避免损坏。

2.一旦发现物品损坏,应立即上报相关部门,以便及时处理和维修。

四、物品赔偿管理

(一)物品损坏赔偿

1.玩具类物品赔偿。

(1)每学期开学前,由后勤部门对桌面玩具进行清点称重,记录初始数量。

(2)学期末再次盘点,允许不超过20%的自然损耗。超出部分,由班级教师按成本价进行赔偿或自行购买补充。

2.电器类物品赔偿。

(1)吹风机等电器设备,在一年内非人为损坏由商家负责更换。

(2)两年内如需维修,班级要承担10%的维修费用;三年内如需维修,班级承担5%的维修费用。

(3)对于移动紫外线消毒灯、班级电脑、电子白板、照相机等贵重设备,如因操作不当或人为损坏,使用班级要承担10%的维修费用。

(二)物品遗失赔偿

1.幼儿园内所有物品,如发生遗失,当事人须全额赔偿或购买相同产品以作替换。
2.赔偿方式应根据物品价值、使用年限及实际情况进行协商确定。

办公物品管理制度

一、办公设备管理(配发的办公设备)

(一)配置与调配

1.办公所用家具及设备由后勤园长根据幼儿园工作需要,统一配置、统一调配、统一管理。

2.配置时,须填写公物登记表,一式两份,由使用人员签名后,一份由使用部门或个人收执,一份由后勤园长存档备查。

(二)使用与保管

1.办公物品只能用于幼儿园工作,不得挪作私用或转借他人。

2.使用人员须负责办公物品的保管,因使用不当或保管不善造成损坏或丢失的,由使用人员负责赔偿。

3.办公物品在使用中,使用部门或使用人员变动时,须办理相应的变更手续。

(三)交接管理

1.工作调动时,使用人须将配置的公用物品或设备交还给后勤园长。

2.离职时,须对所使用的办公物品进行清点,并办理归还手续。

二、办公用品管理(常用易耗品)

(一)新教师配发

1.新教师到岗时,由幼儿园统一发放部分固定办公用品。

2.办公用品清单及发放标准由后勤园长制订,并定期更新。

(二)在园教师及保育员

1.由班主任根据规定的用量标准结合需求自行申领办公耗材用品。

2.办公固定用品如有遗失或人为损坏,须由责任人自行购买或按购买价赔偿。

(三)行政人员

1.每学期开学初,统一下发部分办公消耗用品。

2.办公固定用品及消耗用品的管理同上述规定。

(四)保安及后勤工作人员

1.每学期初下发部门办公用品,并明确领用标准。

2.办公消耗用品用完后,须按时提交申请购置。

三、物品保存管理

(一)物品摆放要求

1.严格按照物品摆放要求定名、定位摆放。

2.桌面:放置必要的工作文件及教学材料,保持整洁。

3.桌底:仅允许放置更换的鞋子(每人限1双)。

4.抽屉:按指定用途分类存放物品。

5.椅子:离开后按标识线定位摆放。

6.文件柜:按班级或部门划分存放包及个人物品。

7.门后:挂钩处挂擦桌子毛巾,放置垃圾桶,并张贴值周教师安排表及物品摆放图。

(二)其他要求

1.值班教师负责办公室清洁,使用清洁用品后应归还。

2.教职工应妥善保管贵重物品,随身携带。

3.多余物品应自行整理后放置于指定位置。

空调使用管理制度

一、使用条件与温度控制

(一)夏季使用空调

1.当室内温度高于30℃时,方可开启空调。

2.制冷温度应控制在26℃,以确保室内温度适宜且节能。

(二)冬季使用空调

1.当室内温度低于10℃时(以室内温度计为准),可开启空调制热。

2.制热温度应调节在20—22℃之间,午睡时务必给幼儿盖好被子,起床后20分钟内关闭空调,以帮助幼儿适应室外温度。

二、使用注意事项

(一)清洗

使用前应清洗、消毒。

(二)冷气口设置

空调冷气口不得直接对着幼儿吹,应调整出风口向上或采用扫风模式。

(三)幼儿健康关怀

提醒幼儿多喝水,及时补充水分,以防干燥。

(四)注意空气流通

1.开空调前必须先开窗通风15分钟。

2.连续使用空调2小时后,应通风10—20分钟,以保持室内空气新鲜。

三、安全管理与维护

(一)安全使用

严格执行"人走关机"制度,放园前检查空调电源是否关闭,防止长时间运行引发安全隐患。

(二)维护责任

各班教师负有维护空调的责任,发现空调故障应及时向后勤园长报告。

(三)定期检查与维修

1.后勤园长应定期对全园空调线路、开关、接线盒等进行常规检查和维护。

2.发现故障应及时维修,确保空调设备正常运行,延长使用寿命。

户外器材管理制度

一、管理要求

(一)专人管理

户外器材应由指定的老师或保育员负责管理,确保器材的日常维护与安全管理。

(二)存放要求

户外器材存放地点应符合安全、便捷的原则,确保拿取方便且避免雨淋等自然损害。

二、登记管理

(一)建立卡片

对所有户外器材进行标识管理,标识内容应包含器械名称、数量、管理责任人等基本信息。

(二)动态更新

器材的消耗、维修和报损应按照相关程序及时处理,并实时更新器材登记档案,确保标识、物品相符。

三、清洁消毒

(一)日常清洁

应随时保持户外器械的卫生整洁,定期(如每周)对器材进行清洁,确保无积尘、无污渍。

(二)定期消毒

根据卫生防疫要求,定期对器材进行消毒处理,杀灭细菌病毒,保障幼儿健康。

四、安全排查

( )定期排查

制订定期安全隐患排查制度,指派专人(如安全管理员)负责执行。

(一)及时处理

一旦发现安全隐患,应立即贴出警示标志或采取紧急措施进行整改,确保器材使用安全。

五、维护保养

(一)规范使用

教职工及幼儿应按规定正确使用户外器材,避免不当操作导致器材损坏或出现安全事故。

(二)定期保养

定期对器材进行保养,检查器材的完好性,及时更换磨损部件,确保器材性能良好。

六、其他管理

(一)失职责任

如因管理人员失职造成器材丢失或损坏,应由管理人员承担相应责任,并按规定进行赔偿。

(二)移交手续

管理人员工作发生变动时,应按规定办理器材移交手续,确保器材管理的连续性和完整性。

幼儿园档案管理制度

幼儿园档案包含幼儿成长档案、教职工档案、园务管理档案、保教工作档案、安全工作档案、卫生保健工作档案、食堂食品工作档案、财务管理档案等。幼儿园应设立档案管理部门或指定专人负责档案管理工作,确保档案管理工作的专业性和连续性。

一、档案分类

(一)幼儿档案

包括幼儿入园登记信息、幼儿基本信息、健康检查记录、成长记录、发展评估、幼儿成长记录、出勤记录等。

(二)教职工档案

包括个人简历、聘用合同、相关资质证书、继续教育证明、个人成长规划、工作考评等。

(三)园务管理档案

包括幼儿园办园条件、办园环境、设施设备情况,幼儿园章程、规章制度、过程管理、工作计划、各项总结等。

(四)保教工作档案

一日活动计划、教学计划、教案、教学故事、教学反思记录、大型活动方案、教学成果等。

(五)安全工作档案

包括安全管理制度、安全过程管理、隐患排查、安全预案、安全检查、安全培训、安全演练等。

(六)卫生保健工作档案

包括卫生保健计划、疾病防控记录、体弱儿管理、健康体检记录,各项清洁、消毒记录,传染病防控等。

(七)家园联系档案

包括家委会情况、家长开放日活动、家庭教育专题讲座,家访、家长入园跟班、家园沟通情况等。

(八)财务档案

包括财务制度、预决算报告、会计账簿、财务报表等。

二、档案管理与职责

1.档案管理人负责档案的收集、整理、归档、保管、利用和销毁等工作。

2.各部门负责人负责本部门相关档案的形成、积累和初步整理,并定期向档案管理人移交。

三、档案收集与整理

1.档案收集应遵循真实性、完整性、系统性的原则,确保档案内容的准确无误和档案材料的齐全完整。

2.各部门应在活动结束后或工作完成后及时将相关档案材料整理归档,不得拖延或遗漏。

3.档案管理人应对收集的档案材料进行鉴定、分类、编号、装订和装盒,形成规范的档案案卷。

四、档案保管与利用

1.档案应存放在专用的档案室或档案柜中,保持档案室或档案柜的清洁、干燥、通风,并注意防火防盗。

2.档案管理部门应建立健全档案借阅制度,明确借阅范围、借阅期限和借阅手续,确保档案的安全利用。

3.教职工因工作需要借阅档案时,应填写借阅申请单,经相关部门负责人批准后方可借阅。借阅期间应妥善保管档案,不得涂改、损坏或丢失。

五、档案销毁与鉴定

1.对于超过保存期限且无保存价值的档案,档案管理部门应提出销毁申请,经幼儿园负责人审批后实施。

2.档案销毁前应进行鉴定,确保销毁的档案确实无保存价值。销毁时应由两人以上监督执行,并做好销毁记录。

六、责任与监督

1.幼儿园负责人对档案管理的实施负总责,档案管理部门或负责人具体负责档案管理工作的组织和执行。

2.幼儿园应定期对档案管理工作的执行情况进行监督检查,发现问题及时整改,确保档案管理工作的规范有序。

第四章　幼儿园精细化管理流程

精细化管理的关键在于科学完备的实施流程和规范。就幼儿园来讲,落实上级指引规范,汲取先进管理理念,根据操作具体实践,加强工作及管理流程的设计、规范、整合,既有利于优化资源配置、提升工作效率,也体现了全面落实精细化管理的应有之义和重要内容。阳光幼儿园坚持把构建规范流程体系作为推进精细化管理的关键抓手,着力优化幼儿园工作的相关流程及规范,理清幼儿园内部管理及日常工作的内在逻辑与实际需求,力求为教职工高效执行任务提供具体明确的行动指引,既有效提升了教职工从事保教工作的安全感与幸福感,又切实推动了保教工作的规范化建设、程序化管理。本章节选了部分有参考价值的工作流程,希望能对您及您的幼儿园优化完善工作流程及规范,有所启发和参考。

第一节　幼儿园保教工作流程与要求

幼儿一日活动督导流程与要求

督导人:幼儿园值周行政人员

督导目的:通过督导幼儿园安全、清洁卫生、物品摆放、环境创设、岗位运行情况等内容,确保幼儿一日活动的有效开展,促进幼儿身心和谐发展。

督导内容及要求:

一、入园前查看

(一)查看校园周边

查看有无安全隐患及异常情况。

(二)查看食堂

1.人员是否按时到岗、着装是否规范。

2.食堂是否清洁卫生。

3.菜品数量是否合适,质量是否有保证。

4."6S"管理标识是否完好。

(三)查看园内公共区域

1.户外:户外是否干净整洁,大型玩具有无安全隐患、是否干净卫生,器械库器械摆放是否整齐、标识是否完好。

2.楼道:地面是否干净整洁,环创有无破损、脱落、翘角。

3.功能室:地面是否干净整洁,物品是否摆放整齐,"6S"管理标识是否完好。

(四)查看安全保卫

1.保安是否按时到岗、着装是否规范,腰带上是否挂有催泪喷雾器(辣椒水)、橡胶棒。

2.钢叉、盾牌是否放置于规定的位置。

(五)查看班级

1.人员是否按时到岗,着装是否规范。

2.活动室是否开窗通风,开水器是否开启并将温度调至45℃。

3.班级是否清洁、物品摆放是否整洁。

(六)查看晨检台

1.保健医(员)是否按时到岗、着装是否规范。

2.台上是否已摆放手电筒、一次性压舌板、额温枪、晨检篮(按红、黄、绿三种颜色分类放置晨检牌)、喂药记录表。

二、查看晨检与接待

(一)保健医(员)

1.接待幼儿是否态度和蔼、语气温和。

2.是否按规范操作,一摸、二问、三看、四查。

3.是否指导家长填写喂药记录。

4.是否指导孩子拿取相应的晨检牌。

(二)班级教师

1.主班教师:是否站在规定的地方,见到幼儿后是否快步走到晨间接待1米线以外,蹲下来和孩子拥抱、交流,面带微笑、语气和蔼;是否提醒幼儿与老师、同伴问好,指导幼儿放好晨检牌及书包。

2.配班教师:是否有序组织引导幼儿自主选择区角活动,是否认真观察幼儿活动情况并适时介入指导。

3.保育员:是否辅助配班教师,并为孩子提供适宜的帮助。

三、查看早餐

(一)保育员

餐前是否清洁消毒桌子,准备渣盘、餐巾。

(二)教师

是否组织幼儿洗手,进行餐前活动,报菜名。是否引导幼儿不挑食,是否做到进餐过程中不催促幼儿,保证幼儿进餐时间,让幼儿愉快进餐。

(三)幼儿

进餐习惯是否良好,残渣等是否放入渣盘,用完餐后有无主动洗手、漱口。

四、查看早锻炼与户外运动

(一)教师

1.着装是否规范,精神状态是否良好,带操动作是否规范,是否关注体弱儿。

2.器械是否准备到位,是否提醒幼儿注意安全,是否讲解运动注意事项并适当示范。

(二)幼儿

是否精神状态好、着装适宜参与性强,是否知道自身冷热、知道自己穿脱衣服或告诉老师需要帮助。

(三)保育员

是否来回巡视关注幼儿,特别关注幼儿安全,给汗湿衣服的幼儿垫背,指导幼儿收拾整理器械并归位。

五、查看教育活动

(一)教学活动

1.教师:是否按计划组织活动,教具是否准备到位,活动是否生动,是否关注幼儿个体差异。

2.保育员:是否辅助教师开展活动并关注有特殊需求(如上厕所、突发异常情况)的幼儿。

3.幼儿:是否对活动感兴趣并积极参与活动。

(二)生活活动

1.教师:是否提醒指导幼儿洗手,是否告知幼儿水果的营养价值,是否提醒幼儿如厕注意安全,是否指导幼儿学习整理衣物。

2.保育员:是否准备好当日的水果、足够的饮用水、纸巾等物品,是否提醒幼儿饮水、如厕、整理,是否关注幼儿的独立能力,是否帮助有需要的幼儿。

(三)游戏活动

1.教师:是否按计划组织游戏活动,材料准备是否充分。是否认真观察幼儿游戏情况,根据孩子的发展情况适时介入指导。

2.保育员:是否观察幼儿身体状况,给有需要的幼儿提供帮助。

3.幼儿:是否自由、自主、积极参与并能遵守游戏规则。

六、查看午餐

(一)试吃

督导人员到食堂试吃每一种餐食,查看食品烹饪方式是否合理,品尝食品口味是否适合幼儿。

(二)餐前准备

1.教师:是否组织幼儿洗手、开展餐前活动、指导幼儿报菜名。

2.保育员:是否将餐桌清洁消毒到位,是否准备好渣盘、餐巾。

3.幼儿:是否能在教师提醒下有序排队并按七步洗手流程正确洗手。

(三)进餐

1.教师:是否引导幼儿报菜名,给幼儿讲解今日食物营养价值。是否引导幼儿正确使用餐具、不挑食,让其细嚼慢咽,养成良好的进餐习惯。是否保证幼儿进餐时间。

2.幼儿:是否能在教师指导下报菜名,是否能遵守进餐规则及礼仪,愉快进餐。进餐完毕后是否擦嘴、洗手、漱口。

七、查看散步与午睡

(一)教师

1. 是否有序组织幼儿散步,关注幼儿安全。
2. 午睡前是否组织幼儿如厕。
3. 是否指导幼儿按顺序先脱鞋、脱裤子、脱衣服,并让其按要求摆放好鞋子和衣物。是否提醒幼儿取下眼镜或头饰放入收纳箱里。
4. 孩子刚睡下时,是否播放轻音乐或睡前故事,时间10分钟。
5. 是否按午睡要求巡视,给幼儿盖好被子,查看幼儿的睡姿以及眼镜头饰是否摘下、查看幼儿是否汗湿衣服、呼吸是否正常。

(二)保育员

是否及时清洁地面、桌面,清洗消毒餐具。

八、查看起床

(一)教师

1. 配班教师是否及时到岗。
2. 主班教师是否提醒幼儿起床,是否指导幼儿按顺序着装,先穿衣服,再穿裤子,最后穿鞋子,拉好鞋舌、系好鞋带。是否帮助有需要的幼儿整理好衣物。

(二)保育员

1. 是否辅助主班教师指导幼儿按顺序着装,先穿衣服,再穿裤子,最后穿鞋子,拉好鞋舌、系好鞋带。是否帮助有需要的幼儿整理好衣物。
2. 床铺整理是否到位,地面是否清扫干净。

九、查看户外活动

(一)教师

是否按计划组织户外活动,关注幼儿安全。

(二)保育员

是否根据活动内容辅助教师准备相关器械,关注幼儿身体状况,指导幼儿活动结束后收拾整理器械。

十、查看吃糕点与整理

(一)教师

1. 是否组织指导幼儿吃糕点前洗手。
2. 是否指导幼儿报糕点的名字。

(二)保育员

是否组织幼儿有序取水喝水、如厕、整理。

十一、查看离园

(一)主班教师

1. 是否组织幼儿进行一日活动总结。

2.是否提醒幼儿整理物品,检查幼儿物品是否带齐。是否将带药幼儿剩下的药放进书包。

3.是否主动与异常幼儿的家长沟通,是否在出现意外事故时向家长及时说明情况并表示歉意,沟通时态度是否诚恳。

4.是否按时填写交接记录表。

(二)配班教师

1.是否组织幼儿有序排队,是否认真检查幼儿面部、身体、手部有无异常。

2.是否认真检查幼儿有无流汗,给有需要的幼儿垫背。

3.是否组织幼儿有序离园,并和家长做好交接。

(三)保育员

1.是否协助幼儿整理衣物、书包。

2.活动室是否清扫、消毒到位。

3.是否按规定填写消毒记录。

4.检查电源、门窗等是否已关闭。

待所有幼儿离园后,督导人员须检查全园水、电、电器、门窗是否关好,全园幼儿、教职工是否安全离园,如无任何异常情况,填好行政督导记录表后方可离园。

保健医(员)一日工作流程与要求

一、岗前准备

(一)穿着与仪表

穿着专业、整洁的服装与鞋子,保持良好的仪容仪表。

(二)准备物品

确保体温计、消毒液、健康卡、服药记录表等晨检所需物品齐全、完好。

二、晨检与入园

(一)晨检

1.一摸:摸额头、手心是否发热。

2.二看:观察幼儿面部有无异常,咽部是否红肿,口腔是否有疱疹,手上是否有水泡,腮腺是否肿大,精神状态是否良好等。

3.三问:询问幼儿饮食、睡眠及大小便情况。

4.四查:检查幼儿是否携带不安全物品,着装是否符合幼儿运动安全。

(二)领取健康卡

根据晨检情况指导幼儿领取相应的晨检牌,作为入园凭证。

(三)药品接收

如幼儿自带药品,请其家长填写"幼儿服药申请单",并妥善保管药品,确保按时、按量给药。

三、班级巡视与指导

(一)班级环境卫生

检查班级环境卫生,确保清洁、无异味,符合卫生标准。

(二)幼儿生活常规

1.检查幼儿饮水规范,检查水杯是否清洁、水源是否充足。

2.检查幼儿洗手规范,检查毛巾是否干净。

3.检查幼儿如厕规范,检查厕所是否清洁。

(三)服药指导

指导教师正确给幼儿服药,记录服药时间及剂量。

(四)幼儿餐点情况

检查幼儿餐点的提供和食用情况,确保食品营养均衡、口感适宜。

四、户外活动与观察

(一)户外活动准备

检查户外活动场地及设施安全,确保无隐患。

(二)活动观察

观察幼儿活动量,确保动静交替;根据天气变化,及时对其增减衣物,防止感冒。

五、午餐与餐后管理

(一)厨房巡视

1.检查食材质量,检查食材与食谱的一致性,确保食品质量上佳、营养均衡、口感适宜;检查饭菜温度,确保其适宜食用。

2.检查分餐间消毒工作,确保食品安全;检查食品留样,确保其可追溯。

(二)幼儿餐前准备

巡视幼儿盥洗情况,指导幼儿正确洗手,保持手部清洁。

(三)用餐观察

1.检查教师分餐情况,确保分餐均匀、合理;教师介绍食物营养,引导幼儿养成良好的饮食习惯。

2.观察幼儿用餐情况及进餐常规培养情况,指导教师及时纠正其不良习惯。

(四)餐后管理

检查餐具清洗、消毒情况,检查幼儿洗漱、散步等情况,确保餐后活动有序进行。

六、午睡与下午活动

(一)午睡巡视

检查幼儿饰品及眼镜是否取下并放置在规定的区域,检查幼儿盖被和睡姿情况,确保幼儿舒适入睡;纠正不良睡姿,防止意外发生。

(二)幼儿起床

检查幼儿起床规范;检查教师午检情况,看其是否记录幼儿健康状况。

七、晚餐

(一)晚餐巡视

检查幼儿用餐情况及教师分餐规范,检查晚餐是否营养均衡、口感适宜。

(二)离园

检查幼儿着装是否整洁、物品是否携带齐全;整理幼儿个人物品及班级环境;向家长反馈幼儿健康状况及当日表现。

(三)清洁与消毒:幼儿离园后,对保健室、隔离室等区域进行清洁与消毒工作,确保环境整洁、安全。

八、总结与改进

(一)记录与分析

认真做好一日卫生保健工作记录,分析、总结一日卫生保健工作的经验与不足。

(二)改进完善

根据一日卫生保健工作实际,不断完善卫生保健制度和计划;优化工作流程,提高工作效率和可操作性。确保幼儿园卫生保健工作更加专业、规范、有序。

保育员一日工作流程与要求

一、入园准备

(一)开窗通风

保持开窗通风,确保室内空气新鲜。

(二)安全检查

全面排查班级安全隐患,确保玩具、桌椅、电器等稳固安全。

(三)清洁消毒

用消毒液清洁教室,包括地面、桌面、玩具等,保持环境整洁卫生。

二、晨间接待

(一)热情迎接幼儿

与幼儿亲切交谈。

(二)关注幼儿情况

检查幼儿是否放好晨检牌,观察幼儿情绪与健康状态,对异常幼儿给予特别关注。

三、盥洗与饮水

(一)盥洗指导

提供安全盥洗环境,指导幼儿使用七步洗手法正确洗手。

(二)如厕指导

保持卫生间清洁,指导幼儿正确如厕。

(三)饮水安排

根据天气和幼儿需求准备足量的饮用水,引导幼儿定时适量饮水。

四、进餐

(一)餐前准备

餐桌清洁、消毒,准备餐具和擦嘴巾。

(二)分餐与观察

根据幼儿饭量分配饭菜,中大班幼儿可指导幼儿自己取餐,观察幼儿进餐情况,培养其良好饮食习惯。

(三)餐后整理

指导幼儿清理餐桌,整理餐具。

五、户外活动

(一)整理衣物

协助幼儿整理户外活动所需衣物。

(二)安全看护

确保幼儿在视线范围内活动,做好安全防护。

(三)特殊关怀

关注体弱或有特殊需求的幼儿,给予必要照顾。

六、午睡管理

(一)准备

确保午睡房间空气流通、温度适宜,拉好窗帘。

(二)指导

指导幼儿叠放衣物、摆放鞋子、盖好被子。

(三)检查

定时检查幼儿午睡情况,看有无汗湿衣物和其他异常情况,确保其安全入睡。

七、午检

幼儿起床后进行健康检查,观察幼儿精神状态。

八、离园

(一)整理

指导幼儿整理书包和衣物,确保物品无遗漏。

(二)交接

与家长沟通幼儿在园情况,让幼儿与家长愉快、放心地离园。

(三)清扫

清扫班级卫生,保持物品、地面干净整洁。

(四)消毒

开启消毒灯消毒。

(五)填写记录

认真填写交接班记录和各类工作记录表。

（六）安全检查

检查门窗、电源等是否关闭，确保安全。

教师一日工作流程与要求

制订幼儿园教师一日工作流程的目的是更好地明确班组成员的具体职责、分工及有效配合。原则上户外活动、早餐、午餐、午睡前、幼儿起床、离园环节，班组成员应全部到位，并按各自分工执行到位。其他环节按相关要求执行。

一、入园前准备

（一）场地准备

检查活动室安全，确保无安全隐患，物品摆放整齐。

（二）材料准备

根据当天教学计划，准备好教学用具、活动材料、幼儿学习材料等。

（三）个人准备

着装整洁，仪表端庄，保持良好的精神状态。

二、接待与晨检

（一）主班教师

1. 站在规定的门口，看见幼儿园时，应快步到晨间接待一米线以外，蹲下来和幼儿拥抱，交流。教师应面带微笑，语气和蔼。
2. 指导幼儿放好书包、晨检牌和所带物品并向老师和其他小朋友问好。
3. 如有家长随同，应与家长简短交流幼儿的情况，态度和蔼、语气温和。
4. 晨检，检查幼儿面部有无异常，检查幼儿口袋、书包有无携带不安全物品。

（二）配班教师

1. 指导幼儿自主参加区角活动（或早锻炼）。
2. 组织活动，指导幼儿参与活动。教师保持精神饱满。

三、早餐与整理

（一）主班教师

1. 组织幼儿洗手，做好餐前准备。
2. 指导幼儿报食物名称。
3. 组织幼儿愉快进餐，并关注有特殊需求的幼儿，引导幼儿养成良好的进餐习惯，不挑食，不偏食，提醒其将残渣放入渣盘。
4. 组织幼儿餐后擦嘴、漱口、洗手。

（二）配班教师

1. 协助保育员分餐，协助幼儿有序取餐。
2. 关注需要帮助的幼儿，及时为幼儿提供帮助。引导幼儿养成良好的进餐习惯，不挑食，不偏食，提醒其将残渣放入渣盘。
3. 餐后组织幼儿散步。

四、教学活动阶段

(一)主班教师

1.按照教学计划开展五大领域的教学活动,教学活动目标明确,内容适宜,方法多样。

2.关注幼儿学习状态,关注幼儿个体差异,提供差异化教学。及时调整教学策略和方法。

3.组织幼儿进行分组活动或区域活动,活动组织有序,鼓励幼儿积极参与,并提供个性化指导,确保学习效果良好。

(二)配班教师

1.在教师办公室撰写教案、学习或准备下午的活动材料等。

2.教师在办公室不能做与工作无关的事情。

五、户外活动

(一)主班教师

1.按活动计划组织幼儿进行户外活动,如体育运动、体适能活动、体育游戏等。

2.讲解活动注意事项,必要时做好相应的示范,引导幼儿积极参与活动,关注幼儿行为,确保幼儿活动安全。

3.引导幼儿关心他人,不过度影响他人,在活动中遵守规则。

(二)配班教师

1.检查活动场地是否安全,确保各项安全措施到位。协助主班教师开展活动。

2.密切注意幼儿活动状况,严防意外事故发生。

六、午餐及午休

(一)主班教师

1.组织幼儿洗手、做好餐前准备。

2.指导幼儿报食物名称。

3.组织幼儿愉快进餐,并关注有特殊需求的幼儿,引导幼儿养成良好的进餐习惯,不挑食,不偏食,提醒其将残渣放入渣盘。

4.组织幼儿餐后擦嘴、漱口、洗手。

5.组织幼儿如厕。

6.检查幼儿头饰、眼镜是否摘下并放入指定的收纳箱。

(二)配班教师

1.协助保育员分餐,协助幼儿有序取餐。

2.关注需要帮助的幼儿,及时为幼儿提供帮助。引导幼儿养成良好的进餐习惯,不挑食,不偏食,提醒其将残渣放入渣盘。

3.餐后组织幼儿散步。

4.组织幼儿午睡,播放轻音乐或睡前故事。提醒幼儿按顺序脱衣物。

5.按要求值午睡班。勤巡视,给幼儿盖好被子,检查幼儿头饰、眼镜是否全部摘下。

6.检查幼儿睡姿是否合适,呼吸是否正常,发现有汗湿衣服的幼儿及时为其垫背或擦汗。

七、教学活动与整理

（一）主班教师

1. 在教师办公室撰写教案、学习、准备第二天的活动材料。
2. 教师在办公室不能做与工作无关的事情。

（二）配班教师

1. 按照活动计划开展活动。根据幼儿年龄特征，中、大班可以是五大领域的教学活动，托、小班应以游戏活动为主。内容适宜，方法多样。
2. 关注幼儿学习及活动状态，关注幼儿个体差异，提供差异化的指导。
3. 组织幼儿进行分组活动或区域活动，活动组织有序，鼓励幼儿积极参与，并提供个性化指导。

八、离园准备

（一）主班教师

1. 组织幼儿进行一日活动总结。
2. 提醒幼儿整理物品，检查幼儿物品是否带齐。将带药幼儿剩下的药放进书包。
3. 主动与有异常情况的幼儿的家长沟通，沟通时态度诚恳。如遇幼儿在园发生事故，主动承担责任。
4. 按要求填写交接记录表。

（二）配班教师

1. 组织幼儿有序排队，认真检查幼儿面部、身体、手部有无异常。
2. 认真检查幼儿有无流汗，及时给有需要的幼儿垫背。
3. 组织幼儿有序离园，做好和家长的交接。

幼儿一日活动提示语播放流程

为促进幼儿良好习惯的养成，幼儿园可以在幼儿一日活动环节中录制幼儿一日活动各环节中的行为要求，通过校园广播在相应的时段播放，以此提示幼儿在这个时段中应该怎么做，也提示教师该怎样指导孩子。同时也可以在入园、离园时段宣传幼儿园教育理念或提示家长该如何配合，以达到家园互动，共同促进幼儿健康快乐地成长。以下是阳光幼儿园结合《重庆市幼儿园一日活动行为细则（试行）》编制的幼儿一日活动行为规范提示语以及播放流程。

一、入园提示语

（一）播放时段

早上入园时段播放。

（二）播放要求

反复播放至下一个时段，前三次声音可以大一点，后面声音要小一些，并关闭室内的音量，以免影响孩子活动。

(三)文字内容

亲爱的孩子们:早上好!

快乐的一天又来到了,你们在爸爸妈妈或爷爷奶奶等的护送下来到了幼儿园,我们全体教师怀着无比期待的心情迎接你们的到来。请你们主动接受晨检,并根据自身身体情况拿取晨检牌。

进入班级后,要向老师、小伙伴问好哦!请你插好晨检牌,放好书包,在老师的指导下参加活动吧!

幼儿园的全体教职工:早上好!

我们从事着天底下最阳光的职业。给予孩子阳光般温暖的爱,是我们始终如一的追求。我们以梦想、责任、专业、爱心为价值取向,潜心构建符合幼儿身心发展的体验课程,着力培养具有国际视野的中国儿童。幼儿园的发展离不开你们的无私奉献,孩子们的成长离不开你们的精心呵护。孩子们的每一次进步,都令我们激动,每一次成功,都激励我们向更高的目标前行。尊重教育规律,尊重幼儿身心发展特点,尊重孩子的人格,尊重家长的真诚反馈,用心和行动来回报社会,回报关心、支持、理解、信任你的人们。

快乐的一天开始了,请你们整理好衣服,精神饱满地投入工作吧!记得你们每一个人的分工哦,记得和孩子拥抱并热情地问候,记得检查孩子的身体和书包,记得对待孩子态度温和。

亲爱的家长朋友们:你们好!

感谢你们对幼儿园的信任。我们的工作有赖于你们的理解、关心和支持。让我们有着更多的交流与沟通,有着更多的理解和信任,本着让孩子更健康、更快乐的宗旨,家园紧密结合,共同陪伴孩子健康成长。经验和责任告诉我们:在安全环境中长大的孩子一生幸福,在鼓励中长大的孩子满怀信心,在赞赏中长大的孩子懂得尊重,在公平中长大的孩子有正义感,有怎样的环境便有怎样的孩子。因为爱,我愿同我的教师们捧着一份亲情、友情和真情投身于"为人师,如人母"的崇高幼儿教育行业中,也更愿意与父母们共擎一方蓝天,让祖国的未来花朵享受更多成长的关爱,让孩子们在爱的阳光下,启心智之门,雅情趣之源,扬求知之风帆,做幸福之真人。

二、早餐提示语

(一)播放时段

早餐前五分钟。

(二)播放要求

重复播放三次。

(三)文字内容

亲爱的孩子们:

早餐的时间到了,请你们到盥洗室,按七步洗手流程洗干净手,回到位置上准备用餐啦。为了我们能吃得好、长得壮,保健阿姨根据幼儿膳食宝塔精心搭配每餐膳食,厨房的叔叔阿姨为我们精心烹饪丰富而营养的早餐,每一样食品对我们的身体发育都有好处,因此我们不能挑食,每一种都要吃哦。进餐的时候小声说话,不要影响他人,残渣放入渣盘,用完餐记得漱口哦。

三、早操提示语

(一)播放时段

早操前五分钟。

(二)播放要求

重复播放三次。

(三)文字内容

亲爱的孩子们,早操的时间到了,请做好操前服饰准备,检查自己的衣服、鞋子是否穿好。值日生要协助保育老师准备早操器械。下楼道不推也不挤。排好队,准备做操了,跟着音乐,要有精神,动作要到位,充分运动身体的各部分。遵守早操规则,选择器械活动,学会与同伴合作。身体发热时脱衣服或不适时主动告诉老师。学会收拾整理活动器械。来吧!孩子们,动起来、跳起来。

四、午餐提示语

(一)播放时段

午餐前五分钟。

(二)播放要求

重复播放三次。

(三)文字内容

孩子们,午餐的时间快到了,准备好了吗?餐前自觉洗净手、脸。吃饭时要愉快、认真地进食,不边吃边玩,不大声讲话。独立进食,不依赖老师。要正确使用餐具:一手拿勺子(中大班使用筷子),一手扶住碗,喝汤时两手端着碗。养成文明进餐的行为和习惯。细嚼慢咽、不挑食、不偏食、不剩饭菜、不过量进食。保持桌面、地面和衣服清洁,骨头、残渣放在渣盘里。在进食过程中和餐后学会正确使用餐巾。餐巾用后翻面叠好,放在自己餐盘里。餐后轻放椅子,离开饭桌,最后温水漱口。漱口方法:在口杯中倒上温水后,喝一口,闭着嘴咕噜儿下,用水冲击牙缝,再吐出水反复两三次就好啦。

五、午睡提示语

(一)播放时段

午餐前五分钟。

(二)播放要求

重复播放三次。

(三)文字内容

亲爱的孩子们,午睡的时间到了,请独立或在老师帮助下按顺序穿脱衣物。先脱鞋,再脱裤,最后脱上衣,放在固定的地方。请取下你们的眼镜、头饰,并放入固定的收纳盒里。睡眠时衣着适当,保持正确的睡姿,不蒙头、吮手、咬被角、不用手挖墙壁。赶紧脱下你们的衣物、摆放好自己的鞋子,准备睡觉了。小嘴巴不讲话了。安静地慢慢入睡吧!

六、起床提示语

（一）播放时段

午间起床时段。

（二）播放要求

重复播放三次。

（三）文字内容

亲爱的孩子们,该起床了,伸伸懒腰、蹬蹬小腿、慢慢坐起来吧！抓紧穿衣服哦,先穿上衣,再穿裤子,最后穿鞋子。学会分清衣裤前后,拉拉链、扣纽扣。学会穿鞋：分清左右脚,拉好鞋舌、脚伸进鞋、提起后跟、系好鞋带或粘好鞋扣。整理好自己的衣物后我们再来整理我们的小床吧！学习叠被子、学习整理床单。你们真的很能干哦！

七、离园提示语

（一）播放时段

离园前两分钟播放。

（二）播放要求

重复播放五次。

（三）文字内容

亲爱的孩子们、放学的时间到了,请你们整理好自己的物品,准备和爱你们的教师,还有小伙伴们道别吧！今天你们又在幼儿园里度过了愉快而有意义的一天。把在幼儿园里的快乐趣事带回家,和爸爸妈妈们一起分享！

尊敬的家长朋友们,你们是我们最信赖的朋友。进园时不推不挤,尤其是我们的爷爷奶奶,你们一定要注意自身的安全。从幼儿园的左大门有序进入,给我们的孩子做好榜样吧！宝贝们会耐心地等待你们。接到孩子后,请你们从幼儿园的右门出,感谢你们的配合。孩子们,再见啦！家长朋友们,再见啦！

八、实施建议

挑选幼儿园里普通话标准、声音甜美的老师,让老师熟悉文稿内容,选择好听且熟悉的轻音乐,到专业录音棚录制。录制好后放到幼儿园音控室的平台上,设定好时间,每天自动播放。

第二节　幼儿园安全工作流程与要求

观摩来访入园接待流程与要求

一、入园预约

（一）入园申请

来访人员须提前向幼儿园申请入园,可通过电话、邮件或亲自前往幼儿园办公室提交申请。在申请中,应明确目的、时间、人数、身份等基本信息。

(二)信息确认

幼儿园接待人员审核申请信息,确认入园的具体时间、路线及陪同人员安排。

二、入园要求

(一)身份证件

来访人员须准备有效身份证件,以便在入园时进行登记核实。

(二)安全要求

来访人员须着装整洁、得体,不得携带任何危险物品。

三、入园登记

(一)门卫登记

来访人员到达幼儿园后,须在门卫处出示有效证件并填写外来人员登记表。

(二)手部消毒

来访人员应进行手部消毒,以减少交叉感染的风险。

四、引导观摩

(一)观摩区域

在陪同人员的引导下,来访者可参观幼儿园的教室、活动室、操场、餐厅等区域。

(二)观摩方式

专题交流幼儿园的教育理念、师资力量、课程设置,参观幼儿园环境、观摩活动等。

五、离园

(一)离园时间

来访者原则上在约定的时间内结束参观,并在相关人员的陪同下离园。

(二)意见反馈

幼儿园接待人员邀请来访者填写意见反馈表或进行口头反馈,收集对幼儿园的印象、评价及改进建议。

(三)后续联系

幼儿园接待人员与来访者保持联系,并适时对其进行回访,以持续跟踪了解其对幼儿园发展的意见建议及评价。

六、注意事项

(一)安全第一

来访者须遵守幼儿园的安全规定,不得随意进入禁止区域或进行危险行为。

(二)尊重隐私

来访者不得私自拍照或进入禁止区域等,须尊重幼儿和教职员工的隐私,不得侵犯他人的权益。

(三)配合管理

来访者须配合幼儿园的安全管理工作,如接受体温检测、手部消毒等。

暴力事件应急处置流程与要求

一、即时响应

（一）紧急报警

1.发现暴力事件，立即启动紧急报警机制，按下紧急报警按钮或直接拨打"110"报警。

2.报警时应清晰表述事件发生地点、时间、性质及伤亡情况，确保信息准确传达。

（二）启动预案

1.应急领导小组即刻响应，按照预案分工迅速开展应急处置工作。

2.指派专人负责与警方保持实时通信，通报事态最新进展。同时，向教育部门及相关上级部门报告事件及处理情况。

（三）保护幼儿安全

1.教职工应迅速且有序地将幼儿疏散至安全区域，确保幼儿远离危险源。

2.班主任及保育员负责幼儿的情绪安抚，引导幼儿保持安静，避免恐慌情绪扩散。

（四）控制事态发展

1.选派具备良好应变能力和沟通技巧的教职工与施暴者周旋，以拖延时间并降低风险。

2.在确保自身安全的前提下，采取必要措施阻止施暴者的暴力行为。

（五）救治伤员

1.如有人员受伤，立即组织教职工进行初步救治，并拨打"120"急救电话。

2.迅速将伤员送往就近医院，同时通知其家长或家属。

（六）保护现场

保护好暴力事件现场，禁止无关人员进入，以免影响警方调查取证。

二、后续处理

（一）配合警方调查

如实向警方提供事件经过汇报及相关信息，协助警方进行现场调查和取证。

（二）沟通安抚

1.迅速组织专人通知相关幼儿家长及教师家属，做好接待和解释工作。

2.稳定家长和家属情绪，避免引发不必要的恐慌和混乱。

（三）善后与总结

1.对受伤幼儿进行心理安抚和康复工作，关注其身心健康。

2.对事件进行全面总结和分析，提出改进措施和完善预案的建议。

三、改进与防范

（一）强化安全管理

1.针对事件暴露的问题和不足，加强幼儿园的安全管理工作。

2.完善安全制度和措施，确保类似事件不再发生。

（二）提升防范意识

1.加强对师生的法治教育和安全教育,提升其防范意识和自我保护能力。
2.定期组织师生开展应急演练和培训,提升其应急处理能力。
(三)优化预案
根据实际情况不断优化应急预案,确保其具备针对性和可操作性。

意外事故处理流程与要求

一、即时响应

(一)紧急启动预案

1.事故发现与报告:一旦发生幼儿意外事故,当班教师或保育员须立即确认事故情况,并迅速启动幼儿园制订的《幼儿意外事故应急预案》。

2.人员迅速到位:预案启动后,相关应急处理小组成员(包括保健医、安全保卫人员等)须立即响应,确保人员迅速到位,展开初步处理工作。

(二)初步处理

1.初步救治:当班教师或保育员应第一时间对受伤幼儿进行初步救治,如止血、清洁伤口、简单包扎等,但要注意避免移动受伤幼儿,防止二次伤害。

2.通知保健医:迅速通知保健医到场进行专业评估和处理。若伤势较重,保健医应立即决定是否送往医院。

(三)现场保护

保护事故现场,防止事态扩大或造成二次伤害。同时,拍摄现场照片或视频,作为后续事故调查和处理的重要依据。

(四)通知家长

在第一时间以适宜的方式(如电话、短信等)通知家长,简要说明事故情况、已采取的初步处理措施及后续救治计划,并征求家长意见。

(五)报告上级

根据事故性质和严重程度,幼儿园应及时向教育主管部门及其他相关部门报告事故情况,确保信息畅通。

二、紧急救治

(一)判断决策

保健医应根据受伤幼儿的伤情,判断是否需要紧急送往医院救治。

(二)送医救治

1.如需送医,应立即与当班教师或安全保卫人员一起将幼儿送往最近的具备救治条件的医院。

2.在送医过程中,应保持与家长的沟通,同时协助医生进行救治工作,确保幼儿得到及时有效的治疗。

3.在救治过程中,如家长还未到达医院应与家长保持密切联系,及时通报救治进展和幼儿情况,安抚家长情绪。

（三）安抚与教育

事故发生后，班级的其余幼儿须由配班老师或其他教师看护，进行适当的安全教育和心理疏导，确保幼儿情绪稳定。

三、后续处理

（一）记录与通报

1.事故记录：保健医（员）应详细了解事故起因、现场情况、救治过程等，做好详细记录，并由当班教师签字确认。

2.事故通报：召开幼儿园内部会议，就事故发生的时间、地点、过程、采取的紧急措施、救治过程及处理结果等进行通报和研判，确保信息透明。

（二）调解

1.事故处理方案：根据事故情况，与家长协商制订事故处理方案，依法进行调解（和解），确保双方权益得到保障。

2.第三方调解与司法程序：若无法达成和解，可提请第三方调解机构进行调解，或通过司法程序解决争议。

（三）持续关注

1.领导重视：园领导应保持对事件的持续关注，与家长保持联系，确保幼儿得到充分的关心和照顾。

2.关心慰问：事故处理后，当班教师应定期与家长联系，了解幼儿恢复情况，表达慰问和关心。

（四）总结与改进

1.事故总结：对事故处理过程进行总结反思，分析原因、梳理不足。

2.制订改进措施：根据总结结果，制订针对性的改进措施，加强幼儿园的安全管理和教育引导工作，防止类似事故再次发生。

应急疏散演练流程与要求

一、制订预案

（一）依据法规

依据国家及地方关于学前教育安全工作的相关法律法规，结合本园实际情况，制订详细、可行的应急疏散预案。

（二）预案内容

预案应明确应急疏散的组织架构、职责分工、疏散路线、集合点、警报信号、搜救与救援程序等关键要素。

（三）定期修订

根据演练情况、园区变化及法律法规更新，定期修订和完善应急疏散预案，确保其时效性和适用性。

二、演练准备

(一)宣传培训

在演练前,对全体教职员工进行应急疏散知识培训,确保他们熟悉预案内容、掌握疏散技能。

(二)物资准备

检查并准备应急疏散所需的物资,如湿毛巾、应急照明设备、通信设备等。

(三)通知家长

提前通知家长演练的时间、目的和注意事项,取得家长的理解和支持。

三、演练实施

(一)发出警报

1.使用统一的警报信号(如铃声、广播等)通知全体教职工和幼儿开始演练。

2.警报响起后,教职员工应立即停止一切活动,迅速进入应急状态,引导幼儿进行疏散。

(二)组织疏散

1.班主任和保育员迅速组织本班幼儿按照预定路线撤离,确保每名幼儿都在视线范围内,避免遗漏。

2.引导幼儿弯腰低姿、用湿毛巾捂住口鼻(如模拟面对火灾场景),避免吸入有害烟雾或灰尘。

3.保安和后勤人员负责在疏散通道和紧急出口处引导人员和维护秩序,确保疏散过程顺畅无阻,避免踩踏等安全事故的发生。

(三)到达集合点

1.全体人员迅速到达指定的集合点,班主任清点本班幼儿人数,并向应急疏散领导小组报告。

2.如发现有人员失踪或受伤,应立即启动搜救和救援程序,确保失踪人员尽快找到,受伤人员得到及时救治。

(四)总结反馈

1.演练结束后,应急疏散领导小组组织全体人员召开总结会,对表现突出的班级或个人给予表彰和奖励;分析演练中存在的问题和不足,对存在的问题提出整改意见。

2.督促相关部门或人员及时落实应急疏散整改意见。

四、后续工作

(一)预案完善

根据演练情况,及时修订和完善应急疏散预案,确保其更加符合实际情况和需要。

(二)加强培训

定期对教职员工进行应急疏散培训,提高他们的应急处理能力和实际操作水平。

(三)检查设施

定期对幼儿园的紧急出口、疏散通道、消防器材等设施设备进行检查和维护,确保其处于良好状态,能够正常使用。

(四)家长沟通

定期向家长通报幼儿园的应急疏散演练情况和改进措施,争取家长的信任支持。同时,鼓励家长与幼儿园共同开展应急疏散教育,增强幼儿的安全意识和自救互救能力。

疏散引导箱使用流程与要求

一、日常管理与维护

(一)检查与保养

1. 箱体及标识检查:定期检查疏散引导箱的完整性,检查其是否有锈蚀、变形或损坏,保持其表面清洁,确保标识清晰。

2. 物品核查与保养:定期核查箱内物品(儿童防烟口罩、湿毛巾、急救包、反光背心、手电筒、哨子、疏散指示牌等),确保物品齐全且在有效期内。定期清洁和保养,确保物品能正常使用。

(二)培训与演练

1. 教职工培训:全面培训教职工关于如何使用疏散引导箱等内容,使其掌握应急疏散知识。

2. 应急演练:定期组织全园应急疏散演练,检验教职工和幼儿的应急反应和疏散速度,以及时发现问题并纠正。

二、紧急疏散流程

(一)接收指令

接到紧急疏散指令,教师及保育员应立即停止活动,稳定幼儿情绪,并做好疏散准备。

(二)做好准备

教师立即穿上反光背心,佩戴哨子,手持疏散指示牌。迅速前往指定位置,打开疏散引导箱,取出所需物品。

(三)发布信息

使用哨子或广播系统发布疏散信息,告知原因和逃生方向,安抚幼儿情绪。

(四)分发物品

向幼儿分发儿童防烟口罩、湿毛巾等,指导幼儿正确使用。

(五)引导撤离

教师平举疏散指示牌,根据逃生方向引导幼儿有序疏散。关注幼儿情绪,协助行动不便的幼儿。

三、疏散后工作

(一)清点人数

确认班级幼儿是否已全部疏散至安全区域。

(二)紧急处理

如有失踪或受伤情况,立即报告并采取搜救或救治措施。

（三）及时汇报
向负责人汇报疏散情况。
（四）总结经验
分析不足，提出改进措施。

第三节　幼儿园食堂工作流程与要求

蔬菜清洗流程与要求

一、准备环节

（一）人员
1.工作人员穿工作服，戴帽子、口罩及手套。
2.测量体温。
（二）环境
1.检查洗菜区域卫生，保持整洁无杂物。
2.清理洗菜设备，确保无残留物。
3.检查水源清洁度，确保安全可用。
（三）工具
1.准备洗菜篮、洗菜池、菜板、刀具、洗洁精、抹布、毛刷等。
2.根据需要准备洗菜液或白醋。

二、清洗环节

（一）初步处理
摘除黄叶、老叶、菜梗、虫子、异物及腐烂部分。
（二）浸泡
1.将处理好的蔬菜放入清水中浸泡15—30分钟（根据种类调整）。
2.根据蔬菜种类，需切的蔬菜如花菜、西兰花等先切好，再用淡盐水浸泡去除农药和虫卵。
（三）清洗
1.用流动水彻底清洗蔬菜，去除泥土、农药和细菌。
2.根茎类蔬菜（如胡萝卜、土豆）清洗后去皮。
（四）二次清洗
再次用清水冲洗蔬菜。
（五）装筐与保洁
1.将清洗后的蔬菜装入干净菜筐，整齐摆放控水。
2.控水时注意保洁，防止交叉污染。

三、清理现场

(一)清理垃圾

及时清理清洗过程中产生的垃圾,倒入垃圾桶。

(二)清洗用具

1.清洗洗菜篮、洗菜池、菜板、刀具等。

2.清洁地面、墙面及下水道。

(三)整理物品

将围裙、清洗工具、切菜工具放回指定位置。

四、注意事项

(一)食品安全

遵守食品安全规定,确保蔬菜清洁、安全、营养。

(二)个人卫生

工作人员保持良好个人卫生习惯。禁止在洗菜区域内进行吸烟、吐痰等不文明行为。

(三)节约用水

清洗蔬菜时注意节约用水,避免浪费。

厨具餐具清洗消毒流程与要求

一、准备环节

(一)人员

测量体温,穿工作服,戴帽子、口罩、手套。

(二)设施

检查清洗消毒区域设施是否完好,通风照明是否良好。

(三)物资

备齐洗涤剂、消毒剂、洗碗布、刷子、控水器。

(四)检查

检查洗涤剂、消毒剂是否在有效期内,并按要求配比。

二、清洗环节

(一)收集分类

及时收集餐具,将餐具按碗、盘、勺子、筷子等类型分类。

(二)预处理

用洗碗布去除餐具表面残渣和污垢。

(三)浸泡

1.在水池中注入适量温水,并加入适量的洗涤剂(一般为1∶200的稀释比例)。

2.将餐具放入浸泡池中,浸泡5—10分钟,以软化污垢。

(四)冲洗

用百洁布逐个清洗餐具内外表面,并用流动水冲洗直至无洗涤剂残留。

（五）控水
将冲洗干净的餐具放入控水器中，控干水分。

三、消毒环节
根据实际情况，选择以下消毒方式。
（一）物理消毒
1. 蒸汽消毒：将餐具放入专业的蒸汽消毒器中，使其暴露在高温高压的蒸汽环境下，保持15分钟以上，以杀灭细菌和病毒。
2. 煮沸消毒：将餐具放入大锅中，加入足够的水，煮沸后保持15分钟以上。
3. 洗碗机消毒：按照洗碗机使用说明操作，设置好温度和时间。
4. 消毒柜消毒：采用红外线消毒设备，温度控制在100—120℃之间，保持30分钟以上。
（二）化学消毒
1. 使用消毒剂对餐具进行消毒时，应严格按照消毒剂使用说明进行配比和操作。
2. 将餐具完全浸泡在消毒液中，浸泡时间不少于10分钟（具体时间根据消毒剂说明书确定）。
3. 消毒后，用清水彻底冲洗餐具表面，去除残留的消毒液。

四、储存
（一）晾干
将消毒后的餐具放在干燥、通风的地方自然晾干，避免使用毛巾或餐巾擦干，以防污染。
（二）入柜
1. 将晾干的餐具放入专用的餐具保洁柜中，摆放时应底朝上、口朝下，防止重复污染。
2. 定期对餐具保洁柜进行清洗和消毒，保持内部干燥、清洁。
（三）记录
做好清洗消毒记录。包括日期、时间、操作人、消毒方式等。

五、注意事项
（一）专池专用
清洗餐具时，应做到专池专用，避免交叉污染。
（二）个人防护
清洗消毒过程中，工作人员应严格佩戴手套、口罩等防护用品，防止化学品对皮肤和呼吸道的伤害。
（三）定期检查
定期对清洗消毒设备和设施进行检查和维护，确保其正常运行和卫生安全。
（四）培训
定期对工作人员进行清洗消毒知识和技能的培训，提高其专业素养和操作能力。

食品安全与应急处置流程与要求

一、食品安全制度与流程

(一)建立食品安全管理制度

1.制订详细的食品安全管理制度,明确责任人。

2.组织食品安全培训和考核,确保从业人员具备食品安全知识和技能。

(二)严格管控食品购进与检验

1.审核供应商的资质,索取并查验相关证明文件,如营业执照、生产许可证、检验报告等。

2.对购进的食品进行抽检,确保食品质量合格且符合安全标准。

(三)规范储存与管理

1.设立专用食品仓库,确保食品与非食品分库存放,避免交叉污染。

2.仓库内设置防鼠、防蝇、防潮、防霉、通风等设施,保持仓库环境干燥整洁。

3.定期对库存食品进行盘点和检查,及时发现并处理过期或变质食品。

二、食品安全应急处置

(一)制订预案

建立健全食品安全事故应急预案,明确应急响应程序、处理措施和责任人。

(二)配备应急物资

配备必要的应急物资和设备,如急救药品、消毒用品等,确保在紧急情况下能够迅速应对。

(三)应急演练

定期组织食品安全事故应急演练,提高员工的应急反应能力和协作能力。

三、食品腐烂变质的处理流程

(一)隔离

一旦发现食品腐烂变质,立即将问题食品停止使用,与其他食品隔离,防止交叉污染。

(二)封存

将所有可能受到污染的食品和原料进行封存,并对封存食品进行标记,记录发现时间、地点、数量等信息。

(三)通知

立即通知食堂管理员、幼儿园领导及所属部门教师,说明情况并请求协助。如有必要,通知当地卫生监督部门或疾控中心进行指导和处理。

(四)调查与追溯

1.对食品来源、储存条件、加工过程等进行全面调查,找出问题原因。

2.追溯问题食品的生产、流通环节,以便后续处理。

(五)记录

对发现的问题食品及其处理过程进行详细记录,包括时间、地点、数量、处理措施等

(六)上报

向上级部门或监管部门报告情况,接受指导和处理。

四、后续处理措施

（一）清理

对问题食品及其包装物进行彻底清理，并在2分钟以内丢弃至指定垃圾容器内。

（二）消毒

对与问题食品接触过的器具、设备、环境等进行全面清洁和消毒。

（三）更换

及时更换新的合格食品，确保食堂供应不受影响。

（四）补充

补充必要的物资和设备，确保食品安全管理工作的顺利进行。

（五）总结

对事件进行总结分析，找出问题根源和薄弱环节。制订整改措施，防止类似事件再次发生。

第四节　幼儿园卫生保健工作流程与要求

毛巾清洁消毒流程与要求

一、准备

（一）穿戴准备

穿防护服，戴医用口罩、橡胶手套及防护帽，防止消毒液直接与皮肤接触或溅入呼吸道。

（二）物品准备

准备肥皂、洗衣粉、84消毒液（或其他经卫生部门认可的儿童安全消毒剂）、清水、清洁桶、晾晒架等。

（三）用品检查

检查防护用品是否在有效期内，且无破损或污染，以保证防护效果。

二、收集毛巾

（一）收集

一日活动结束后，立即收集幼儿使用过的毛巾。

（二）整理

对收集到的毛巾进行分类整理，确保每人两条（擦手巾、洗脸巾），不能混淆。

三、配制消毒液

使用"84消毒液说明书"正确稀释，按1∶200的比例配制消毒液溶液，并充分搅拌。

四、清洗消毒

（一）初步清洗

1.将毛巾放入清洁桶中，加入适量的洗衣粉或肥皂水。

2.用手轻轻搓洗毛巾,去除表面污垢和油渍。
3.用清水彻底冲洗干净,确保无泡沫和残留物。
(二)消毒液浸泡
1.将初步清洗干净的毛巾完全浸泡在已配制的消毒液中。
2.浸泡时间控制在5—10分钟之间。
(三)再次清洗
1.消毒液浸泡后,用清水再次冲洗毛巾,直至无消毒液残留。
2.冲洗过程中注意检查毛巾是否清洗干净,确保无异味。
(四)高温消毒(可选)
1.条件允许时,使用高温消毒柜对毛巾进行高温消毒。
2.按照消毒柜使用说明设置时间和温度,一般在100—120℃之间消毒30分钟。
3.消毒过程中注意检查毛巾状态,避免烤煳或损坏。
(五)太阳暴晒
将清洗并消毒后的毛巾挂在晾晒架上,置于阳光下暴晒。暴晒时间至少2小时,确保毛巾完全晒干,利用紫外线进一步杀菌消毒。

五、检查存放

(一)检查
检查暴晒后的毛巾,确保干燥、无异味、无破损。
(二)整理
整理毛巾,将合格的毛巾折叠整齐,按类别存放。
(三)更换和补充
定期对毛巾进行更换和补充。

六、注意事项

1.消毒过程中须佩戴手套等防护用品,避免消毒液直接接触皮肤。
2.消毒液等化学品应存放在儿童无法触及的安全位置。
3.清洗消毒流程应定期检查和更新,确保符合最新的卫生保健标准和要求。

桌椅消毒流程与要求

一、准备

(一)穿戴要求
为确保消毒作业人员的安全,其作业时须穿防护服,戴医用口罩、橡胶手套及防护帽,以防止消毒液直接与皮肤接触或溅入呼吸道。
(二)材料准备
消毒水可采用84消毒液、含氯消毒液或微酸性次氯酸水等,准备水桶或水盆、清洁毛巾、喷壶、计时器等。
(三)环境准备
确保消毒区域通风良好,以减少消毒液挥发造成的空气污染。

(四)用品检查

检查防护用品是否在有效期内,且无破损或污染,以保证防护效果。

二、配制消毒液

根据"84消毒液说明书",按1∶200的稀释比例准确配制消毒液。并用搅拌棒搅拌均匀。

三、消毒

(一)清水清洁

1.浸润抹布:将抹布浸润于清水中,并拧干至不滴水状态。

2.擦拭桌椅:按照从左至右、由上至下的顺序,均匀擦拭桌椅的桌面及四条腿,特别注意桌子的边角和缝隙。

3.清洗抹布:清洗完毕后,将抹布清洗干净并晾干备用。

(二)擦拭消毒

1.擦拭/喷洒方式:使用浸有消毒液的抹布或喷壶,按照从左至右、由上至下的顺序,均匀擦拭或喷洒桌椅的每个面。

2.湿润程度:保持桌面湿润,确保消毒液与桌面充分接触。

(三)消毒液停留

1.停留时间:根据消毒液的使用说明,让消毒液在桌椅表面停留一段时间,通常为10—30分钟。

2.计时记录:使用计时器记录消毒液停留时间,确保达到要求。

(四)清水再次清洁

1.擦拭顺序:消毒液停留时间结束后,使用清水浸润的干净抹布,再次按照从左至右、由上至下的顺序,均匀擦拭桌椅表面。

2.边角处理:特别注意清洗桌面的边角和缝隙,确保无消毒液残留。

(五)晾干与检查

1.晾干处理:将清洗干净的桌椅摆放在通风处自然晾干。

2.消毒效果检查:检查桌椅表面是否干净、无污渍,是否有消毒液残留。

四、后续工作

(一)清洁工具处理

清洗所有使用过的抹布和拖把,晾干后存放于通风处。倒掉剩余的消毒液,清洗水桶或水盆并晾干备用。

(二)环境清理

清理消毒区域,确保无消毒液残留和异味。并保持室内空气流通,以排除消毒液残留气味。

(三)记录与反馈

详细记录消毒工作的时间、过程及关键信息,如消毒液浓度、消毒时间等。如有异常情况或问题,及时反馈并采取措施解决。

第五节　幼儿园家长工作流程与要求

家长接访流程

一、新生家长来访接待流程与要求

(一)接待入园

1.礼貌迎接。

(1)以专业礼仪迎接家长,问候语规范:"家长您好！欢迎莅临××幼儿园。"

(2)蹲下来和孩子问好:"小朋友你好！欢迎来到××幼儿园。"根据孩子当时状态,在孩子乐意的情况下,可以与孩子握握手、拥抱等。

2.登记。

(1)引导家长在门卫室填写来访人员登记表。

(2)家长到接待室后填写家长咨询信息登记表。

(二)参观交流

1.初步交流。

(1)询问家长的来园方式及交通情况,评估接送的便利性和安全性。

(2)认真倾听家长来园的目的,了解家长的关注点、家长的担忧或者困惑等。

2.观摩及介绍。

(1)按设定的路线带领家长参观幼儿园。建议两人陪同,一人做介绍,一人陪伴孩子。

(2)介绍内容:幼儿园环境、办园理念、精细化的管理、卫生保健、师资团队、课程、营养膳食、一日活动等。介绍的过程中,结合家长的关注点,重点介绍家长想要了解的内容。

(3)鼓励互动:引导家长和幼儿参与活动体验,增进家长对幼儿园课程的了解。

(三)入园报名交流

1.为家长和幼儿送上茶水。

2.专人陪同幼儿,便于接待教师和家长沟通。

(1)了解孩子和家长的意向,积极回应家长顾虑。

(2)对有入园意向的家长,详细介绍幼儿园收费标准、收费项目和报名流程。

(3)对没有入园意向的家长,认真记录家长的意见和建议,以便后续跟踪回访和改进工作。

(四)礼貌道别

提醒家长带好随身物品并送上幼儿园宣传资料。将家长送至门口,提醒家长经常带孩子过来熟悉幼儿园环境。若孩子随行,蹲下来和孩子拥抱并邀请孩子再来幼儿园玩。

家长咨询信息登记表

序号	孩子姓名	出生年月	家庭住址	联系电话	来源渠道
1					
2					
3					

二、家长回访流程与要求

(一)家长回访工作流程

1. 拨打电话先自我介绍。
2. 礼貌问候与关怀。
3. 阐明回访目的,询问能否继续进行回访,针对不能进行本次回访的家长,确定其他回访时间。
4. 进行回访问答。

回访主要内容:

(1)通过上次的入园考察后,您现在的想法?
(2)是否还有其他疑虑或问题?
(3)目前对于孩子入园作何打算?
(4)是否愿意带孩子来园参加体验活动?
(5)我园是否在您的考虑之内?
(6)我园的报名相关规则是否清楚?

5. 致谢道别,完善信息记录。

(二)家长回访工作要求

1. 及时回访。首次接待的相关人员,须在家长来访后的5—7天内完成回访工作。
2. 回访准备。准备好上次的信息登记与沟通记录。
3. 回访时间。建议中午12:30-13:00或晚上19:30-20:30,回访时间不超过10分钟。
4. 回访环境。安静环境,避免其他声音影响沟通。
5. 回访礼仪。交流时礼貌问候,态度真诚自信,语言清晰准确。注意倾听与互动,忌滔滔不绝地自说自话。
6. 回访记录。清晰记录沟通内容与下次沟通时间,做好信息填写和备注。
7. 资料保存。整理好相关信息并保存。

咨询家长跟踪记录表

孩子姓名	出生年月	家庭住址	联系电话	渠道来源

沟通跟踪记录		
跟踪日期	沟通内容及预约情况	下次跟踪时间
跟踪日期	沟通内容及预约情况	下次跟踪时间
跟踪日期	沟通内容及预约情况	下次跟踪时间

三、在读幼儿家长接待流程与要求

(一)接待准备

确保接待区域整洁、有序,准备好信息登记表、洗手液、鞋套、茶水等必要物品。

(二)迎接

1. 以专业、亲切的态度主动迎接家长,使用恰当的问候语,如:"家长您好!欢迎来到××幼儿园。"

2. 对于熟悉的家长,可适当加入简短寒暄,营造温馨氛围。

(三)引导入园

1. 引导家长完成洗手流程,填写入园相关登记表,并领取入园证。

2. 引导家长进入接待室,送上茶水。

(四)沟通与问题解决

1. 主动沟通。

(1)与家长进行积极沟通,了解来访目的和需求。

(2)根据家长需求,安排相应教师或行政人员进行深入交流。

2. 投诉处理。

(1)耐心倾听家长诉求和意见,按照园所投诉处理流程进行登记、调查与处理。

(2)确保投诉得到及时、公正且有效的解决。

(五)送别

沟通结束后,提醒家长携带好随身物品,主动将家长送至幼儿园门外,适时表达歉意、感谢或道别之意。

(六)后续跟进

根据沟通结果,安排后续跟进事宜,确保家长诉求得到合理处置。

四、家长电话投诉处理流程与要求

(一)投诉受理

1. 积极面对投诉:第一时间向家长表达歉意与感谢,体现幼儿园对家长意见的重视。

2. 记录投诉内容:认真、准确、全面地记录家长反映的问题。

3. 将记录内容反馈给家长,与家长确认问题内容,确保无误。

(二)表明处理态度

1. 向家长介绍幼儿园投诉处理制度,表明积极解决问题的态度。

2. 承诺将立即调查并尽快回复处理结果。

(三)上报幼儿园管理者

1. 向幼儿园管理者汇报投诉情况。

2. 提交投诉记录表及沟通记录。

(四)幼儿园管理者深入调查研究

1. 管理者深入班级,与当事人交流,了解具体情况。

2. 与家长投诉内容进行对比分析,确保全面掌握事实。

（五）分析问题原因

1.园领导与相关教师共同分析投诉问题,确定责任归属。

2.对照幼儿园制度,查找问题根源。

（六）制订解决方案

1.管理人员初步制订解决方案,与当事人协商确认。

2.确保方案符合相关法律法规要求及幼儿园制度规定。

（七）向家长反馈处理结果

1.邀约家长到园,由园领导和当事人共同向家长解答处理方式和结果。

2.请家长在投诉处理记录表上签字确认。

（八）整理存档

1.将投诉处理过程及相关资料整理成档,按要求保存。

2.根据投诉问题,及时调整幼儿园相关制度,完善管理体系。

（九）后续追踪与沟通

1.对投诉家长及孩子进行持续关注,确保问题得到有效解决。

2.积极与家长沟通,引导家长增强对幼儿园的信任和支持。

投诉处理建议表

投诉处理建议表					
投诉(建议)人		孩子班级		班主任	
投诉(建议)时间		投诉接待人			
投诉(建议)事项：						
投诉(建议)处理过程：						
投诉(建议)处理结果： 投诉(建议)人签字确认：						

五、家长日常沟通流程与要求

（一）线上沟通

1.访问时间约定。

（1）教师每月至少与每位幼儿家长进行一次电话访问或线上交流,访问前在线上平台与家长约定具体时间。若家长不便电话沟通时,教师应通过微信等即时通信工具进行沟通。

（2）对于连续3天未到园且非因旅行请假的幼儿,教师应立即进行电话询问或线上沟通,以实时了解幼儿情况。

2.制订沟通计划。

沟通前,教师应制订详细的沟通计划,明确沟通目的和内容,并在沟通时清晰地向家长说明。

3.信息整理与保存。

沟通结束后,教师应填写家长沟通记录表,包括班级、教师、时间、沟通日期、沟通对象、沟通方式、交流内容、问题反馈、建议或投诉等信息,以便后续查阅和跟踪。

(二)线下适时沟通

1.幼儿入园时段。

(1)早上幼儿入园时,如遇家长在门口停留,教师应主动上前沟通,并告知家长孩子近期发展情况。交流应简明扼要,以免影响对班级其他孩子的关注。如遇复杂情况,可承诺中午或约定离园时再进行详细沟通。

(2)在接待某一幼儿和家长时,教师应兼顾其他幼儿和家长,通过点头、抚摸等方式给予关注和招呼。若需中断当前交流,应向正在交流的家长说明情况。

(3)对于来园时哭闹的幼儿,教师应及时安抚并询问原因,同时安慰家长放心离开。

(4)教师应仔细聆听并记录幼儿当天的身体状况、饮食禁忌及注意事项,并在一日活动中密切观察幼儿情况,及时向家长反馈。

2.幼儿离园时段。

(1)家长询问幼儿情况时,教师应诚恳客观地先陈述幼儿的进步,再婉转地指出幼儿需要改进的方面,并提出改进建议。

(2)向家长反馈幼儿不足时,教师应分析原因并介绍正确的育儿观念和方法,帮助家长提升育儿水平。

(3)对于家长提出的建议,教师应有选择地采纳,如不能采纳,应做好解释工作,避免直接拒绝。

(4)教师应避免使用"告状"式的谈话方式,以免引发家长的抵制情绪和误会。

(5)若幼儿在幼儿园内发生磕绊或受伤,教师应如实告知家长事件经过及处理方法,并对于过度担忧的家长采用"倾听"和"转移"的方法进行处理。

(6)若幼儿间发生争吵或冲突,教师应引导幼儿自行解决矛盾,并在离园时客观地向家长说明情况。如遇家长当面训斥对方幼儿时,教师应制止并引导家长以更积极的方式面对幼儿间的矛盾。

(7)若幼儿玩具、衣物等物品遗失,教师应承诺家长积极找回,如不能找回,应立即向家长道歉并承诺赔偿。

六、约谈家长流程与要求

(一)教师约谈家长

1.约谈准备。

(1)资料整理:收集并整理约谈幼儿在园内的学习作品、日常行为观察记录及相关评估资料。

(2)制订计划:根据收集的资料,深入分析幼儿近期在园的综合发展,包括进步与待改进之处,并制订个别约谈计划。

(3)邀约安排:通过适当方式(如电话、短信或家园联系册)邀请家长,确定约谈时间、地点及主要议题。

2.约谈实施。

(1)肯定进步:向家长详细汇报幼儿近期在园发展情况,包括发展水平、能力提升等,应充分肯定幼儿的优点和进步。

(2)以建议的方式客观指出幼儿的哪些行为或者发展可进一步加强,避免使用负面评价。

(3)沟通交流:深入了解幼儿在家中的表现及家长的教育方式,共同探讨幼儿成长中遇到的问题及其原因。

(4)提出建议:基于家园双方的了解,提出针对性的解决方法及需家长配合的事项,确保教育的一致性和有效性。

(二)园长约谈家长

1.邀约准备阶段。

(1)确定约谈对象:针对突发事件、教师与家长沟通不畅的情况,或家长有较强意愿与园长沟通。

(2)邀约安排:根据工作需要及约谈层级,提前与家长确定约谈时间、地点与内容。

(3)材料交接:教师整理出幼儿的综合发展情况分析材料,并提前与园长进行交流,确保园长对幼儿的情况充分了解。

2.约谈实施。

(1)接待准备:园长营造轻松愉快的氛围,以亲切自然的态度迎接家长,可从幼儿和班级趣事入手,拉近与家长的距离。

(2)深入交谈:了解家长的想法和意见,避免以专家自居或采用居高临下的态度。尊重家长意见,共同提出促进幼儿发展的建议。

(3)真诚致谢:约谈结束时,对家长表示感谢,感谢家长对幼儿园的支持与认可,并表示期待家长继续支持幼儿园工作,加强家园合作。

(三)约谈后续阶段

1.小结记录:班主任应参与园长约谈,并在约谈结束后完成约谈小结。小结内容应包括发起人、参与人、问题及解决方案、后续约谈时间及相关措施实施情况等。

2.资料保存:整理相关资料并存档。

家长约谈记录表

	家长约谈记录表			
约谈基本信息	孩子姓名: 约谈时间:	出生年月: 约谈家长:	孩子就读班级: 家长与幼儿的关系:	家庭地址:
主要约谈事项				
重点约谈情况				
后续处理问题				

七、家访流程与要求

(一)准备环节

1.家访类型及完成时间。

(1)新生幼儿:新生入园前1个月,由保教主任分配家访任务,班级教师制订家访计划,当月完成班级新生幼儿家访。

(2)与家长沟通,确定家访时间,由行政人员与班级教师组成家访小组,当日完成家访。

(3)个别幼儿家访:个别近期有异常情况的幼儿,如近期情绪特别低落、不愿意上幼儿园、有攻击行为或者有其他异常行为的幼儿,教师在当周收集幼儿近期相关资料,提前1—3天与家长沟通家访时间,当周完成家访。

(4)长期缺勤幼儿家访:幼儿连续缺勤超过1个月(非病、事假),班主任应及时与家长联系,预约家访时间,当周内完成家访。

2.人员安排。

除特殊情况需行政人员随行外,其他家访任务均由班级教师负责完成。

3.确定时间。

提前1—3天与家长联系,确定家访时间。建议:周一至周五安排在19:30-20:30;周末安排在9:30-10:30或15:30-16:30。

4.准备资料及物品。

(1)家访计划安排表、家访沟通记录表。

(2)资料:在读幼儿可准备幼儿作品、学习资料、电子照片等,新生幼儿可准备幼儿园宣传资料、教玩具等。

(3)鞋套、矿泉水。

5.慰问品。

针对出现意外事故的幼儿,可以准备水果、点心、绘本等礼物。

(二)家访环节

1.电话联系。

出发前再次电话联系,确认家长是否在家,确保家访顺利进行。

2.着装。

统一穿着园服,保持干净整洁,自带鞋套,不穿拖鞋,不佩戴过多首饰。

3.家访礼仪。

(1)手机调至振动或静音状态,按门铃或轻轻敲门三下,得到允许后穿上鞋套进入。雨天时,将雨伞装入自备塑料袋后,放置在指定位置。

(2)礼貌问好,说明来意,按家长的指引入座,不四处张望,不进入其他房间。

(3)喝自带矿泉水,尽量不吃家长提供的食物(水果、点心等)。

4.深入交流。

(1)新生幼儿。

1)了解幼儿在家作息时间、生活习惯和性格特点;

2)了解家长对幼儿的期望、关注点以及担忧;

3)向家长介绍幼儿园理念、幼儿一日活动的流程、入园、离园时间。

4)根据家长的担忧及时消除家长的顾虑,并向家长承诺会用心呵护幼儿,请家长放心。
5)根据幼儿情况和幼儿互动,拥抱、简单交流、开展小游戏。
(2)在读幼儿。
1)了解幼儿在家作息时间、生活习惯和性格特点。
2)选取幼儿熟悉的音乐、舞蹈、游戏等进行互动。
3)展示幼儿近期学习资料和作品,向家长反馈幼儿近期变化。
(3)出现意外事故的幼儿。
1)致歉:向家长致歉,表达自己的内疚,取得家长的谅解。
2)承诺:以后会更加小心细致地呵护幼儿。
3)致谢:感谢家长的包容理解。
5.时间要求。
家访时间控制在40分钟以内,以免过多打扰幼儿家人。
6.家访结束。
1)致谢:感谢家长的理解、支持与配合。
2)道别:与家庭所有成员礼貌道别,和幼儿拥抱道别。
3)回家或回园后第一时间向家长反馈已安全到达,并送上温馨祝福。
(三)资料整理
返回幼儿园后完善家访沟通记录表,并按要求存档。

新生家访信息登记表

新生家访信息登记表					
班级:		班主任:			
序号	幼儿姓名	家庭住址	联系电话	家访时间	家访教师
1					
2					

家访沟通记录表

家访沟通记录表			
班级:	家访教师:	家访时间:	家长签名:
幼儿姓名		家访事由	
家庭住址		联系电话	
家访准备			
家访过程	流程及内容	内容记录	
^	本次家访主要内容		
^	家长反馈		
^	讨论内容		
^	家长建议		
家访小结			

家长入园体验流程与要求

一、家长入园助教流程与要求

（一）家长入园助教准备

1. 信息搜集。制订并发放家长助教调查表，了解家长的职业、工作时间、特长等，以及对助教活动的认知与意愿。

2. 确定人员。学期初，班级发布家长助教通知，主动邀请有意向的家长参与家长助教。

3. 制订计划。根据班级的教育活动目标与内容，有计划、有目的地制订家长助教计划，填写家长助教安排表，将家长助教内容列入班级计划，并在实际工作中具体落实。

4. 协助准备。与家长一起探讨助教内容，协助家长做好相关准备。

（二）入园助教要求

1. 承担助教的家长，提前和教师沟通当周安排，了解助教内容。

2. 家长着装得体，无过多装饰。

3. 助教的过程中家长应客观观察全体幼儿，不妄加评论和传播自己的片面认知。

4. 积极学习教师与孩子的互动方式。

（三）入班助教流程

1. 班主任提前两周向助教家长介绍本班孩子的年龄特点、生活与学习情况。

2. 班主任提前一周协助家长撰写活动计划，协助家长做好相关的教学具准备。

3. 班主任提前三天沟通助教具体时间，与园方沟通入园登记等相关事宜。

4. 活动前一天班主任向班级幼儿介绍助教家长，提醒幼儿礼貌问好，积极参与活动。

5. 活动前一天班主任与家长沟通，确认准备事宜，询问是否需要帮助。

6. 当班教师全程协助家长完成助教活动。

7. 当班教师整理好当日家长助教记录，整理资料存档。建立家长助教的典型活动案例、资源库，形成参考资料。

家长助教安排表

家长助教安排表					
班级：		班主任：			
序号	孩子姓名	家长姓名	联系电话	助教时间	助教内容	教具准备
1						
2						

二、家长入园跟班流程与要求

（一）家长入园跟班的工作准备

1. 查阅家长入园跟班安排表，班主任提前一天联系家长，提醒入园跟班活动。

2. 入园家长着装整洁方便，便于参与活动。

3. 如家长在园用餐，须提前向幼儿园提供健康证明。

4. 家长自备纸笔，便于记录跟班中的必要情况。

5. 班主任提前一天与行政和安保人员沟通相关事宜，做好入园登记。

(二)家长入园跟班的工作要求

1.严格遵守幼儿园的规章制度,准时入园签到。

2.有计划、有目的地进行跟班工作。

3.进班时精力集中,不在班内随意使用手机或接听电话,手机调至静音状态,以免扰乱班级正常秩序和教学工作。

4.适时辅助班级教师的教育教学工作,进行完整的跟班体验。

(三)家长入园跟班的工作流程

1.家长按照约定时间入园登记,佩戴入园证进班,建议入园时间:8:00-8:40。

2.班主任对家长进行当日跟班的重点工作提示。

3.家长观摩和配合班级教师,参与一日教育教学活动。

4.10:30由后勤主任带领入园跟班家长到厨房查看食品、库房及各项资料并签署意见。

5.11:00与保育教师一起进行备餐准备。

6.11:30试吃幼儿餐食,,并提出意见建议。

7.幼儿午睡后家长填写家长入园跟班记录表,按要求登记离园。

家长入园跟班安排表

家长入园跟班安排表					
班级:		班主任:			
序号	幼儿姓名	家长姓名	联系电话	跟班时间	跟班工作内容
1					
2					

家长入园跟班记录表

家长入园跟班记录表		
班级: 跟班时间: 家长姓名:		
您在入园跟班过程中,最关注哪些环节? 伙食( ) 幼儿进餐习惯( ) 午睡( ) 教育活动( ) 幼儿园的安全( ) 老师对幼儿的照顾护理( )保教人员对孩子的态度( ) 为什么?		
观察情况记录:		
对园所教育保育工作评价: 1.教育教学: 2.卫生保健: 3.膳食情况:		
建议及需要处理的问题:		

家长活动组织流程与要求

一、家长沙龙活动组织流程与要求

(一)准备环节

1.确定主题:根据国家对学前教育的相关规定及要求,结合幼儿园实际情况,确定家长沙龙活动的具体目标与核心主题,确保活动紧密围绕家长关心的热点话题展开。

2.成立活动小组:成立由园领导、教师、家委会成员及家长志愿者组成的活动筹备小组,明确各自职责,共同负责活动的策划、物资准备、嘉宾邀请、场地布置等工作。

3.邀请嘉宾:邀请相关领域的专家、学者或优秀家长代表作为分享嘉宾。提前与嘉宾沟通,明确分享内容、时间及形式,确保分享内容的专业性与实用性。

4.场地与设备:选择符合安全、卫生标准的活动场地,确保场地能容纳预计参与人数。准备音响设备、投影仪、桌椅等教学设施,并提前进行测试,确保设备正常。

5.制订活动流程:制订详细的活动流程,包括开场致辞、嘉宾分享、互动环节、茶歇时间、结束总结等。确保活动流程紧凑、有序,能够充分满足家长的需求与期望。

(二)宣传环节

1.制作宣传资料:设计并制作活动海报、邀请函、宣传视频或推文等,要突出活动亮点与嘉宾阵容,强调活动价值,提升家长的参与意愿。

2.多渠道推广发布:利用幼儿园官网、微信公众号、班级群等渠道广泛发布活动信息,邀请家长积极参与。同时,可通过家园联系册、家园共育栏等传统方式进行补充宣传。

3.报名与确认:设置便捷的线上报名方式,明确报名时间、地点及注意事项。活动前一天,通过电话、短信或邮件等方式确认参与家长名单,并提醒活动细节,确保家长能够准时参加。

(三)实施环节

1.签到与引导:设置签到台,发放活动手册及纪念品,引导家长就座。注意要安排专人负责现场秩序维护,确保活动顺利进行。

2.开场致辞:由园领导或筹备小组代表致辞,内容包含:欢迎来宾、介绍活动背景、目的及流程安排、注意事项、表达感谢等。

3.嘉宾分享:邀请嘉宾进行分享。分享内容应紧扣活动主题,注重实用性与可操作性,为家长提供有价值的育儿建议与经验。

4.互动:主持人围绕活动主题抛出问题,鼓励家长提问、参与讨论。可组织小组讨论、游戏等互动环节,增强家长间的交流与合作,提升活动的参与度与趣味性。

5.总结:感谢嘉宾与家长的参与,强调活动成果与意义。同时,预告下次活动信息,鼓励家长持续关注并参与幼儿园的各项活动。

(四)收集意见,落实改进举措

1.收集意见:通过问卷调查、意见箱、微信群等方式收集家长对活动的反馈意见,确保反馈渠道的畅通与多样性。

2.分析整理:将收集到的意见汇总并分析,提炼出共性问题与亮点。根据反馈结果评估活动效果,为下一次活动提供参考与改进方向。

3.反馈与改进:向家长通报反馈结果及后续改进措施,体现幼儿园对家长意见的重视与尊重。同时,根据反馈意见及时调整后续活动方案,优化活动流程与内容,确保活动的持续性与有效性。

(五)成果展示

将活动成果整理成册或制作成视频进行报道宣传,通过网站、公众号等渠道进行广泛传播。同时,鼓励家长之间继续分享育儿经验与心得,形成良好的学习氛围与园所文化。

二、家长开放日活动组织流程与要求

(一)家长开放日组织形式

观摩幼儿半日活动。

(二)家长入园流程及要求

1.入园准备:家长陪同幼儿入园。

2.健康检查:进行体温测量,确保无发热症状。

3.个人卫生:入园前须洗手,保持手部清洁。

4.签到登记:在幼儿园签到处完成签到手续,便于统计各班级参与人数。

5.着装要求:穿便于运动的休闲服饰,女士不穿细高跟鞋,以确保活动期间的舒适与安全。

(三)家长入园观摩流程

1.家长入班:教师介绍幼儿园理念,本次活动的目的、意义,活动流程、注意事项。

2.观摩早餐:家长陪同幼儿进入所在班级,观察幼儿自主取餐、用餐的过程,由教师或者孩子介绍餐点,了解幼儿园的膳食搭配。

3.观摩集中教育活动:观摩教师组织的集中教学活动,了解幼儿园的教学内容与方法,观察幼儿的学习状态与互动情况。

4.早锻炼:家长与幼儿共同参与早锻炼活动,包括体操、游戏等,体验幼儿园体育活动的乐趣,观察幼儿在运动中的表现。

5.早点:水果和坚果,家长直观了解早点的搭配形式,早点的品质,教师可以提醒幼儿与家长分享。

6.游戏活动:家长观摩幼儿的游戏活动,观察幼儿在游戏中的主动性、参与性、社交能力、创造力等的发展情况。

7.餐前准备:观摩幼儿餐前的准备工作,保育员消毒清洁、幼儿洗手、整理餐具等准备工作,了解幼儿园的卫生情况及对幼儿习惯的培养。

8.午餐:观察幼儿园午餐提供情况,营养搭配、烹饪方式、食材质量等,观摩幼儿用餐习惯的培养,体验幼儿园的餐食文化。

9.组织总结:班主任组织家长总结,简单交流半日活动的体会、感想,听取家长意见建议,及时给予家长意见建议的回应,不能及时答复的,告知家长答复时间。

(四)家长开放日入园礼仪

1.保持安静:在观摩过程中,请家长全程保持安静,避免打扰幼儿的活动与学习。

2.积极参与:鼓励家长积极参与各项活动,与幼儿共同体验,增进亲子关系。

3.尊重隐私:在观摩过程中,请尊重幼儿及教师的隐私,不在未经许可的前提下拍摄或传播照片或视频。

4.反馈意见:活动结束后,请家长真诚地向幼儿园提出宝贵的意见和建议,共同促进家园合作及幼儿园发展。

家长委员会、膳食委员会联席会议组织流程与要求

家长委员会与膳食委员会是由家长代表和幼儿园代表组成的幼儿园家园工作的组织,他们参与幼儿园重大事项的决策,监督幼儿园的日常管理。定期召开联席会议不仅为家委会与膳食委员会搭建了交流平台,还能更好地促进家园沟通,增强教育合力。

一、联席会议组织流程与要点

(一)会议准备

1.确定会议目标与主题,拟订活动方案。

2.邀请家委会、膳食委员会成员。提前一周通知会议时间、地点、主题等。

3.场地布置与物资准备。根据会议主题布置场地,根据园所情况,可准备部分点心与水果拼盘,营造温馨、宽松的氛围。提前检查电子设备与所需课件、视频等资料是否能正常使用。

(二)会议流程

1.会议开场与介绍。主持人开场致辞,表达对家委会与膳食委员会成员的欢迎与感谢,介绍会议目的与议程。

2.膳食管理工作汇报。膳食委员会进行工作总结与情况分析,对家长反馈的相关意见进行简述。

3.家委会工作汇报。家委会进行工作总结与成果展示,并对近期家校合作的活动进行回顾与展望。对家长反馈的相关意见进行简述。

4.幼儿营养与健康主题研讨。针对幼儿营养需求进行分析与建议,探讨健康饮食习惯培养方案,后勤园长对幼儿膳食搭配与营养均衡进行培训指导。

5.会议总结与下一步工作计划。园长对会议内容进行回顾与总结,针对家长提出的意见进行答复说明,完成下一步工作计划与目标设定。

6.联席会议结束。参会成员合影,主持人宣布结束,并再次致谢。

二、联席会议要点

(一)形式

基于园所实际情况选择会议形式,不局限于联席会议。

(二)目标与准备

会议目标明确,活动准备充分。根据园所实际问题确定会议目标与主题,注重前期

沟通与传达,确保相关人员的会议内容准备充分、数据翔实。

(三)反馈与改进

注重家园交流,尊重家长。虚心聆听家长反馈,重视家长提出的意见,做好后期跟进与问题解决。构建民主平等、宽松和谐的家园关系。

家长会组织流程与要求

一、新生家长会组织流程与要求

新生家长会是家长送孩子入园的"第一堂课",也是幼儿园与家长建立正式联系的第一步。一场有温度、有仪式感的新生家长会,不仅能增加家长对幼儿园的了解和认同,还能为后续各项工作的顺利开展奠定坚实的基础。

(一)会议准备

1. 确定目标,细化流程。明确会议目标,设计详细的活动流程。

2. 邀约家长。提前一周以电话或短信的形式邀请家长参会,重点强调会议时间、地点、议程安排等,确保家长准时参加。

3. 会前准备。根据会议目标制作课件、宣讲稿等会议资料。

4. 环境布置。布置温馨的会议环境,可适量摆放点心与水果拼盘。

(二)会议流程

1. 家长入园签到。园长与教师迎接家长入园,引导家长签到就座。

2. 开场致辞与欢迎。由幼儿园园长或主持人致开场辞,对参会的家长们表示欢迎与感谢。简要介绍家长会的目的、意义和流程安排,营造温馨、亲切的氛围,让家长感受到幼儿园的温暖与热情。

3. 幼儿园环境介绍。通过PPT、视频或现场参观的方式,向家长们展示幼儿园的整体布局、育人环境、安全卫生情况等。重点介绍幼儿园为孩子们营造的安全、健康、快乐的成长环境。

4. 教育理念分享。由幼儿园园长或业务园长分享幼儿园的教育理念、培养目标和课程。特别介绍幼儿园的特色课程以及在教育创新方面的探索和实践。

5. 班级教师团队亮相。邀请班级教师团队上台亮相,逐一介绍每位老师的姓名、专业背景、教学经验和教育理念。教师通过简短的自我介绍与互动,增进家长对老师的了解和信任,为后续的家园合作打下基础。

6. 体验式活动安排。设计具有幼儿园特色的体验式活动,让家长亲身体验幼儿园的教学模式和孩子们的日常活动,让家长在参与中感受幼儿园的教育氛围,了解孩子的学习方式和兴趣点。

7. 家园共育主题探讨。组织家长们就家园共育的话题展开讨论,也可以就如何更好地支持孩子成长、参与幼儿园活动等问题进行集体讨论。鼓励家长们积极发言、交流思想,共同探索更加有效的家园合作模式。

8. 常见问题解答。在家长会的最后阶段,预留一定时间供家长提问。针对家长们关心的入园适应、餐食搭配、卫生保健、课程设置等方面的问题,由幼儿园园长、教师或相关负责人进行一一解答。确保家长们的疑虑得到及时消除,增加他们对幼儿园的信任感和满意度。

9.会议结束。由幼儿园园长或主持人进行结束致辞,对未来的家园合作提出期望和寄语。强调家园共育的重要性,倡导家长们积极参与幼儿园的各项活动,共同为孩子们的成长创造更加优质的条件。

二、新学期家长会组织流程与要求

新学期开学后,班级组织开学家长会是必不可少的环节。开好新学期家长会不仅能降低班级管理的难度,更能让本学期的保教工作目标高效达成。组织一场站在家长角度的新学期家长会,能增强家园协同育人,促进幼儿更好地发展。

(一)组织流程与要求

1.会议准备。

(1)问卷调查。发放调查问卷,了解家长的需求与想法,并对调查结果进行整理与分析。

(2)明确目标与主题。站在家长的角度,结合本期重点确定目标与主题,并形成详细方案。

(3)物资准备。准备会议资料、布置场地、检查设备。

(4)制作邀请函。中大班的孩子,教师可引导孩子用图画与符号的方式设计家长会邀请函,孩子的参与,更能打动家长的参与性。提前1天,教师再次向家长发送邀请通知,提示会议时间与地点,确保家长准时参加。

2.会议流程。

(1)家长入园签到。引导家长签到、入座,同时滚动播放班级孩子精美的成长记录视频。

(2)班主任开场致欢迎辞。表达对家长的欢迎,介绍本次会议的目的、议程。

(3)强调会议重点内容。按照议程介绍本学期班级孩子的基本情况、作息安排、保教计划、家园活动等内容。

(4)主题研讨。基于前期调查问卷结果,针对家长共性问题设计主题式研讨环节,抛出核心问题,家长分组进行头脑风暴,每组推荐一名中心发言人分享交流。

(5)教师微讲座。基于调查内容与主题研讨,确定讲座内容,解决家长困惑,提升家长的育儿水平。

(6)家长会结束。教师总结会议重点,再次对家长表达感谢与祝福。

(二)家长会的形式

1.主题式家长会。

通过前期调查,了解家长近期关注的话题与困惑,站在家长角度,针对共性问题设计家长会方案,解决家长的实际困惑。

2.茶话会式家长会。

场地布置时,将桌椅呈圆形拼摆,营造温馨的氛围,摆放点心与水果拼盘,教师与家长围坐成圆,一边吃点心,一边交谈。家长感到放松时,更愿意表达内心想法,也更能接受教师的建议。

3.小组式家长会。

根据家长的实际情况和需求,可以针对有共性需求的家长适时采用小组式家长会。教师提前与相关家长约定时间,精准交流孩子情况。这种形式的家长会更能聚焦某些共性问题,更有针对性,家长也更能感受到教师对孩子的重视,从而更能接受教师的反馈。

三、大型活动家长会组织流程与要求

大型活动前召开家长会至关重要。通过沟通、协调、准备和落实,有利于确保活动顺利进行,为大型活动的顺利开展奠定基础。

(一)活动前线下家长会流程与要求

1.会议准备。

(1)根据活动要求整理会议提纲、流程。

(2)确定时间地点后邀约家长。

2.会议流程。

(1)开场欢迎。教师对家长的到来表示欢迎,并简要介绍会议目的。

(2)活动介绍。介绍即将举行的大型活动的名称、目的、意义和预期效果。

(3)明确活动安排。详细说明活动的时间、地点、流程和主要环节。

(4)安全提示。强调活动中的安全注意事项,介绍安全预案和紧急联系方式。

(5)明确家长责任。明确家长在活动中的角色和责任,如需要家长志愿者,说明志愿者的职责和报名方式。如果有彩排,说明彩排的时间、地点和注意事项。

(6)互动环节。讨论家长和学校如何协作,共同确保活动的顺利进行。对于家长的提问,教师或园长应及时回应。

(7)特别提醒。对于活动中的特别事项或要求进行重点提醒,如安全事项、交通安排等。

(8)会议总结。总结会议要点,感谢家长的参与和支持。将会议要点整理成文字,会议结束后1小时内发至班级群。

(二)活动前线上家长会流程与要求

1.根据活动要求整理会议提纲、流程。

2.确定会议时间,建立线上会议室、邀约家长。

3.开场问好,与家长们确定声音效果。

4.介绍活动背景与目的,说明活动安排与家长配合事项。

5.强调活动中的安全注意事项。

6.总结会议要点,感谢家长的参与和支持。

7.将会议要点整理成文字,会议结束后1小时内发至班级群。

四、学期末家长会组织流程与要求

家长会的形式多样,学期末家长会不仅展示教师的工作能力,也展现出班级的风貌。成功的学期末家长会,能够引起家长内心共鸣,让家长为孩子的成长感到自豪,同时使其感受到教师对幼儿的呵护与关爱。如何生动立体地呈现孩子们的成长与进步,是班主任必备的基本功。

(一)会议准备

1.确定目标与主题。确定目标、主题后,拟定详细方案。

2.邀约家长。引导孩子用图画、符号的方式制作邀请函。提前一周将邀请函发送给家长,提前1天线上提醒家长按时参会。

3.准备会议内容。将日常课程的内容进行强化,选择部分内容展示。

4.场地准备。将孩子的作品以展览形式呈现在会场周围,供家长欣赏。场地布置注意留出足够空间,便于孩子展示活动。

(二)会议流程

1.家长签到、观展、入座。

2.音乐问候。教师选取有趣的律动音乐,带领家长进行游戏以"破冰",同时体验孩子的游戏乐趣。

3.语言领域展示。幼儿分组进行本学期语言领域的展示,如:儿歌朗诵、情景故事表演等。

4.艺术领域展示。幼儿分组进行本学期艺术领域的展示,如:律动舞蹈、歌舞表演、打击乐等。

5.运动技能展示。幼儿分组进行本学期运动技能展示,如:器械操、武术操、拍球、跳绳、室内运动游戏等。

6.亲子互动游戏。设计简单有趣的亲子游戏,增强家长的参与感、体验感,促进亲子间的交流与互动。

7.结束环节。教师将孩子本学期的成长册或成长报告,以送礼物的方式交给家长,并对家长表达祝福与感谢。

第五章　幼儿园精细化管理活动案例

精细化管理的成效在于各项活动的成功开展。就幼儿园来讲，遵循幼儿身心发展规律，践行科学保教理念，围绕良好师幼关系构建，结合"家园社"等协同育人需要，立足自身实际，重视并精心组织开展各类主题活动，能有效促进幼儿身心和谐发展、教师专业发展及打造家园共育团队凝聚力，同时这也是全面落实精细化管理、提升幼儿园良好形象的重要载体和必然要求。阳光幼儿园坚持把组织开展主题活动作为推进精细化管理的重要载体，采取"1+N"模式制订、完善活动方案并精准执行，为活动组织者、实施者和参与者提供明确、规范、务实的具体指引，确保了活动的安全平稳、规范有序、圆满成功。期盼本章梳理选编的相关活动案例，能对您组织策划幼儿园活动有所启发和参考。

第一节　幼儿成长仪式活动

本节重点探讨成长典礼活动，这类活动因蕴含深厚的仪式感而展现出非凡的教育价值，其重要性体现在教育引导、情感共鸣以及规范的行为塑造等方面。仪式在个体成长旅程中扮演着至关重要的角色，通过赋予事件神圣性，鼓励每位参与者积极投入。鉴于此，以下精选了阳光幼儿园的开学典礼、升班仪式及毕业典礼等标志性成长活动案例，旨在彰显这些活动在幼儿成长过程中的深远影响与积极意义。

"我是哪颗星"开学典礼活动方案

一、活动背景

带着重逢的喜悦，我们相聚在一起，孩子们回到了熟悉的"家"，开始了快乐的幼儿园生活。为了迎接新学期的到来，我们举行了充满仪式感的开学典礼，告诉孩子们新的学期开始了。本次开学典礼的主题为"我是哪颗星"，让幼儿发现最特别的自己，每一个"我"，不仅是一个独特的"我"，更是一个不断成长的"我"。他们是坚韧不拔的勇敢之星、善于思考的智慧之星、乐观向上的快乐之星、彬彬有礼的礼仪之星、胸有成竹的自信之星、健步如飞的运动之星……

二、活动主题

我是哪颗星

三、活动时间

2023年9月1日上午9:00—9:32

四、活动目标

1.通过开学典礼，营造快乐向上的开学气氛，激发幼儿对幼儿园生活的向往。

2.让新入园的幼儿及家长感受幼儿园大家庭的温暖友爱。

3.加强幼儿对自我的认知和悦纳,知道每一个"我"都是特别的,从而增强幼儿的自信心。

五、活动人员

全园家长、幼儿及全体教职工

六、活动准备

(一)物资准备

气球、红地毯、勋章、班牌、彩虹道具、新生幼儿礼物、音乐(升旗仪式及各环节音乐)。

(二)场地布置

用气球、红地毯、彩虹道具装扮出喜庆欢乐的氛围。

(三)其他准备

幼儿与家长准备星星及自画像,用于粘贴在每班的展板上,班级教师准备幼儿班级舞蹈、教师舞蹈。

"我是哪颗星"开学典礼工作推进表

序号	内容	负责人	完成时间	备注
1	制订活动方案	业务园长	2023.8.29	
2	收集音乐	教研组长	2023.8.29	
3	划分场地座位	后勤人员	2023.8.29	
4	撰写主持稿	主持人	2023.8.30	
5	完成班级节目	本班教师	2023.8.30	
6	完成教师节目	业务园长	2023.8.30	
7	完成物资准备、场地布置	后勤教职工	2023.8.30	

七、活动流程

时间	活动内容	负责人	备注
9:00—9:05	幼儿有序入场、按区域就座	主持人	
9:05—9:10	粘贴星星(我是哪颗星)	班级老师	
9:10—9:13	升旗仪式	业务园长	
9:13—9:16	园长致辞	园长	
9:16—9:18	教师舞蹈	业务园长	

续表

时间	活动内容	负责人	备注
9:18—9:20	引导幼儿自画像(希望成为什么星)	班级教师	
9:20—9:23	班级舞蹈	班级教师	
9:23—9:30	授勋仪式(根据幼儿愿望授勋)	园长	
9:30—9:32	活动结束、退场	班级教师	

附件

<h3 style="text-align:center">开学典礼仪式邀请函</h3>

尊敬的家长朋友：

您好！

在这金秋送爽、满怀希望的美好时节，我们诚挚地邀请您参加2023—2024学年度开学典礼仪式，一同见证孩子们成长道路上的这一重要里程碑。我们衷心地期盼您与孩子共同出席，为这特别的日子增添更多温馨与喜悦。

为了确保活动的顺利进行，特此温馨提醒您注意以下事项：

着装要求：请您提醒孩子明日(9月1日)穿着干净整洁的园服，并于上午8:30准时与您一同入园，共同开启新学期的美好篇章。

活动秩序：在活动进行期间，请您遵守现场秩序，听从本班级老师的指引与安排，积极配合我们的工作，为孩子们营造一个快乐而有序的开学氛围。

交通出行：鉴于园区门口停车场地有限，我们诚挚建议您选择绿色环保的交通方式前来，共同为环境保护贡献一份力量。

离园安排：活动结束后，请您与孩子温馨道别后再离园，让这份美好的记忆成为我们共同珍藏的宝贵财富。

在此，我们衷心感谢您的理解、支持与配合！让我们携手合作，为孩子们的成长撑起一片更加广阔的天空。期待在开学典礼上与您相见，共同开启新学期的精彩旅程！

敬祝安康！

阳光幼儿园
2023年8月31日

<h3 style="text-align:center">"小小脚步　大大梦想"
升班仪式活动方案</h3>

一、活动背景

随着新学期的到来，幼儿园的小朋友们迎来了他们成长旅程中的又一重要里程碑——升班。为了庆祝这一特殊时刻，让小朋友感受成长的喜悦，体会升班的自豪，增强他们的自我认同感和自信心，我们特此策划本次升班典礼活动。

二、活动主题

小小脚步　大大梦想

三、活动时间

2024年9月2日

四、活动地点

幼儿园操场

五、活动目标

(一)增强自我认同

通过活动,让幼儿认识到"我"是独一无二的,提升幼儿的自我认同感和自信心。

(二)体会升班的自豪

让幼儿体会升班的自豪与快乐,肯定自己的进步与成长。

(三)体验成长快乐

通过参观新环境、参与活动,表达对幼儿园老师、同伴的爱,体验"长大了"的自豪感。

六、活动参与人

全体教职工、幼儿。

七、活动准备

(一)环境准备

场地布置:使用气球、横幅、海报等物品精心装扮操场,营造温馨、欢乐的氛围。横幅内容为"阳光幼儿园'小小脚步　大大梦想'升班仪式"。

(二)物资准备

音响设备:确保音质清晰,用于播放背景音乐和活动主持。

摄影摄像器材:全程记录活动精彩瞬间,留下珍贵回忆。

宣传材料:制作宣传海报、跨栏祝福语,增强活动氛围。

场景装饰物:小气球、小彩带等,用于装饰跨栏的祝福语。

水果和饮品:准备茶水、杯子、水果。

清洁用品:垃圾桶和纸巾,保持活动现场整洁。

新班牌:用于园长给班级颁发。

安全标识:设置安全指引标识,确保活动现场安全。

其他物资:根据班级活动要求准备其他相关物资。

(三)其他准备

场地规划:合理规划场地,确保活动有序进行。

人员安排:旗手由大班小朋友担任,主持人由石头老师担任,摄影师和宣传人员由办公室主任负责落实。

八、活动流程及要求

(一)8:00—8:30　幼儿入园

着装要求:全体教师、幼儿穿园服入园,保持整洁清爽。

礼貌要求:幼儿入园后与老师问好,与卡通人物拥抱拍照,留下美好瞬间。

跨栏活动:设置装饰有祝福语的跨栏,引导幼儿有序跨栏,寓意新学期不断进步、成长。

(二)8:30—8:50　幼儿入班

小班幼儿:

入班后放书包、喝水,熟悉班级环境。组织幼儿用小手指在树木上印指纹,寓意成长印记。

中大班幼儿:

入班后放书包、喝水,熟悉新班级环境。老师将祝福语打印出来挂在墙上,营造温馨和谐的班级氛围。

(三)8:50—10:00　升班仪式

入场:播放音乐,教师带领中大班幼儿有序到操场并在指定区域就座。

升旗仪式:全体起立,肃穆。升国旗,奏国歌,敬礼。培养幼儿的爱国情怀和集体荣誉感。

园长致辞:表达对幼儿们的祝福和期望。

教师代表发言:分享教育心得。

幼儿代表发言:表达升班的喜悦和决心。

回顾成长:通过照片、视频等回顾小班、中班的成长点滴,让幼儿感受自己的成长和进步。

升班仪式:园长给幼儿颁发班牌,恭喜升班。

各班拿着升班班牌合影留念,记录重要时刻。

分享水果:幼儿分享水果,感受升班成长的喜悦与快乐,培养分享意识和团队合作精神。

离场:组织各班级有序撤离,确保活动安全有序结束。

九、注意事项

安全组织:确保幼儿安全,引导幼儿在活动场合中注意安全,遵守规则,做文明幼儿,同时培养幼儿的规则意识和文明习惯。

关注幼儿:教师要关注到每一位幼儿,特别关注到特殊儿童的需求,确保每位幼儿都能在活动中得到关注和照顾。

熟悉活动流程:教师要提前熟悉活动流程,确保活动有序进行。

附件

"小小脚步　大大梦想"升班寄语

尊敬的家长朋友,亲爱的小朋友们:

大家好!

随着愉快的暑期缓缓落幕,我们满怀希望与憧憬,共同迎来了新的学期。

亲爱的小朋友们:

欢迎你们再次回到这个充满爱与欢笑的幼儿园大家庭!同时,衷心祝贺你们成功升班,成为了大班(或中班)的哥哥姐姐。新的学期,标志着你们又迈上了一个全新的成长阶梯。在这个阶段,你们将面对更多关于生活自理能力的培养,以及更广泛的知识探索。但请相信,每一次挑战都将是你们成长的宝贵财富,让你们变得更加快乐、自信,收获满满的进步与荣誉。

家长朋友们:

我们深知,作为家长,您对孩子的成长寄予了无尽的期望与关爱。在此,我们想对您说:请一如既往地相信孩子,用欣赏的眼光看待他们的每一次尝试与努力,用鼓励的话语为他们加油打气。同时,也请您放心地将孩子交给我们,我们会用全部的爱与责任,去关心、关爱每一位孩子,陪伴他们健康成长。

我们坚信,每一位孩子都是独一无二的,他们拥有着独特的潜能,都可能成为优秀而卓越的人。让我们携手并进,为孩子们营造一个更加温馨、和谐、充满希望的成长环境,助力他们实现心中的梦想,拥有更加美好的未来。

愿新的学期,我们共同见证孩子们的成长与蜕变!

阳光幼儿园

2024 年 8 月 30 日

"慢慢成长,岁岁欢愉"
集体生日会活动方案

一、活动背景

生日,作为孩子成长历程中的重要里程碑,承载着无限的期待与喜悦。它不仅是孩子个人成长的见证,更是家庭、同伴间情感交流的桥梁。为了满足孩子们对生日的渴望与期待,增强他们的集体归属感与幸福感,特策划本次"慢慢成长,岁岁欢愉"集体生日会活动。

二、活动目标

1.营造温馨氛围:为幼儿营造一个宽松、愉快的环境,使其充分感受到幼儿园生活的温馨与成长的快乐。

2.分享交流:搭建一个幼儿间相互交流与展示的平台,培养其社交能力与自信心。

3.增强归属感:通过集体活动,让幼儿感受到自己是幼儿园大家庭中不可或缺的一员。

4.培养分享意识:通过分享生日蛋糕、自制蛋挞等活动,增进幼儿间的友谊,让幼儿更喜欢上幼儿园。

三、活动时间

2024年5月6日9:30—11:20

四、参与人员

全园5月份生日的幼儿、班级教师、生日幼儿自愿邀请的小伙伴

五、活动地点

户外(雨天改为室内)

六、活动准备

场景布置:多媒体设备、生日会背景板、气球、彩条装饰、生日祝福语条幅。

物料准备:生日蛋糕、蛋挞皮、蛋挞盒子、蛋挞液、烘焙服装、生日会入场券、教师自制生日贺卡、小礼品、抽奖箱、生日座位号标签(提前贴在椅子上)、幼儿成长视频(提前收集并制作)。

七、活动流程

活动流程表格

时间	活动内容	活动要求	负责人	备注
9:30—9:40	幼儿入场	幼儿持入场券,在班主任带领下入场	班主任	
9:35—9:40	对号入座	小寿星根据座位号入座,小伙伴坐于其后	班主任	
9:40—9:45	开场白与活动介绍	主持人介绍活动主题与环境布置	主持人	
9:45—10:00	寿星登场与自我介绍	小寿星逐一上台,进行简短的自我介绍	主持人	
10:00—10:15	观看成长视频	播放提前制作的幼儿成长视频	班主任	
10:15—10:20	戴生日帽与唱生日歌	为小寿星戴上生日帽,全体齐唱生日歌	班主任	
10:20—10:35	制作生日蛋挞	小寿星邀请小伙伴共同制作蛋挞,送入烤箱	主持人	
10:35—10:45	生日蛋糕许愿与分享	小寿星围坐蛋糕前许愿,分享蛋糕给小伙伴	主持人	
10:45—10:50	赠送贺卡与祝福	教师赠送自制贺卡,表达生日祝福	班主任	
10:50—11:10	抽奖环节	抽取幸运生日号码,颁发小礼品	主持人	
11:10—11:20	取蛋挞与活动结束	小寿星领取蛋挞,带回家与家人分享,活动结束	班主任	

八、活动注意事项

秩序维护:引导幼儿遵守活动秩序,积极参与各项活动。

安全保障:教师全程关注幼儿安全,确保活动顺利进行。
卫生清洁:提醒幼儿保持活动场所的整洁,不乱扔垃圾。
情感关怀:关注幼儿的情感需求,给予必要的鼓励与安慰。

九、活动总结

本次活动旨在通过集体生日会的形式,让孩子们在欢乐的氛围中感受到成长的喜悦与集体的温暖。通过精心策划与组织,我们期待本次活动能够成为孩子们美好回忆的一部分,同时也为幼儿园的文化建设增添一抹亮丽的色彩。

附件

"慢慢成长,岁岁欢愉"
集体生日会主持稿

(开场音乐响起,引导小朋友们围坐在一起)

主持人出场(以温柔、欢快的语气):

嗨!亲爱的小朋友们,大家早上好!

看看我们幼儿园,是不是到处都充满了欢乐和喜庆的氛围呢?哇,这么多五彩斑斓的气球,还有那块诱人的大蛋糕!你们猜猜看,今天是什么特别的日子呢?

对了,今天是我们幼儿园为五月份过生日的小朋友们精心准备的集体生日派对!此时此刻,你们是不是觉得特别开心、特别快乐,还充满了期待呢?

好啦,现在让我们来看看都有哪些小朋友过生日呢?请我们的小寿星们走到台前来,让大家认识一下你们吧!

欢迎你们,可爱的小寿星们!祝贺你们又长大了一岁哦!

接下来,有请我们各班级的班主任老师上台,为我们的小寿星们戴上生日帽吧!

(班主任老师上台为小寿星戴生日帽)

现在让我们全体起立,一起唱响生日快乐歌,祝福台上的寿星们生日快乐!

我也代表幼儿园的园长、老师以及所有的小朋友们,再次祝你们生日快乐!

希望你们能够健康快乐地成长!

对了,我们还有一份特别的礼物要送给大家哦——那就是来自你们爸爸妈妈的祝福视频!(播放成长视频)

看完视频,是不是觉得特别温暖呢?接下来还有一件非常有趣的活动等着我们呢——那就是和小伙伴们一起动手制作生日蛋挞!

(主持人出示制作蛋挞的材料,并详细讲解制作步骤及注意事项)

小朋友们,现在开始动手制作吧!制作完毕后,请老师把蛋挞送到烤箱里烤制。

(等待蛋挞烤制期间)

请小寿星来到蛋糕前,许下你们的愿望,并把切下来的蛋糕分享给小伙伴吧!

接下来,我们的班主任老师也要把满满的祝福送给我们的小寿星们。有请老师们有序上场,为孩子们赠送贺卡吧!

(班主任老师赠送贺卡并表达祝福)

接下来就进入了我们激动人心的抽奖环节!请老师把抽奖箱拿到前台来,有请我们的园长上台抽取六张入场券。看看哪六位小朋友将成为我们今天的幸运之星呢?

(园长抽取幸运号码并颁发小礼品)

香香的蛋挞已经烤熟啦!小朋友们依次上来拿取蛋挞哦,每人两个。记得带回家和家人一起分享这份甜蜜和幸福吧!

最后,再一次祝我们的寿星们生日快乐!愿你们在未来的日子里幸福成长!今天的集体生日会到此就圆满结束啦!谢谢大家!

附件

"慢慢成长,岁岁欢愉"
集体生日会活动总结

在温馨与欢笑交织的美好氛围中,我园于2024年5月成功举办了集体生日会,为小朋友们打造了一场别开生面的生日庆典。此次活动不仅为孩子们提供了一种独特且难忘的生日庆祝方式,更在他们幼小的心灵中播下了分享、快乐与幸福的种子,为他们的成长之路增添了一抹亮丽的色彩。

活动亮点:

精心策划与布置:活动前,老师们精心布置了活动场地。用五彩的气球、温馨的海报以及孩子们最爱的生日蛋糕、蛋挞等,共同营造了一个充满童趣与欢乐的空间,让每一位小朋友都能深切感受到生日的特别与幸福。

情感共鸣的祝福视频:观看来自爸爸妈妈及长辈的祝福视频,这一环节不仅让孩子们在欢笑与感动中度过了一个愉快的生日会,更让他们感受到了来自家庭的温暖与关爱,增强了亲子之间的情感纽带。

培养良好习惯与社交技能:在观看视频过程中,我们注重培养孩子们的观看礼仪,引导他们学会尊重他人、保持安静、分享快乐。此外,制作蛋挞并分享的环节,不仅锻炼了孩子们的动手能力,还促进了幼儿之间的友谊与相互合作,为他们未来的社交发展奠定了良好的基础。

反思与不足:

个性化发展需加强:虽然活动整体效果良好,但在未来,我们仍需更加注重孩子们的个性化发展。例如,可以设计更多元化的游戏和活动,让孩子们在享受集体欢乐的同时,也能充分展现自己的个性和特长。

时间管理与流程优化:在活动进行过程中,我们发现部分环节的时间控制不够精准,部分流程时间过紧。因此,在以后的活动中,我们需要进一步优化时间管理,确保每个环节都能得到充分展开,让孩子们能够充分享受活动的乐趣。

家长参与度有待提升:虽然祝福视频环节得到了家长们的积极响应,但在活动现场,家长们的参与度仍有待提升。未来,我们可以考虑邀请家长共同参与某些环节,如亲子游戏或手工制作等,以增进亲子关系,同时提升活动的整体效果。

综上所述,"慢慢成长,岁岁欢愉"集体生日会活动在欢乐与温馨中圆满落幕,但我们的探索与努力并未止步。在未来的活动中,我们将继续秉持"以孩子为中心"的理念,不断优化活动设计,为孩子们提供更多元化、更具个性化的成长体验。

"遇见、预见、再见"毕业活动方案

一、活动背景

时光飞逝,转眼间又到了毕业季,孩子们在幼儿园度过了三年的时光,就要和小伙伴、老师们说再见了,这是他们人生中的第一次毕业,也是孩子成长中重要的转折,为了给孩子们的幼儿园生活画上圆满的句号,让孩子的成长更有意义,我园策划了本次毕业典礼。

二、活动主题

遇见、预见、再见

三、活动时间

2022年6月30日

四、活动目标

1. 让幼儿体验毕业时的依依惜别情,为童年时光留下美好、难忘的回忆。
2. 让幼儿感受师生之情、同伴之情,萌生对小学生活的向往。
3. 让幼儿体验与教师、同伴、父母一起参与活动的乐趣。

五、参与人员

毕业班幼儿、家长、教师、幼儿园行政人员

六、活动准备

物料准备:音响2台、话筒2个、扩音器数个、音乐多首、彩虹伞2张、滑溜布2条、PVC管、水桶4个、毕业证书若干

七、活动流程

(一)户外亲子拓展

(二)开笔感恩

(三)"独立"宣言

八、活动过程

(一)户外亲子拓展(以年级为单位集体拓展项目2个,以班级为单位拓展项目2个)

1. 开场热身舞。
2. 以年级为单位的户外拓展活动内容。

(1)坐地起身。

(2)接力传水。

3.以班级为单位的户外拓展活动内容。

(1)森林漫步。

(2)植物拓印。

(二)开笔感恩

1.开笔礼将在园内多功能厅进行。

准备:汉服、音乐、开笔礼等相关物资。

2.回到本班级进行毕业诗朗诵、感恩环节、分享美食。

准备:博士服、音响、话筒,每组家庭准备一个拿手菜。

(三)"独立"宣言

1."独立"宣言宣誓。

2.组织幼儿集体观影。

3.幼儿园留宿。(幼儿需要自备洗漱用品、更换衣物)

附件:

毕业活动工作安排表

序号	内容	负责人	完成时间	备注
1	讨论毕业方案	毕业班班主任、业务园长	6月12日	
2	户外踩点、制订线路图	毕业班班主任、业务园长	6月14日	
3	完成活动方案	园长、业务园长	6月15日	
4	户外拓展物料准备	毕业班班主任	6月16日	
5	开笔礼物料准备	业务园长	6月16日	
6	毕业诗排练	毕业班班主任	6月16日-6月20日	
7	户外班级拓展物料准备	毕业班班主任	6月23日	
8	开笔礼物料准备	业务园长	6月25日	
9	美食分享物料准备	后勤主任	6月29日	
10	活动前全面检查	园长	6月29日	

"星辰大海、一路向阳"毕业活动方案

一、活动背景

随着夏日的脚步悄然临近,我们迎来了孩子们幼儿园学习生活的尾声。在这个充满希望的季节里,孩子们即将踏上新的征程,成为勇敢追梦的小天使。他们将与亲爱的教师和小伙伴们分别,怀揣着对未来的无限憧憬,乘风破浪,驶向属于自己的星辰大海。为了铭记这段珍贵的时光,我们特举办此次"星辰大海、一路向阳"毕业典礼活动,共同见证孩子们的成长与蜕变。

二、活动时间

2023年6月30日

三、活动目标

家长体验:让家长全面了解孩子在幼儿园期间的发展状况及所取得的成就,共同感受孩子成长的喜悦。

情感共鸣:师生共同体验毕业离园时的惜别之情,加深彼此间的情感纽带。

未来憧憬:激发孩子们对小学生活的向往与期待,为他们即将开启的新篇章加油鼓劲。

四、参与人员

毕业班幼儿、家长、教师、行政人员

五、工作任务及完成时间

(一)环境布置表格

序号	内容	负责人	完成时间	备注
1	毕业纪念手册	班级教师	2023年6月20日	
2	舞台布置	全体教师	2023年6月28日	
3	照片签到区	全体教师	2023年6月28日	
4	舞台气球墙	全体教师	2023年6月29日	
5	气球花路	全体教师	2023年6月29日	

(二)材料准备表格

序号	内容	负责人	完成时间	备注
1	撰写活动方案	业务园长	2023年6月15日	
2	主持词	欢欢老师	2023年6月25日	
3	制作幼儿成长视频	班级教师	2023年6月25日	
4	幼儿毕业歌排练	班级教师	2023年6月2日至26日	

续表

序号	内容	负责人	完成时间	备注
5	毕业相册	班级教师	2023年6月25日	
6	选择背景音乐	后勤园长	2023年6月25日	
7	购买气球及保险	后勤园长	2023年6月25日	
8	悬挂幼儿照片	班级教师	2023年6月29日	
9	准备向日葵	班级教师	2023年6月29日	
10	园长讲话稿	园长	2023年6月29日	
11	毕业证书	业务园长	2023年6月29日	

六、活动流程及要求

（一）幼儿及家长入场

幼儿身穿"博士服"，在家长的陪同下依次走过气球花路，来到舞台前。在舞台指定区域粘贴自己的自画像，留下美好回忆。

（二）主持人入场

致欢迎辞，欢迎家长的到来。介绍活动流程及注意事项。

（三）开场舞

大班幼儿进行开场舞表演，展现风采。

（四）园长致辞

园长回顾孩子们在幼儿园的成长历程及点滴进步。分享幼儿园的教育理念及教育成果。

对毕业幼儿寄予殷切期望，鼓励他们勇敢追梦，快乐成长。

（五）毕业幼儿代表发言

两名幼儿代表上台发言。代表甲分享自己在幼儿园的美好时光及成长感悟。代表乙表达对幼儿园教师、小朋友的感激之情。共同祝愿幼儿园的明天更加美好。

（六）家长代表发言

家长代表上台发言，表达对幼儿园教育工作的肯定与感谢。分享孩子在幼儿园三年来的成长变化及家庭教育的经验和心得。对幼儿园、老师、小朋友送上真挚的祝福。

（七）节目表演

按节目单依次进行节目表演，展示孩子们的才艺与风采。

（八）颁发毕业证书

园长为每位幼儿颁发毕业证书，祝贺他们顺利毕业。

（九）写下毕业寄语、放飞梦想气球

孩子们在气球上写下自己的毕业寄语及梦想，随后放飞气球，寓意着梦想起航。孩子们相互写下加油祝福语，围成圆圈，共同说出再见，为这段美好的时光画上圆满的句号。

七、注意事项

请所有参与人员提前到场,做好准备工作。

活动期间,请保持现场秩序,确保活动顺利进行。

请家长注意孩子的安全,避免发生意外。

八、结语

让我们共同期待这场充满温情与希望的毕业活动,为孩子们的成长之路增添一抹亮丽的色彩。愿他们在未来的日子里,乘风破浪,勇往直前,成为自己星辰大海中的璀璨明星。

第二节 幼儿研学体验活动方案

广袤的自然与丰富的社会,有着无数生动鲜活的教育资源,也是孩子们宏大广阔的学习场域,在幼儿园教育活动中占据着不可或缺的地位。幼儿研学体验活动,不仅是幼儿获取多元经验的重要途径,也是拓宽幼儿社会视野、促进其接触并理解社会的实践平台。

引导幼儿走出幼儿园,参与社会体验活动,不仅为他们提供了亲近自然、融入多元环境的机会,更能在实践体验中激发幼儿的快乐情感,积累宝贵经验,促进其全面发展。同时,幼儿在亲身参与各类体验活动的过程中,其适应能力、沟通表达能力、人际交往能力以及问题解决能力等关键能力均能得到显著提升。

基于此,以下特提供针对阳光幼儿园设计的腾格里沙漠研学之旅、亲子农耕体验活动、亲子运动会以及走进消防站等社会实践活动方案,以供幼教工作者参考与借鉴。这些活动旨在通过精心策划,进一步丰富幼儿园的教育内涵,提升保教质量。

腾格里沙漠研学活动方案

一、活动背景

为深入贯彻学前教育宣传月活动的核心理念,积极践行幼儿园研学体验课程的发展路径,有效推进幼小衔接工作,为幼儿的全面与长远发展奠定坚实基础,本园计划在中大班年龄段开展一次以腾格里沙漠为主题的研学活动。

二、活动目标

构建多元链接:通过精心设计的研学活动,建立幼儿与自我、大自然及社会的深刻联系,从而塑造其健康、完整的人格特质。

提升综合能力:此次研学活动将聚焦于提升幼儿的交往能力、观察力、适应力、独立性以及问题解决能力等素养,为幼儿的全面发展提供有力支持。

深化园本课程:活动旨在进一步丰富和深化我园的园本体验课程内容,通过实践探索,提高保教工作的专业性和实效性,同时提升幼儿园的社会美誉度和品牌影响力。为深刻贯彻落实学前教育宣传月活动精神,扎实推进我园园本体验课程,进一步做好幼小衔接,为孩子的终身发展奠基,本园拟定在中大班段开展腾格里沙漠研学活动。

三、活动时间

2024年4月至5月,分为活动策划、活动宣传、安全保障、物资准备、研学开展、活动总结、后续宣传七个阶段。

腾格里沙漠研学活动推进时间表

阶段	时间	内容	负责人	备注
活动策划	3.31	成立活动领导小组、制订活动方案	保教主任	
	3.31	制订安全预案	后勤园长	附件1
活动宣传	4.1	完成宣传文稿、宣传PPT	保教主任	附件2
	4.1—4.6	活动前期宣传、动员、收费	全体教职工	
安全保障、物资准备	4.7	完成报名工作、统计人员、建群、发告家长书	保教主任	附件7、附件8
	4.7	签订合同	后勤园长	
	4.8	购买拉杆箱、制作横幅	后勤园长	
	4.8	机票预订	后勤园长	
	4.8	收退费说明、物品清单	保教主任	附件4、附件5
	4.22	再次确定相关事宜是否完善	保教主任	
	4.24	组织带队教师学习执行方案	园长	附件6
研学开展	4.24	开家长会、告知家长注意事项	园长	附件7
	4.25	出发到研学基地	保教主任	
	4.25—29	配合基地组织活动、做好相关记录	保教主任	
活动总结	4.29	完成活动结束后宣传推文	园长	附件9
	4.29	结束后致家长书、亲子作业单	园长	附件11、附件12
后续宣传	5.4	根据活动总结改进各项措施,后续持续宣传	园长	附件13

四、活动准备

(一)组织保障

成立专项工作组。

活动组织策划组:负责整体活动的策划、组织与协调。

安全保障领导小组:负责制订安全预案,确保活动全程安全。

研学带队领导小组:负责研学过程中的队伍管理与幼儿引导。

宣传联络领导小组:负责活动的宣传、联络与信息传递。

人员培训与分工:对带队教师进行专业培训,确保每位教师明确职责与任务。根据活动需求,合理分工,确保每个环节都有专人负责。

(二)物资准备

基础物资:横幅(内容为"阳光幼儿园腾格里沙漠研学之旅")、拉杆箱、摄影器材、必备药品、途中餐食等。

名单与清单:准备研学幼儿及教师名单、物品清单,确保人员与物资无误。

宣传资料:提前准备研学宣传资料推文、朋友圈文案模板及亲子作业单。

(三)文件方案

活动协议:与研学基地、交通部门等相关单位签订合作协议,确保活动顺利进行。

(四)安全保障

安全教育:对参与活动的幼儿进行安全教育,提高他们的安全意识与自我保护能力。

安全预案:制订详细的安全预案,包括突发情况应对措施、紧急联络机制等。

五、活动要求

高度重视,全力配合:全体教职工应充分理解此次活动的意义,园长为第一责任人,副园长为具体负责人。全体教职工须积极接受任务,全力支持配合。

安全措施到位:确保出行人员的安全,特别是带队教师须在保证自身安全的前提下,全力确保每位幼儿的安全。严格执行安全预案,确保每个环节的安全。

按计划推进工作:全体教职工应严格按照活动进度表完成各项工作,确保活动顺利进行。

加强宣传与沟通:研学行程中,带队教师应及时收集幼儿的活动图片,并在研学群内适当分享,以缓解家长的思念之情。研学结束后,幼儿园应按行程先后顺序逐日进行宣传,突出活动的目的与意义,让家长感受到活动对幼儿的发展价值。宣传文稿的撰写应准确、生动,能够真实反映活动情况,提升幼儿园的社会形象。

总结与反馈:活动结束后,应及时进行总结与反馈,分析活动的成功之处与不足之处,为后续活动的改进提供参考。

附件1

腾格里沙漠研学活动安全预案

一、总则

目的:确保阳光幼儿园腾格里沙漠研学活动的安全顺利进行,保护参与活动幼儿及教职工的生命安全与身体健康。

原则:遵循"预防为主、防治结合、安全第一"的原则,确保在突发情况下能够迅速、有序、有效地进行应急处置。

适用范围:本预案适用于阳光幼儿园组织的腾格里沙漠研学活动,包括活动策划、宣传、组织实施、总结及后续宣传等过程。

二、组织机构与职责

组长:园长,负责全面指挥协调。

副组长:副园长,负责现场指挥与协调。

成员:各班级教师、保健医、安全保卫人员等,负责具体执行与安全保障工作。

职责分工:

组长:负责安全预案的制订、修订与组织实施,确保活动安全顺利进行。

副组长:协助组长进行指挥协调,负责现场应急处置与协调工作。

成员:根据职责分工,负责活动过程中的安全巡查、紧急救护、信息传递等工作。

三、风险评估与防控措施

风险评估:对腾格里沙漠的地理、气候、交通、饮食等方面进行全面评估,识别潜在的安全风险。

针对幼儿年龄特点,评估活动过程中可能出现的意外情况,如迷路、中暑、食物中毒等。

防控措施:提前与研学基地、交通部门等相关单位签订合作协议,明确安全责任与义务。对参与活动的幼儿及教职工进行安全教育,提高他们的安全意识与自我保护能力。准备必要的急救药品与医疗器材,确保在突发情况下能够及时救治。安排专业人员进行全程陪同,确保活动过程中的安全监管与引导。

四、应急处置流程

(一)突发情况报告

一旦发生突发情况,现场人员应立即向安全保障领导小组报告,说明事件性质、地点、人员情况等。

(二)初步处置

安全保障领导小组接到报告后,应立即启动应急预案,组织人员进行初步处置,如疏散人员、救治伤员等。

(三)紧急救援

如情况严重,应立即拨打急救电话,请求专业救援力量进行紧急救援。同时,向幼儿园上级部门及有关部门报告情况,请求协助与支持。

(四)后续处理

事件处理后,应及时总结经验教训,完善安全预案与防控措施。对受伤人员进行妥善安置与安抚,确保他们的身心健康得到保障。

五、信息传递与有效沟通

(一)信息传递机制

建立活动期间的信息传递机制,确保信息传递的及时、准确与完整。指定专人负责信息传递工作,确保与上级部门、相关部门及家长的沟通顺畅。

(二)有效沟通

研学行程中,带队教师应及时收集幼儿的活动图片,并在研学群内适当分享,以缓解家长的思念之情。如发生突发情况,应立即与家长进行沟通,说明情况并安抚他们的情绪,并及时向园领导汇报。

六、培训与演练

专业培训:邀请专业人员对参与活动的带队教师进行专业培训,提升他们的应急处置能力与安全意识,确保在突发情况下能够正确有效地进行救治。

应急演练:组织应急演练活动,检验安全预案的可行性与有效性。通过演练活动,提高教职工及幼儿的应急反应能力与自救、互救能力。

附件2

腾格里沙漠研学活动宣传文稿

五天四夜的沙漠之旅——为孩子做好入学准备

快乐体验、幸福成长

让孩子直接参与——亲身体验--获得经验

培养孩子健全人格——建立孩子和自我、大自然、社会的链接

沙漠之旅——让孩子开阔视野、增长知识

沙漠之旅——让孩子更自信(见识更广、内心更强大)

沙漠之旅——提升孩子的生活自理能力(整理书包、整理学具)

沙漠之旅——增强孩子的适应能力(帮助孩子尽快适应小学生活)

沙漠之旅——培养孩子的社交能力(懂得分享、合作、沟通,学会与他人和睦相处)

沙漠之旅——培养孩子学习能力(观察、探究、思考、专注)

沙漠之旅——培养孩子解决问题的能力

沙漠之旅——培养孩子的意志品质(坚韧不拔的毅力)

沙漠之旅——培养孩子幸福的能力

附件3

腾格里沙漠研学活动花名册

序号	姓名	班级	性别	身份证号	联系电话	家长姓名	家长联系电话	备注
1								
2								
3								
……								

附件 4

腾格里沙漠研学活动收退费说明

一、收费标准

收费标准××元/人。

其中基地费用××元/人(含食宿、宁夏机场到沙坡头的往返交通费)。

交通费××元/人:幼儿园–江北机场–宁夏机场的往返交通费。

其他××元/人:购买拉杆箱、早餐、制作横幅。

二、基地退费说明

4月25日出行。

出行前8天,全额退款。

出行前5天,退费用60%。

出行前3天,退基地费用总额的40%。

出行前2天,不退费。

其他退费说明:承担已产生的费用,主要是拉杆箱。

三、机票退费说明

如已发生购票,按退票规则承担已产生的费用。

附件 5

腾格里沙漠研学活动物品准备

责任单位	物品准备	具体负责人	备注
幼儿园	横幅:1幅、内容、制作	后勤园长	带队教师检查
	食物:面包、牛奶多份		
	拉杆箱:多个,主色调黄色		
幼儿	证件:户口本、出生证	幼儿家长	
	随身品:墨镜、纸巾、湿巾、水杯(防溢)		
	衣裤:春季长袖2件、冬季园服1套、运动裤2条(快干类型)、加绒衣服1件		
	鞋袜:运动鞋1双、溯溪鞋1双、吸汗袜3-4双		
	洗漱:毛巾1条、牙膏牙刷		
	防护:防晒霜、润肤霜、润唇膏、护手霜		
	药品:根据需要自备		
	绘画:彩笔、彩绘本、铅笔		

续表

责任单位	物品准备	具体负责人	备注
随行教师	证件:身份证	带队教师	
	洗漱:毛巾、牙膏牙刷		
	衣裤鞋:春衣2-3套,抓绒衣服一件、运动鞋1双、溯溪鞋1双、袜子4双		
	防护品:防晒霜、润唇膏、护手霜、面膜		
	药品:根据自己需要携带		
	其他:充电宝、记录本		

附件6

腾格里沙漠研学活动出发前教师会

时间:2024年4月24日下午3:00
地点:幼儿园会议室
参加人:全体行政、带队教师
主持人:园长
议程:

一、明确具体任务及职责

业务园长:负责出行期间全面统筹管理、对外联络、研学活动中拍摄、突发事件的应急处理、记录研学活动、向园长汇报当日情况、组织召开当日活动反思总结。

教研组长:协助园长统筹管理,负责幼儿的安全、健康、日常管理、拍照、家园沟通。

带队教师:负责研学幼儿的安全、健康、日常管理、拍照、家园沟通。

二、签订安全责任书

三、明确出发时间及要求

活动时间	活动地点	活动事项	活动要求	负责人
4月25日5:30	幼儿园大门口	出发前仪式	给家长和幼儿提示相关要求	园长
6:00	幼儿园大门口	上车出发	清点人数准时上车	业务园长
8:10—9:10	江北机场	办理登记牌、托运行李	清点人数、物品	教研组长
9:10—9:45	江北机场	登机	清点人数、检查幼儿随身物品	教研组长
19:00左右	沙漠营地	报平安	在群里发到达信息	业务园长
19:30-20:00	沙漠营地	汇报当日情况	向每一位家长反馈当日孩子情况	带队教师

四、强调活动要求

1.强化人员安全责任,出发前再次强调带队教师的责任意识,要求教师做到坚定不移地把幼儿安全健康放在首位,每一个环节必须细致、周到,关注到幼儿的安全及情绪。

2.强化幼儿物品安全,每天出行前带队教师须认真检查幼儿携带物品是否齐全、是否安全,衣物是否合适,避免衣物过长、过大、鞋子滑等。严禁幼儿携带超过50摄氏度的饮用水。

3.强化行程活动安全,严格遵守活动纪律,所有活动带队教师及组长必须全程监管,不能离岗,特殊需求应报告组长(上洗手间快去快回),每一个环节应清点人数,及时询问幼儿身体状况,有异常情况立即上报基地带队教师。

4.强化记录反思,带队教师在确保幼儿安全的同时通过拍摄记录孩子的活动情况,当日活动结束孩子就寝后,带队教师将当日的活动照片选取3—5张私发给家长,并向家长汇报幼儿当日情况,让家长放心。

5.组长全程跟踪观察幼儿及师生安全、健康,拍照记录活动情况,做好突发事件的应急处理。每日孩子就寝后组织教师反思、总结当日活动,并向园长报平安。提醒带队教师做好次日活动的准备工作。

6.保障幼儿安全返园,做好到达到后的交接工作。

7.重视活动总结反思。

8.出发前召开家长会议,提示家长如何配合做好相关工作。

附件7

腾格里沙漠研学活动前家长会

时间:2024年4月24日下午5:00

地点:幼儿园会议室

参加人:研学带队老师、研学幼儿家长

主持人:园长

议程:

一、园长提示家长应当注意哪些事项

1.请家长指导孩子整理好所带物品,并和孩子一起制订一式两份的行李清单。(一份粘贴在行李箱里,另一份交给带队老师!)

2.提前和孩子交流出行细则,请多用积极正向、鼓励肯定的语言,如:我们相信你一定能行!你一定能照顾好自己!

3.请您明天(4月25日)早上按规定的时间带上行李将孩子送到指定的地点。

4.和孩子道别时请您淡定从容,切忌焦虑和依依不舍。

二、园长听取家长意见建议

三、园长针对家长的问题及时反馈

附件8

腾格里沙漠研学活动告家长书

尊敬的家长您好!

孩子即将出发,您的不舍与担忧,我能感同身受!但我相信,只要我们共同努力,孩子的安全和健康一定能得到保障。

幼儿园对此次研学活动有高度重视、精心组织,注重各个环节精细化管理,请各位家长知悉。

1. 强化人员安全责任,重点强调带队教师的责任意识,坚定不移地把幼儿安全健康放在首位。每一个环节必须更加细致地关注到幼儿安全及情绪。

2. 强化幼儿物品安全,每天出行前需认真检查幼儿携带物品是否安全,衣物是否合适,避免衣物过长、过大、鞋子滑等。严禁幼儿携带超过50摄氏度的饮用水。

3. 强化行程活动安全,严格遵守活动纪律,所有活动带队教师及组长必须全程监管,不能离岗,特殊需求需报告组长(上洗手间快去快回),每一个环节需清点人数,询问幼儿身体状况,有异常情况立即上报基地带队教师。

4. 强化记录反思,带队教师在确保幼儿安全的同时通过拍摄记录孩子的活动情况,当日活动结束孩子就寝后,带队教师将当日的活动照片选取3—5张私发给家长,并向家长汇报幼儿当日情况,让家长放心。

5. 组长全程跟踪观察幼儿及师生安全、健康,拍照记录活动情况、做好突发事件的应急处理。每日孩子就寝后组织教师反思、总结当日活动,并做好次日活动的充分准备。

同时,我们也期待得到各位家长的信任和配合:

1. 请您再次检查孩子所带物品是否齐全、是否存在安全隐患、衣物是否合适。

2. 明天出发前,可将孩子的特殊需求写成文字,以便条的方式交给带队教师,带队教师会遵照执行。

3. 孩子出发后,尽量不要在群里或者私发信息给老师,以免分散老师照顾孩子的精力,如确有重要事情要交代,可以在晚上10:00以后给老师发信息。

愿我们一起努力,为孩子的成长搭一方平台,为孩子的终身发展奠定坚实的基础!

附件9

腾格里沙漠研学活动宣传片文稿
"读万卷书、行万里路",用研学的角度丈量世界的宽度
——阳光幼儿园腾格里沙漠研学之旅

第一天

小小的我们,开启了人生的第一次独自旅行,学会独立,挑战自我。五天四夜的腾格

里沙漠研学,让我们走进更丰富的自然学堂。

5:30幼儿园集合,园长妈妈讲解注意事项,嘱咐我们注意安全,给予我们鼓励与支持! 让我们相信,"我,一定行!"

和爸爸妈妈道别,坐上小汽车,到达机场,自己换登机牌、办理托运、接受安检,牢记航班号,听到广播后有序登机……第一次独立全程乘机体验。

到达宁夏机场,换乘大巴车,到达腾格里沙漠。一个个壮观的沙丘、一片广袤无垠的沙海,盼望滑沙、骑骆驼,吃烤肉串。

宁夏博物馆,有许许多多的宝藏,叫不出名字,听说很珍贵。有很多古代人物的画像,有很多故事。让我们大开眼界,增长知识。一边好奇地观察,一边认真听讲解,听故事,其乐无穷。

乘车去下一站,在大巴车上,老师引导我们回忆刚才在博物馆里看到什么? 听到什么? 你一言、我一语,叽叽喳喳说个不停。

傍晚时分,走进当地村落,体验民俗风情,见到热情的叔叔阿姨,品尝了……

总结今天的行程,每一个小朋友都发言,我学会了总结,学会了分享,学会了反思。

第二天

学会独立,学会整理,学会观察,学会思考,学会按要求完成任务。这对于即将上小学的我很重要……

睡梦中,老师叫我们起床,开始洗漱,整理行李,检查随带物品,学习自己的事情自己完成。

乘坐驴车,从未坐过的交通工具,颠簸的驴车让我们异常兴奋,不时欢笑不时尖叫,一次全新的体验……

第一个任务,挖野菜,应该挖什么? 要好好观察,学会观察是一项重要的本领哦!

沙漠荡秋千,有点高,害怕,叔叔鼓励我们:"先掌握好安全要领,慢慢尝试,敢于挑战!"每一位小伙伴都敢尝试了,通过克服恐惧体验到了荡秋千的快乐。

沙漠里奔跑,跑不快,踩着脚下的沙子,发出咯吱咯吱的声响,感觉好奇妙……真好玩!

第二个任务,学做宁夏馍馍,自己揉面、自己做面团,叔叔直夸我们能干,在幼儿园也经常做。

学习制作宝八宝茶,八宝茶是宁夏地区的特色饮品,由茶叶、红枣、枸杞、桂圆等多种食材精心熬制而成,不仅口感丰富,还具有很好的保健功效哦。

一边吃馍馍,一边喝八宝茶,很有成就感,想到一首歌:"幸福的生活从哪里来? 要靠劳动来创造。"我决定回家要多劳动。

第三个任务,做泥巴砖,带着好奇,开始不寻常的体验……拿着铁锹,穿着筒靴、拖鞋,还有光着脚丫在泥地里挖泥,有小伙伴直接用手挖,我想爸爸妈妈看到会不会不允许呢? 将泥放入木盒子里,把泥压紧、按平,泥砖做好了,我是不是可以当建筑师了? 圆满完成了所有任务,回到村子里,一边看电影,一边吃烤肉串,电影和肉串都是我和小伙伴的最爱。

又到了一天总结的环节,老师说:"要按时认真完成每一天的任务。"好快呀,我还想继续体验今天的活动。

第三天

直接参与,亲身体验,获得经验……这就是我们最喜爱的学习方式!

研学第三天,带上水壶、涂上防晒霜、戴上围脖面罩、穿上防晒服,开始今天的旅程。老师说:"先学会照顾自己,对自己负责才能对社会负责。"

我是小小公益人,开启沙漠治理科学研究,了解草方格防风固沙原理,制作草方格,为沙漠生态贡献自己的力量。我更爱大自然了。

沿着大大小小的脚印、探索沙漠的宝藏,寻找珊瑚化石、抓蜥蜴、学会解决问题。

骑骆驼、沙滩摩托车、滑沙,又是一场沙漠"盛宴"。我和小伙伴疯狂地嬉戏、疯狂地游玩,腾格里沙漠,孩子们的乐园,我来了就不想走……

晚上的篝火晚会,分享沙漠研学的体验、感受体验的快乐!

第四天

沙漠里没有电子游戏,没有家人过多的呵护,没有便利的条件,只是一次次地尝试与体验,我们学会挑战、学会勇敢、学会坚持,完成了一件又一件自己认为不可能的事情,我终于相信"我,一定行!"。

早起,看日出,到山顶集合,我看到了美丽的日出。

带上水壶、涂上防晒霜、戴上围脖面罩、穿上防晒服,开启了10公里的沙漠毅行。老师说:"慢一点没关系,只要我们有勇气,能坚持,一定能到达目的地"。途中感觉很累,想到园长妈妈的话,"我,一定行!",坚持,一定要坚持。经过长途跋涉,克服种种困难,我们终于到达目的地。

到牧民家做客,体验不一样的风情,喝奶茶、尝青稞、献哈达,叔叔阿姨很热情。

今天,我努力了,我收获了,我习得了坚韧不拔的毅力。

第五天

就要返程了,吃完早餐,开始清理自己的物品,在老师的提醒下,我对照自己的清单,按清单把物品一件件装进行李箱里,老师说这叫清单式管理。

五天四夜的研学旅程即将结束,我很舍不得离开,我喜欢沙漠,喜欢这里的活动,喜欢这里的美食,有机会,我要邀约上小伙伴再来一次,我还要邀请我的爸爸妈妈一起来玩。

我想对我的小伙伴说:"沙漠可好玩了,你们一定要去哦!"

我想对我的老师说:"我长大了,我已经变得很能干了,我,一定行!"

我想对爸爸妈妈说:"我是你们的寄托和希望,总有一天,我要独自去闯荡,请你们早一点放手,让我们习得更多的本领!"

附件10

腾格里沙漠研学活动发朋友圈文稿

"读万卷书、行万里路",用研学的角度丈量世界的宽度——阳光幼儿园腾格里沙漠研学之旅

第一天

小小的我们,开启了人生的第一次独自旅行,学会独立,挑战自我。五天四夜的腾格里沙漠研学,让我们走进更丰富的自然学堂。

第二天

学会独立,学会整理,学会观察,学会思考,学会按要求完成任务对于即将上小学的我很重要……

第三天

直接参与,亲身体验,获得经验……这就是我们最喜爱的学习方式!喜爱就会主动参与。

第四天

沙漠里没有游戏,没有过多的呵护,没有便利的条件,只是一次次地尝试与体验,我们学会挑战、学会勇敢、学会坚持,完成了一件又一件自己认为不可能的事情,我终于相信"我,一定行!"。

第五天

腾格里沙漠研学活动结束了,五天四夜的体验、让我不断地成长。我有了新的梦想、新的目标。感谢您!看见我的成长!

附件11

腾格里沙漠研学活动致家长书
(活动结束返程前给家长的温馨提示)

尊敬的家长朋友您好!

此时此刻,您的心情一定很激动,您就要和孩子见面了。请您于下午5:30到幼儿园接孩子。通过研学,孩子收获很大。相信这是他们人生中极有意义的事情,更是一次难得的成长经历。

我们坚信,最好的教育在路上!研学之旅,能让孩子积累更多的经验,激发孩子的内生动力。

孩子学会独立、学会分享、学会挑战、学会坚强、学会总结、学会反思……在此,感谢您的信任、感谢您坚定的支持!

活动圆满结束,让成长继续,请您为孩子准备一次隆重的研学分享仪式,邀请家人聆听孩子的心声,分享他的趣事,见证他的成长,让此次研学旅程成为他人生之路的幸福源泉。

我们精心为孩子准备了一份研学作业单,请您根据作业单的内容,由孩子口述,您做简单的整理记录,五一返园后,让他和幼儿园同伴分享,让快乐继续……让能力得到进一步提升!

感谢您的配合与支持!

园长:

附件12

沙漠研学亲子作业单

姓名:_____ 年龄:_____ 我的沙漠研学之旅 时间:2024.4.25—4.29

研学地		美食		交通工具
到过哪些地方?	看到了什么?什么是自己从来没有见过的?	吃过哪些美食?		坐过哪些交通工具?
学到了什么?	是什么样的心情?	有哪些是自己没有吃过的?	最喜欢吃哪种美食?	哪些是自己之前没有体验过的?有什么感觉?

续表

活动	最深刻的事	最有趣的事	你还想来吗?
参加过哪些活动?	自己印象最深刻的是哪一件事?	活动中最有趣的事情是?	你想对爸爸妈妈或小伙伴说点什么?
之前哪些活动从未体验过?			
最喜欢哪一项活动?			

附件 13

活动总结

一、成效总结

本次腾格里沙漠研学活动成功推进了我园的体验课程实践,显著提升了幼儿的综合能力,包括社交、适应、解决问题等多方面技能。同时,活动增强了家长对幼儿园的信任与满意度,有效提升了幼儿园的社会知名度和品牌形象。此外,活动方案的实施与反馈为后续的活动策划与组织提供了宝贵的经验,进一步细化了活动流程与细节管理。

二、亮点分析

活动形式新颖多样,为幼儿提供了丰富而独特的体验机会,如乘坐驴车、驾驶摩托车(在成人监护下)、挖野菜、制作泥砖、滑沙、骑骆驼等,这些活动极大地拓宽了幼儿的视野,深化了他们与自我、大自然及社会的联系,促进了其全面发展。

三、不足之处

(一)前期筹备不足

活动方案的撰写缺乏详尽性,人员分工与时间推进计划不够细致,导致活动执行过程中存在一定的混乱。

(二)宣传效果欠佳

前期宣传材料(如宣传片)的吸引力不足,未能充分激发家长与孩子的兴趣,导致参与人数未达预期。

(三)执行不力

研学过程中,部分相关人员未严格按照活动要求执行,影响了活动的整体效果。

(四)沟通不畅

与研学基地的沟通不充分,导致时间安排不合理,5天4夜的活动周期显得紧凑,未能充分展开各项活动。

四、未来规划

针对以上问题,我们将采取以下措施进行改进:

1. 加强前期筹备工作,细化活动方案,明确人员分工与时间节点,确保活动有序进行。

2. 提升宣传材料的制作水平,增强吸引力,扩大宣传范围,提高参与率。

3. 强化活动执行力度,确保相关人员严格按照活动要求执行,提升活动质量。

4. 加强与研学基地的沟通与合作,合理安排活动时间,确保活动内容丰富且时间充裕。

此外,我们计划于六月份再次组织一次研学活动,充分利用前期经验,力求活动更加完善、精彩。

"田间地头博物学"亲子农耕活动方案

一、活动背景

孩子的成长需要建立和大自然的链接,作为生长在城市的孩子,接触大自然的机会较少,为了更好地让孩子亲近大自然,探索大自然,喜爱大自然,结合幼儿园园本体验课程,特开展"田间地头博物学"亲子农耕活动。

二、活动主题

田间地头博物学

三、活动时间

2024年5月18—19日

四、活动目标

1. 以田间地头劳作体验为主线,穿插多元趣味的田地游戏体验,让孩子充分体验乡村的趣味生活。

2. 孩子们将体验不同的劳动场景,挣取工分;"一分耕耘,一分收获"让孩子们不仅仅深刻体验到农业生产的重要性和不易,也能亲身体会到"按劳分配、多劳多得"的理念。

3. 让孩子了解粮食危机,从而养成珍惜粮食的良好习惯。

五、参与人员

幼儿、家长、全体教职工

六、活动准备

(一)人员准备

成立活动组织策划组、安全领导小组、带队领导小组、宣传联络领导小组。

(二)物资准备

横幅(阳光幼儿园"田间地头博物学"亲子农耕活动)、摄影器材、必备药品、幼儿及家长名单、物品清单、宣传文稿。

七、活动内容

(一)瓜田劳作

西瓜田里,跟随农民伯伯的指导和教授,掌握田地的养护方法,扎进瓜田除草、除虫、浇水,以及收获甜瓜。

(二)护蛋行动

种植与养殖的立体结合,完美的大地课堂,在这里,孩子们将了解学习"循环生态"知识,了解大自然奇妙的"能量转化"。同时,这里住着许多鸡妈妈,当然就有好多的蛋宝宝,按照每日的捡蛋劳作任务,搜罗林中的鸡蛋,挣取工分。

(三)玩水大作战

准备好孩子们最喜欢的泡泡和水枪,孩子们换上泳衣戴上泳镜,一场草坪水战即刻打响。

(四)荧光电影院

宁静惬意的夜晚,和小伙伴们一起享受下午劳作后收获生态瓜的甜蜜,来一场吃西瓜比赛,看一场坝坝电影。

(五)稻田狂想曲

孩子们将在2米高的巨型水稻田,实现袁隆平爷爷的"禾下乘凉梦"。孩子们通过之前的插秧活动认识秧苗,通过收割认识成熟的稻谷。但在成长期的水稻很少见到。5月,正是禾苗疯狂生长的阶段,通过这次的活动,让孩子了解水稻的前世今生,了解中国育种工作的艰辛历史,了解世界的粮食危机。不仅仅培养孩子"珍惜粮食"的好习惯,更通过一粒粒小小的水稻,树立孩子正确的价值观和世界观。更有稻田迷宫穿越和稻田抓鱼,让孩子体验乡村少年的快乐。

八、活动安排

序号	时间安排	内容	负责人	备注
		第一天		
1	9:45—10:00	1.现场签到,贴姓名帖 2.整队集合,等候乘车	业务园长	
2	10:00—11:30	乘坐大巴前往营地	后勤园长	
3	11:30—11:50	1.如厕,集合 2.分组,分配领队教练	各班教师	
4	11:50—12:30	1.游戏分房 2.入住房车或帐篷屋	后勤园长	
5	12:30—13:30	组织幼儿用餐	后勤园长	
6	13:30—14:30	休息室休息	各班教师	
7	14:30—15:30	1.西瓜的生长 2.瓜田护理小课堂 3.工分挣取法则 4.瓜田劳作	活动方	
8	15:30—16:30	1."循环生态"了解 2.领取护蛋任务 3.林中捡蛋	活动方	
9	16:30—17:30	1.更换泳衣 2.泡泡大战 3.水枪大战	各班教师	
10	17:30—18:00	1.清洗 2.更换干净衣物	各班保育员	

续表

序号	时间安排	内容	负责人	备注
11	18:00—19:00	组织幼儿用餐	后勤园长	
12	19:00—21:00	观看电影	保教主任	
13	21:00—21:30	1.洗漱 2.陪伴就寝	各班教师	
		第二天		
14	7:00—7:40	穿好衣物、整理床铺	各班教师	
15	7:40—8:00	指导幼儿有序洗漱	各班教师	
16	8:00—8:30	1.指导幼儿整理自己的行李 2.检查是否遗漏	各班教师	
17	8:30—9:00	组织幼儿吃自助餐	各班教师	
18	9:00—9:20	1.如厕、集合 2.对孩子们进行分组	各班教师	
19	9:30—11:30	1.水稻耕种小课堂 2.水稻迷宫 3.稻田摸鱼	活动方	
20	11:30—12:00	1.清洗 2.更换干净衣物	各班保育员	
21	12:00—13:00	组织幼儿用餐	各班教师	
22	13:00—13:20	组织幼儿如厕、集合	各班教师	
23	13:30—15:30	整队集合,有序返回	后勤园长	

九、活动要求

(一)提高认识

全体教职员工高度重视,充分理解此次活动的意义,园长为第一责任人,副园长为具体负责人,全体教职工积极接受任务、全力支持配合。

(二)完善预案

做好各项安全措施和安全预案,确保每一个环节的安全,特别是带队出行的老师,在保证自身安全的前提下,全力保障好每一位出行幼儿的安全。

(三)加强宣传

各班级要注意收集每日活动中每一位孩子的活动图片,行程结束返园后,特别是文稿的撰写,要突出活动的目的和意义,让家长感受到活动对孩子的发展价值。

附件1

"田间地头博物学"亲子农耕活动应急预案

一、总则

(一)目的与意义

为确保阳光幼儿园"田间地头博物学"亲子农耕活动安全、有序进行,充分保障参与活动的师生及家长的生命安全和身体健康,有效预防并妥善应对可能发生的突发事件,特制订本应急预案。

(二)适用范围

本预案适用于阳光幼儿园"田间地头博物学"亲子农耕活动,详细描述了针对各类突发事件可采取的应急处置措施。

二、应急组织机构及职责

(一)应急指挥小组

组长:园长

副组长:业务园长、后勤园长

成员:各班级教师、保育员、安全管理人员

职责:全面负责活动的应急指挥工作,包括制订应急处置方案、组织协调各部门开展应急救援、监督执行情况等。

(二)抢险救援组

组长:后勤园长

副组长:后勤主任

成员:安保人员、急救人员

职责:在突发事件发生时,迅速组织抢险救援工作,解救受困师生及家长,控制事态发展。

(三)后勤保障组

组长:后勤主任

成员:后勤人员、物资管理人员

职责:负责提供应急救援所需的物资和设备,确保救援工作顺利进行;同时,负责活动现场的安全检查和设施维护。

(四)通信联络组

组长:业务园长

副组长:保教主任

成员:办公室人员、信息管理人员

职责:负责与相关部门和单位保持联系,及时通报突发事件的情况,协调各方力量参与应急救援工作;同时,负责活动期间的信息收集和发布。

三、应急事故处理及措施

（一）突发疾病

若有师生或家长在活动中突发疾病，现场工作人员应立即通知保健医进行现场初步救治。

根据病情严重程度，决定是否拨打120急救电话，并在等待救援过程中采取必要的急救措施。迅速向应急指挥小组报告情况，同时通知患者家属或家长，保持沟通顺畅。

（二）意外伤害

若有师生及家长在活动中发生意外伤害，如摔伤、扭伤等，现场工作人员应立即进行初步处理，如止血、包扎等。若伤势较重，应立即送往附近医院进行救治，并确保受伤人员得到妥善安置。迅速查明事故原因，向应急指挥小组报告情况，并采取措施防止事态发展。

（三）其他应急措施

在活动过程中，若遇到恶劣天气、设备故障等可能影响活动安全的情况，应立即启动相应的应急预案，确保人员安全。加强活动现场的安全巡查和监控，及时发现并处理潜在的安全隐患。建立有效的信息沟通机制，确保活动期间的信息传递畅通无阻。

附件2

"田间地头博物学"亲子农耕活动作业单

亲子农耕活动	最深刻的事	最有趣的事	你还想来吗？
参加过哪些活动？ 之前哪些活动从未体验过？ 最喜欢哪一项活动？	自己印象最深刻的是哪一件事？	活动中最有趣的事情是？	还希望再次参加这样的活动吗？ 如想：为什么想参加？ 如不想：为什么不想参加？

"走进自然·感受春天"亲子踏青活动方案

一、活动背景

让幼儿感受春天的气息,体验万物复苏的春天的季节变化,发现春天的美景,亲近自然、热爱自然、体验徒步旅行的乐趣,感受人与自然的和谐之美。

二、活动主题

走进自然·感受春天

三、活动时间

2023年4月16日

四、活动目标

1.让幼儿走进自然、亲近自然、感受春天的美景,在与大自然的接触中感受人与自然的和谐之美。

2.在互动游戏活动中,促进师生情感与亲子情感。

3.鼓励幼儿主动参与活动,促进幼儿交往能力的发展。

4.激发幼儿热爱大自然的情感,增强环保意识。

五、活动对象

全园幼儿、家长、教职工

六、活动准备

(一)人员准备

活动领导小组

组长:园长,负责活动总策划。

副组长:业务园长,负责方案撰写;后勤园长,负责物资准备、安全保障。

成员:幼儿园教师、保育员、后勤人员,负责按活动要求组织本班幼儿参与活动、关注幼儿安全、完成各项任务。

(二)物资准备

1.幼儿园准备:音响设备、照相设备、安全员牌子、医疗救急设备。

2.班级准备:扩音器、花名册、签到表、笔、小奖品、速写板、勾线笔、水彩笔。

(三)活动前期准备及时间安排

序号	内容	负责人	完成时间	备注
1	撰写活动总方案	业务园长	2023.4.10	
2	各班级游戏活动方案	各班班主任	2023.4.10	
3	发放活动通知	各班班主任	2023.4.10	
4	完善班级活动物资	各班班主任	2023.4.12	

续表

序号	内容	负责人	完成时间	备注
5	完善幼儿园急用及医疗救急物资	后勤园长	2023.4.12	
6	完善活动音乐	各班班主任	2023.4.12	
7	完成活动主持词	主持教师	2023.4.12	
8	完成活动开场音乐	主持教师	2023.4.12	
9	召开班级家长会	各班教师	2023.4.15	
10	活动前检查	园长	2023.4.15	

七、活动流程

	活动时间	活动内容	负责人	备注
1	8:40—9:00	公园门口集合、签到	各班班主任	
2	9:00—9:05	主持人上场介绍活动意义	主持教师	
3	9:05—9:10	集体律动	业务园长	
4	9:10—9:15	园长致辞	园长	
5	9:15—9:18	主持人讲解活动注意事项	主持人	
6	9:20—10:20	寻宝游戏	各班教师	
7	10:20—11.20	班级亲子游戏	各班班主任	
8	11:20—11:55	各班级合影	各班班主任	
9	11:55—12:20	活动结束、签退	各班班主任	

附件

"走进自然·感受春天"亲子踏春活动应急预案

为了让幼儿感受春天的气息,体验万物复苏的春天的季节变化,发现春天的美景,亲近自然、热爱自然,体验徒步旅行的乐趣,感受人与自然的和谐之美,特开展"走进自然·感受春天"亲子踏青活动。为确保活动安全有序进行,特制订本应急预案。

一、安全组织架构

安保组长:园长,负责活动总指挥。
安保副组长:后勤园长,负责制订安全预案、准备安全应急物资。

安保组成员:安全员、各班班主任,负责活动全过程幼儿及师生安全。

二、应急事故处理及措施

(一)交通安全

所有师生必须遵守交通规则,统一行动,不得擅自离队。

出发前,带队教师应向幼儿强调交通安全注意事项,并引导幼儿走人行道。

出发前及到达目的地后,各班班主任需清点人数,确保幼儿不掉队,不走失。

(二)后勤保障

活动现场应配备必要的医疗急救设备和药品,以应对可能发生的突发疾病或受伤情况。一旦发生,应立即进行现场处理,并视情况联系医疗机构进行进一步救治。

后勤人员负责春游活动现场的安全管理,确保活动场地、设施等符合安全要求。在活动过程中,应不断巡查,及时发现并消除安全隐患。

(三)突发情况处理

如遇交通事故,班主任老师应首先记录肇事车辆信息(车型、车牌、颜色),并立即拨打110报警电话,同时向随行领导报告事故地点及详细情况。在等待救援过程中,应安抚幼儿情绪,确保幼儿安全。

在活动中,如幼儿出现摔伤、扭伤、撞伤或突发疾病,带队教师应立即通知随行领导,并及时进行现场处理。若伤害较大,应立即送往附近医院进行救治。同时,其他教师应迅速将其他幼儿转移到安全地带,避免二次伤害。

如遇幼儿走失,带队老师应保持冷静,立即报告领导并拨打110报警。同时,组织人员沿幼儿可能走失的路线进行寻找,确保幼儿尽快找回。

在发生突发事件时,带队老师应始终站在幼儿前方,保护幼儿免受任何人身攻击或其他伤害。同时,要保持与幼儿的沟通,稳定幼儿情绪,确保幼儿安全。

三、其他注意事项

在活动过程中,教师应密切关注幼儿的身体状况和心理变化,确保每位幼儿都能享受到活动的乐趣。

活动结束后,各班班主任应组织幼儿有序返回,并再次清点人数,确保每位幼儿都安全返回。

通过以上应急预案的制订和执行,确保"走进自然·感受春天"亲子踏青活动的安全有序进行,让幼儿在快乐中感受春天的美好。

"我是小小兵"亲子运动会活动方案

一、活动背景

运动对于幼儿身体发育、体质增强具有极其重要的作用。它不仅能提高幼儿的协调性和平衡感,还能培养其勇敢、坚毅等品质,让幼儿受益终身。为此,我园特举办以"我是小小兵"为主题的秋季运动会。

二、活动时间

2022年10月25日上午9:00—11:20

三、活动目标

1.激发幼儿参加体育活动的积极性,使其通过个人努力完成比赛,体验成功的快乐。
2.培养幼儿对祖国的热爱之情,使其以独特的方式表达对军人的敬爱。
3.让幼儿感受军人坚强勇敢的品质。
4.通过活动,培养幼儿的运动兴趣,使其养成爱运动的好习惯。

四、参与人员

全园幼儿、家长、教职工

五、活动准备及具体安排

(一)人员准备

活动领导小组

组长:园长,负责活动总策划。

副组长:业务园长,负责方案撰写;后勤园长,负责物资准备及安全保障。

成员:幼儿园教师、保育员、后勤人员,负责按活动要求组织本班幼儿参与活动,关注幼儿安全,完成各项任务。

(二)物资准备

横幅、背景板、音响设备、音乐、礼品(国旗徽章)、彩旗、口哨、幼儿奖状、警戒线。

(三)其他准备

提前联系并邀请1名警官参与活动。

撰写并发放邀请函,邀请家长和嘉宾参加。

制订物资准备清单及完成时间表:

序号	内容	负责人	完成时间	备注
1	撰写活动方案	业务园长	2022.10.8	
2	联系并确定活动场地	后勤园长	2022.10.10	
3	排练合唱歌曲(幼儿及家长)	业务园长	2022.10.10	
4	完成横幅、活动背景内容制作	后勤园长	2022.10.15	
5	召开家委会会议	家委会	2022.10.15	
6	确定班级口号、活动项目	业务园长	2022.10.15	
7	购买彩旗20包	后勤园长	2022.10.18	
8	购买教师迷彩服	后勤园长	2022.10.18	

续表

序号	内容	负责人	完成时间	备注
9	购买口哨、幼儿奖状、警戒线	班主任	2022.10.18	
10	购买礼品(国旗徽章)	后勤园长	2022.10.20	
11	购买幼儿迷彩服	班主任	2022.10.20	
12	排练出场式	班主任	2022.10.20	
13	第一次彩排	业务园长	2022.10.20	
14	完善音响设备、准备音乐	后勤教职工	2022.10.22	
15	制作号码牌	后勤教职工	2022.10.22	
16	制作家长代表工作牌	后勤教职工	2022.10.22	
17	第二次彩排	业务园长	2022.10.23	
18	召开安全员会议	保安、班级教师	2022.10.23	
19	确定活动主持人(教师、警官各1人)	明明老师、张教官	2022.10.23	
20	确定摄像组成员	家委会	2022.10.23	
21	确定撰写活动简报人员	业务园长	2022.10.23	
22	选出运动员代表宣誓	业务园长	2022.10.23	
23	全园教唱《红星闪闪》	教研组长	2022.10.23	
24	全园学习敬军礼、宣誓词	园长	2022.10.23	
25	彩排舞蹈	业务园长	2022.10.23	
26	联系军人嘉宾	业务园长	2022.10.23	

六、活动流程

(一)开幕式(30分钟)

(出场仪式:国旗队、园旗队、乐队、各班级做好准备)

1.主持人开场致辞。

2.升国旗、唱国歌。

3.园长致欢迎辞。

4.武警官兵军姿表演。

5.孩子和家长一起学习跨立、敬礼、原地踏步走等动作(5分钟)。

6. 为武警官兵献花环。

7. 欣赏教师舞蹈《士兵小唱》(4分钟)。

8. 全园大合唱《红星闪闪》(4分钟)。

9. 运动员代表宣誓;教师代表宣誓(2分钟)。

10. 主持人宣布运动会开始。

(二)运动会(90分钟)

1. 地点:足球场。

对象:大班幼儿。

活动准备:音响话筒、游戏物资。

裁判:每班一个家委会代表交换班级担任。

活动项目:

(1)匍匐前进(运送"炸药包")。

(2)摩托飞艇("亿童蛋壳器"6个)。

(3)铁甲战车(轮胎)(游戏2和游戏3可任选其一)。

比赛规则:以班级为单位,人数不足的班级补差,用最短的时间到达目的地的班级为胜;并评出每个游戏的第一、第二、第三名。

2. 地点:幼儿园操场。

对象:小班幼儿。

活动准备:游戏物资、音响、话筒。

裁判:每班一个家委代表交换班级担任。

活动项目:

(1)蜘蛛达人(孩子在家长身上,家长手脚并用奋力前行)。

(2)滑溜布游戏(迷彩布)。

比赛规则:以班级为单位,2个班同时进行,人数不足的班级补差,用最短的时间到达目的地的班级为胜;并评出每个项目的第一、第二、第三名。

3. 地点:幼儿园操场。

对象:小班幼儿。

活动准备:游戏物资、音响话筒。

活动项目:

翻越丛林利用园所可利用的道具,包括走、跑、跳、攀爬等内容排列成大循环的形式。

比赛规则:三个班派家委代表以石头剪刀布的方式决定先后顺序,然后同时进行翻越,最早到达目的地的班级获胜;并评出第一、第二、第三名。

(三)闭幕式(20分钟)

1. 主持人简单总结,肯定大家的积极参与和付出。

2. 颁奖仪式(颁发项目奖项、光荣徽章、幼儿奖状)。

3. 主持人宣布运动会正式结束,班级合影。

4. 活动结束,全员安全回家,园内收拾整理。

附件

"我是小小兵"亲子运动会活动安全预案

一、活动概述

活动名称:"我是小小兵"亲子运动会

活动时间:2022年10月25日上午9:00—11:20

活动地点:幼儿园足球场及操场

参与人员:全园幼儿、家长、教职工

二、安全目标

提供安全、有序的活动环境,及时应对突发状况,保障人员安全,确保活动全程无安全事故发生。

三、安全组织架构与职责

组长:园长,负责活动总策划及安全总监督。

副组长:业务园长,负责活动方案的撰写及安全措施的落实;后勤园长,负责物资准备及场地安全布置。

成员:幼儿园教师、保育员、后勤人员,负责活动现场幼儿的安全监护及秩序维护;保安,负责活动现场的安全巡逻及突发状况处理。

四、安全措施

(一)安全教育

活动前对家长和幼儿进行安全教育,强调活动规则和注意事项。教授幼儿基本的自救和互救技能,如跌倒后如何自我保护、遇到危险如何呼救等。

(二)场地安全

提前检查足球场及操场地面是否平整,有无尖锐物品。设置警戒线,确保活动区域与观众区域分隔明确。在活动开始前,对场地进行彻底清扫,确保无安全隐患。

(三)设备安全

音响设备、话筒等提前调试,确保使用正常。游戏物资如"炸药包"、"轮胎"等需提前检查,确保无损坏、无尖锐边缘。滑溜布等游戏设备须固定,防止滑落或断裂。

(四)人员安全

所有参与活动的人员须穿着统一服装(迷彩服),便于识别和管理。幼儿在活动过程中须有家长或教师陪同,确保不离开视线范围。

(五)应急准备

提前联系一名警官,确保活动现场有专业安保力量。准备急救箱,包含常用急救药品和器材,如创可贴、消毒液、止血带等。设立临时医疗点,由具有急救知识的医生或家长负责。制订应急预案,内容包括火灾、人员受伤等突发状况的应对措施。

五、安全流程

(一)活动前准备

1. 召开安全小组会议,明确各成员职责。
2. 检查场地、设备、物资等是否准备齐全且符合安全要求。
3. 对家长和幼儿进行安全教育,发放安全须知手册。

(二)活动进行中

1. 教师及保育员全程陪同幼儿,确保活动安全有序进行。
2. 保安巡逻检查,及时发现并处理安全隐患。
3. 主持人及教师密切关注活动进展,及时提醒家长和幼儿遵守规则。

(三)活动结束后

1. 清理活动现场,确保无遗漏物品和安全隐患。
2. 对活动进行总结,评估安全措施的执行效果。
3. 向家长和幼儿逐一道别,并让其签到退场。

六、应急处理

(一)人员受伤

立即将受伤人员送往临时医疗点进行初步处理。如有需要,及时拨打120急救电话,并通知园长和家长。记录受伤情况,做好后续跟踪和关怀工作。

(二)设备故障

立即停止使用该设备,确保人员安全。查找故障原因,及时修复或更换设备。如有需要,调整活动项目,确保活动顺利进行。

(三)突发状况

保持冷静,迅速启动应急预案。根据突发状况的性质和严重程度,采取相应的应对措施。及时通知园长和相关部门,确保信息畅通。

七、总结与反馈

对活动安全预案的执行情况进行总结,评估其有效性和不足之处。

收集家长和幼儿的反馈意见,了解他们对活动安全措施的满意度和建议。

根据总结和反馈结果,对安全预案进行完善和优化,为下次活动提供参考。

"致敬城市救援英雄"
走进消防队社会实践活动方案

一、活动背景

消防员在幼儿心中是一种神圣的职业,孩子们对消防员充满了好奇。为了让孩子们近距离接触消防员,了解消防车和消防服,认识了不起的"城市救援英雄",特制订本方案,以培养幼儿对消防员的崇敬之情以及学习并掌握基本的消防知识和自我保护的能力。

二、活动主题

致敬城市救援英雄

三、活动时间

2023年11月9日上午7:00开始

四、活动目标

1.组织幼儿参观消防队,通过观察、互动等形式帮助幼儿了解消防员的工作性质、消防车的作用。

2.让幼儿知道火灾带来的危害,了解火灾自救的简单知识。

3.培养幼儿尊敬消防员的情感,激发幼儿的消防意识,使其懂得火灾给人类带来的危害,从而学会保护自己。

五、活动对象

大班教师、大班幼儿、全体行政及后勤人员

六、活动准备

(一)人员准备

成立活动领导小组,明确职责分工:

组长:后勤园长,负责统筹策划、安排、与消防队的联络。

副组长:后勤主任,负责撰写方案、准备物资、安排路线。

副组长:办公室主任,负责拍照、宣传。

成员:大班的所有教师、保育员,根据活动流程组织本班幼儿积极参与,关注幼儿情绪及安全,以及处理其他需要完成的事项。

(二)物资准备

横幅、扩音器、音响设备、照相器材、幼儿自制卡片(送消防队员)。

七、活动要求

1.全体领导组成员高度重视,根据分工高质量完成任务。

2.全体参与人员要把幼儿的安全放在首要位置,制订安全预案,明确安全责任,落实安全措施,加强安全防范,确保活动安全有序,避免安全事故的发生。

3.加强宣传,此次活动也是幼儿园对外宣传的契机,所有工作人员要注意自身形象,同时关注、关爱每一位幼儿。办公室主任要全程拍照,待活动结束后及时做好相关宣传。

4.活动当日教师、幼儿统一穿园服。

八、活动流程

序号	活动时间	活动内容	负责人	备注
1	7:00—7:10	幼儿园大厅集合	班级教师	
2	7:10—7:15	清点人数、上报人数	班级教师	

续表

序号	活动时间	活动内容	负责人	备注
3	7:15—7:45	徒步到消防大队	班级教师	
4	7:50	到达消防队门口	班级教师	
5	7:50—8:15	整理、如厕、分组	班级教室	
6	8:15—8:45	分组参观	班级教师	
7	8:45—9:00	听消防员讲解	消防员	
8	9:15—9:45	体验穿消防服	班级教师	
9	9:45—10:00	听消防员讲解云车	消防员	
10	10:00—10:30	体验云车	班级教师	
11	10:30—10:45	给消防员送自制卡片	班级教师	
12	10:45—11:00	合影留念	办公室主任	
13	11:00—11:05	道别、离开	后勤园长	
14	11:05—11:40	徒步回园	班级教师	
15	11:40—11:45	幼儿园集合	后勤园长	
16	15:00—15:30	活动延伸(组织幼儿讨论)	班级教师	

附件1

"致敬城市救援英雄"走进消防队社会实践活动应急预案

一、活动目的

通过组织幼儿走进消防大队,近距离接触消防队员、了解消防车和消防服,旨在培养幼儿对消防员的崇敬之情,同时让幼儿学习并掌握基本的消防知识,从而提升自我保护能力。

二、组建安全工作小组,明确职责分工

组长:后勤园长,负责活动总指挥。
副组长:办公室主任,负责制订安全预案及监督执行。
成员:安全员、各班班主任,负责活动全过程幼儿的安全。

三、应急事故处理及措施

(一)交通安全

师生应严格遵守交通规则,统一行动,不得擅自离队。出发前,后勤园长应向幼儿详

细讲解路途中的安全注意事项,提醒幼儿注意交通安全。出发前及到达目的地后,各班班主任须清点人数,确保每位幼儿安全到位。

(二)后勤保障工作

配备专业的医疗急救设备和药品,以应对可能发生的突发疾病情况或受伤情况。一旦发生,应立即进行现场处理,并视情况联系医疗机构进行进一步救治。

提前对活动场地进行踩点,确保场地、设施等符合安全要求。同时,设置明显的安全警示标志,及时发现并消除安全隐患。

(三)突发情况处置

1.交通事故处置:

如遇交通事故,班主任老师应首先记录肇事车辆信息(车型、车牌、颜色),并立即拨打122(交警)报警电话。同时,向随行领导报告出事地点及详细情况,等待救援。在等待过程中,应安抚幼儿情绪,确保幼儿安全。

2.意外伤害处置:

在活动中,如幼儿出现摔伤、扭伤、撞伤或突发疾病,带队教师应立即通知随行领导,并及时进行现场处理。

3.幼儿走失处置:

如遇幼儿走失,带队老师应保持冷静,立即报告领导并拨打110报警。组织人员沿幼儿可能走失的路线进行寻找,同时利用广播、社交媒体等方式发布寻人信息。找到幼儿后,对其进行安抚并检查身体状况。

4.突发事件处置:

发生突发事件时,带队老师应始终站在幼儿身前,保护幼儿免受任何人身攻击或其他伤害。同时,保持与幼儿的沟通,稳定幼儿情绪,确保幼儿安全。

四、其他注意事项

1.活动过程中,教师应密切关注幼儿的身体状况和心理变化,确保每位幼儿都能享受到运动的乐趣。

2.活动结束后,各班班主任应组织幼儿有序返回,并再次清点人数,确保每位幼儿都安全返回。

3.对活动过程中发现的安全隐患和问题进行总结分析,提出改进措施,为今后的活动提供参考。

附件2

"致敬城市救援英雄"
走进消防队社会实践活动总结

"消防员"这一职业是幼儿最感兴趣的职业之一,在幼儿的眼中,消防员会救人、救火,是无所不能的超级英雄。带着对消防员的崇敬之情,带着对消防大队的好奇心和探究欲,2023年11月9日,阳光幼儿园大班的幼儿走进消防大队,与消防员叔叔进行了一次零距离接触,感受消防员的风采!

走进消防大队,消防员叔叔热情、耐心地带领着幼儿认识装备,让幼儿实地了解各种消防工具的功能及使用方法。幼儿近距离参观消防车上的设备;乘坐消防车,亲身体验了消防员叔叔出警时的感觉,感叹叔叔们真是太帅了!接着,幼儿参观了消防员叔叔的内务室,叔叔们展示了整理被褥的功力,被子在他们的手里,变得有棱有角,特别整齐。

消防员叔叔还向幼儿展示了他们过硬的基本功:攀云梯,爬绳索。让幼儿感受到消防员的勇敢和坚毅。随后,在消防员叔叔的指导帮助下,每名幼儿都参与体验了一下他们训练的内容。

回到幼儿园,幼儿还兴奋不已,纷纷表示要向消防员叔叔学习,学习他们不怕困难,坚持训练的毅力;学习他们为了人民的生命财产安全不怕牺牲的精神。孩子们用图画、手工、剪纸等等方式,创作出一幅幅致敬城市英雄的作品,表达了孩子们的敬仰之情。

附件3

"致敬城市救援英雄"
走进消防队社会实践活动幼儿园通知

尊敬的大班家长朋友:

您好!

在孩子的心目中,拉着警笛呼啸而过的消防车,是和工程车、飞机、火箭一样神秘有趣的车辆。身着制服能拿"水枪"灭火的消防员叔叔,是特别厉害勇敢的人!

为了让孩子们近距离地接触消防队员、认识消防车和消防服的用途,体会消防队员的辛苦,从而丰富幼儿的消防知识,使其掌握自我保护的能力。幼儿园将在本周四(2023年11月9日)开展走进消防大队的体验活动,请你们务必提醒孩子穿园服,并于当日上午7:00以前送孩子入园。

阳光幼儿园
2023年11月6日

第三节 幼儿节日庆典活动

在欢声笑语中,节日如同一把神奇的钥匙,轻轻开启幼儿心灵之门。阳光幼儿园匠心独运,精心筹备了"喜迎龙年,'庙'趣横生"与"告白亲爱的妈妈"等一系列庆典活动。我们以节日为桥梁,让幼儿在欢乐的氛围中感受传统文化的魅力,学会从传统节日中领悟生活乐趣,培养积极向上、热爱生活的美好品质。

"喜迎龙年,'庙'趣横生"主题活动方案

一、活动背景

2023年即将在孩子们的欢笑声中结束,2024年的幸福钟声也即将敲响,为了让孩子们更好地了解我国传统文化节日,加深对新年的认识和了解,体验新年的民俗风情,感知节日的喜庆,幼儿园特举办"喜迎龙年,'庙'趣横生"亲子主题活动。

二、活动主题

喜迎龙年,"庙"趣横生

三、活动时间

2023年12月29日下午3点

四、活动地点

阳光幼儿园操场

五、活动目标

1.让幼儿和家长体验中国传统节日的愉快氛围,了解元旦节的传统习俗,加深家园情、师生情、亲子情。

2.幼儿通过制作民间手工、参加民间游戏、品尝民间美食等活动,了解中国节日的习俗以及其中蕴含的民族文化,从而激发幼儿对传统文化的了解与热爱,培养他们的民族自信心与自豪感。

3.通过逛庙会,培养幼儿大胆交往、友爱谦让、积极参与、乐于分享的良好品质。

六、活动人员

全体教师、幼儿及家长

七、活动准备

(一)物资准备

1.传统特色小吃:制作爆米花、关东煮、八宝粥、汤圆、糖葫芦、棉花糖、奶茶、热饮等食材。

2.道具、设备:音响、签到笔、签到表。

3.游戏材料:写对联、福字的纸、笔、剪窗花的纸、剪刀,制作贺卡和红包的材料以及套圈和投壶的物品等。

4.奖品:新年小玩偶360个(幼儿总人数)。

(二)环境准备

1.环境布置:大门口拱门、红色气球装饰。一棵大树(树干)装扮成许愿树。幼儿提前在许愿卡上写好自己姓名和愿望,并用红绳把许愿卡拴在许愿树上。

2.场地划分:操场分左右两边,左边布置成"传统小吃街",右边布置成"民俗游乐街"。

3.签到处:设置祈福墙。

4..宣传标语:"喜迎龙年,'庙'趣横生"亲子活动。

5.摊位:做好相应的标识,合理美化摊位。

八、具体活动安排及分工

项目	负责人	活动准备	备注
爆米花	小一班教师(家长志愿者)	1.制订活动规则 2.计划布置摊位和爆米花所需材料及数量	
关东煮	中一班教师(家长志愿者)	1.制订活动规则 2.计划布置摊位和关东煮食材、烹饪工具及数量	
八宝粥	大一班教师(家长志愿者)	1.制订活动规则 2.计划盛八宝粥的餐具数量	
暖冬热饮	大二班教师(家长志愿者)	1.制订活动规则 2.计划盛热饮的纸杯数量	
糖葫芦	中二班教师(家长志愿者)	1.制订活动规则 2.计划制作糖葫芦的材料及数量	
汤圆	小二班教师(家长志愿者)	1.制订活动规则 2.计划汤圆粉、配料及数量	
棉花糖	中三班教师(家长志愿者)	1.制订活动规则 2.计划制作棉花糖的材料及数量	
套圈	小三班教师(家长志愿者)	1.制订游戏规则 2.计划套圈游戏所需物品及数量	
写对联、写福字	大三班教师(家长志愿者)	1.制订写对联、福字规则 2.计划写对联、写福字的纸、笔、墨及数量	
做贺卡、做红包	大三班教师(家长志愿者)	1.制订做贺卡、做红包规则 2.计划制作贺卡、红包所需材料及数量	
剪窗花	大二班教师(家长志愿者)	1.制订剪窗花规则 2.计划剪窗花的纸、剪刀及数量	
投壶	大一班教师(家长志愿者)	1.制订游戏规则 2.计划投壶的道具及数量	
幼儿园环境布置	后勤人员	1.后勤人员负责购买好布置场地所需物品 2.负责统筹安排布置幼儿园环境	

续表

项目	负责人	活动准备	备注
活动宣传	后勤园长、保教主任	1.后勤人员负责活动照相、录像、写宣传报道、发公众号、抖音 2.保教主任负责制作活动邀请函	
其他方面	保健医、保安人员	1.保健医负责园门口家长接待、签到 2.保安负责活动当天的秩序	

九、活动内容

(一)挂许愿卡

各班老师组织幼儿把活动前准备好的许愿卡,挂在幼儿园门口的许愿树上。寓意开启未来之门,成就梦想之路。

(二)新年庙会

幼儿及家长品尝传统小吃,体验民俗游乐项目。家长和幼儿凭参与票到各个活动区域集印章,最后换取相应奖品。

1.传统小吃街。

(1)活动地点:幼儿园操场左边。

(2)设置的摊位:爆米花摊、关东煮摊、热饮摊、糖葫芦摊、棉花糖摊、汤圆摊、八宝粥摊七个摊位。

(3)幼儿及家长凭门票到喜欢的摊位品尝传统小吃并集印章,要求至少集四个印章。

2.民俗游乐街。

(1)活动地点:幼儿园操场右边。

(2)民俗游乐街举办各种传统项目。如剪窗花、做贺卡、做红包、写对联(家长)、写福字、套圈、投壶等。

(3)幼儿和家长参与其中,一起体验传统文化的深厚魅力,凭门票每参加一样集一个印章,要求至少集四个印章。

(三)兑换奖品

幼儿在传统小吃街、民俗游乐街分别集齐四个印章,一共有八个印章,可以兑换一件新年小礼品作为奖励。

十、活动流程

(一)主持人致辞

(二)升旗仪式

伴随着雄壮的运动员进行曲,六名护旗手和两名升旗手迈着稳健的步伐,举着鲜艳的五星红旗走来。全体幼儿、教师及家长立正,奏国歌、升国旗,向国旗行注目礼。

礼毕,升旗手、护旗手归队。

(三)园长致辞

(四)活动开始

1. 主持人宣布,阳光幼儿园"喜迎龙年,'庙'趣横生"新年庙会正式开始!
2. 强调活动秩序,确保活动顺利进行。

十一、应急措施

(一)做好活动组织工作,强化活动纪律,每个活动内容确定负责人,确保每项活动都能安全顺利完成。

(二)前期各班对幼儿进行安全教育,把控游戏活动时间,确保游戏强度适中。强调家长时刻关注幼儿在游戏中的状态,发现异常,及时给予帮助。

(三)活动时,要提醒幼儿安全第一,中途可让幼儿适当休息。

附件1

阳光幼儿园2024年"喜迎龙年,'庙'趣横生"亲子主题活动
邀请函

尊敬的家长朋友们:

您好!

时光荏苒,岁月如梭,转眼间又将迎来新的一年。在这辞旧迎新的美好时刻,我们诚挚地邀请您参加阳光幼儿园2024年元旦庙会活动。本次活动主题为"喜迎龙年,'庙'趣横生",旨在通过庙会这一传统民俗活动,让孩子们在品尝传统小吃、体验民俗游乐项目的同时,感受中华文化的魅力。

活动时间:2023年12月29日下午3点

活动地点:阳光幼儿园操场

期待您在活动当天来园,与孩子共享快乐迎新时光。为了确保活动的顺利进行,请注意以下事项:

1. 请您提前安排好时间,下午2点40分到园签到,确保活动准时开始。
2. 请您为孩子准备冬季园服。
3. 活动当天,请您至始至终陪伴孩子,注意孩子的安全,遵守活动纪律,保持操场卫生,将随身垃圾入筐。

我们期待着与您共同度过一个欢乐、祥和的新年庙会。让我们携手共进,共同为孩子们的成长和未来努力!

谢谢!

阳光幼儿园全体师生敬邀
2023年12月27日

附件2

园长致辞

尊敬的各位家长、亲爱的老师和小朋友们：

大家好！

在这辞旧迎新的美好时刻，我们即将告别充满欢声笑语的2023年，迎来充满希望和喜悦的2024年。为了让孩子更好地了解我国传统文化和节日，感受新年的民俗风情，体验喜庆的节日氛围，我们阳光幼儿园特此举办了"喜迎龙年，'庙'趣横生"亲子主题活动。在此，我代表阳光幼儿园全体教职员工，向拨冗出席本次活动的各位家长表示热烈的欢迎和衷心的感谢！

本次活动的主题是"喜迎龙年，'庙'趣横生"，我们旨在通过一系列丰富多彩的民俗活动，让孩子们在欢乐中领略中国传统文化的魅力，加深对新年的认识和了解。我们精心策划了传统小吃街和民俗游乐街两大板块，让孩子们在品尝美食、参与游戏的过程中，感受传统文化的独特韵味。

今天，我们为孩子准备了丰富多彩的活动，有亲手制作民间手工艺品、贴对联、贴福字、剪窗花等，让孩子们在游戏中体验传统文化的乐趣，培养他们的团队协作能力。设置了许愿树，让孩子们许下心愿，充满期待……这些活动的前期准备离不开幼儿园的全体教职工和家长朋友们的辛勤付出，在此感谢你们的无私奉献，感谢你们的大力支持！

最后，衷心祝愿本次"喜迎龙年，'庙'趣横生"亲子主题活动取得圆满成功！祝愿所有的家长和小朋友们在新的一年里身体健康、万事如意、龙年大吉！

"告白亲爱的妈妈"
三八妇女节主题活动方案

一、活动背景

初春时节，柔风轻拂，我们迎来了充满亲情与温馨的2024年三八妇女节。旨在对幼儿进行感恩教育，让幼儿学会关心与体贴妈妈，激发他们对母亲的深厚情感。同时，通过活动培养幼儿的动手能力，进一步激发他们参与集体活动的热情。

二、活动主题

告白亲爱的妈妈

三、活动时间

2024年3月8日上午9:00—11:00

四、活动地点

幼儿园大班教室

五、活动目标

1.让幼儿了解妈妈、奶奶、外婆的付出，感受她们对家庭的贡献与对自己的关爱，培养幼儿尊敬长辈、关心他人、热爱劳动的良好品质。

2.让幼儿知晓三月八日是妇女节,是妈妈、奶奶等妇女的节日。

3.通过体验活动,让幼儿了解母亲十月怀胎的艰辛,学会爱妈妈、关心妈妈,并懂得感恩。

六、活动人员

大班幼儿及妈妈、大班教师

七、活动准备

(一)物资准备

贺卡制作材料、信封、一次性桌布、奶茶杯、零食、红枣、银耳、冰糖等。

(二)环境准备

在幼儿园家园共育栏和主题墙设置三八妇女节相关内容,如节日来历、妈妈的职业、我的好妈妈等;在阅读区投放有关母爱的绘本,如《猜猜我有多爱你》《逃家小兔》《胖胖熊的礼物》等。

(三)其他准备:

1.活动前一天在班级群发送邀请函,进行预热与互动。

2.每个幼儿准备一张妈妈的生活照。

3.准备音乐:《世上只有妈妈好》《不再麻烦好妈妈》《只要妈妈露笑脸》《妈妈我爱你》《天下的妈妈都是一样的》等。

八、人员分工及完成事项安排表

时间	完成事项	负责人	备注(要求)
3.4—3.7	购买材料	后勤人员	
3.6—3.7	室内环境美化、打造三八主题墙和家园共育栏	各班老师	主题墙以幼儿的作品为主,阅读区投放《猜猜我有多爱你》《逃家小兔》《胖胖熊的礼物》等绘本
3.7	幼儿给妈妈写一封信	各班主任	让幼儿写下长大以后可以为妈妈做的事情,然后封存,由妈妈保留
3.8	准备红枣银耳羹、零食等	各班保育老师	幼儿桌上铺上一次性桌布,摆上零食,准备好一次性奶茶杯,于8:00前准备到位

九、活动流程

(一)播放音乐,送祝福

1.老师开场,介绍节日意义,引导幼儿用歌声表达祝福。

小朋友,今天是什么节日呀?对了,今天是三八妇女节,是妈妈、奶奶、外婆、阿姨的节日,平常的日子妈妈、奶奶、外婆总是不辞辛苦,默默地为我们付出,我们享受了她们太多太多的关爱,今天请来了妈妈、奶奶和外婆,让我们用最美的歌声,唱出心中的祝福。

2.幼儿起立,面向妈妈,演唱《世上只有妈妈好》等歌曲。

3.幼儿给妈妈送上一杯暖暖的奶茶,请妈妈吃小零食。

(二)感恩母爱,说祝福

1.教师带领幼儿观看《爱的传递》和《母爱》视频,讲述三八妇女节的由来。

2.幼儿拿出妈妈的照片,介绍妈妈对自己的照顾,然后走到妈妈面前,和妈妈拥抱并深情告白。

(三)制作贺卡,写祝福

1.幼儿自制贺卡:用卡纸做出自己喜欢的贺卡,并画或写上对妈妈的祝福,贺卡背面写(画)上长大以后可以为妈妈做的事情。

2.和妈妈分享,让妈妈用信封封存保留。

(四)体验母爱的伟大

1.体验当妈妈的辛苦:教师带领幼儿用气球放在衣服里体验十月怀胎的辛苦,幼儿肚子里揣着"宝宝(气球)",带着"宝宝"上课、洗手、如厕、活动等,保护"宝宝"不受到伤害……

2.让幼儿体验母亲十月怀胎的辛苦,知道妈妈的伟大,引导幼儿爱妈妈、关心妈妈,并使其懂得感恩。

十、活动总结

活动结束后,各班教师需对活动进行总结,收集幼儿与家长的反馈,以便未来更好地开展类似活动。同时,将活动照片、视频等素材整理归档。

附件

三八妇女节主题活动邀请函

亲爱的家长(妈妈):

您好!

在这阳春三月,万物复苏的美好时节,属于您的节日——三八妇女节即将到来。在这个充满温情的日子里,阳光幼儿园大班全体师生,怀揣着对母亲的深深敬意,特别策划了一场主题为"告白亲爱的妈妈"的三八妇女节主题庆祝活动。

我们深知,母爱如海,温暖而深沉。您用无尽的耐心和无私的付出,滋养着孩子幼小的心灵,让孩子在爱的怀抱中茁壮成长。为了培养孩子们对亲情的感知,让他们学会感恩与回馈,我们设计了丰富多彩的活动环节,让孩子们在参与中体验爱的真谛,从接受爱走向表达爱。

在这个特别的日子里,我们诚挚地邀请您,亲爱的妈妈,暂时放下繁忙的工作,带着轻松愉悦的心情,走进幼儿园,与孩子共度这个温馨美好的时光。让我们携手,共同见证孩子们的成长与蜕变,让他们将自己满满的爱意,化作一句句温暖的话语、一个个深情的拥抱,献给您——他们生命中最重要的人。

活动详情如下:

签到时间:2024年3月8日上午8:50

活动时间:上午9:00至11:00

活动地点:本班级活动室

阳光幼儿园大班师生　敬邀

2024年3月7日

"我为地球添点绿"
植树节主题活动方案

一、活动背景

《礼记》记载:"孟春之月,盛德在木",意思是说春天植树造林是最大的道德。早在古代,清明时节就有插柳植树的传统。1928年4月,为纪念孙中山逝世三周年,将其逝世纪念日定为植树节,以示垂念。

植树造林在绿化和美化家园的同时还起到防止水土流失、调节气候、维持生态平衡等重要作用。为了让幼儿认识自然、了解自然,从小树立保护自然的意识,在植树节来临之际,特开展"我为地球添点绿"植树节主题活动,让幼儿体验劳动的乐趣,感受美化环境的意义。

二、活动主题

我为地球添点绿

三、活动时间

2024年3月12日

四、活动地点

幼儿园植物园

五、活动目标

1.让幼儿了解3月12日为植树节,并了解植树节的来历,感知植物与人类生活、环境之间的关系。

2.使幼儿乐于参与种植活动,能用多种感官感知植物的生长过程与变化,在对比、实验的过程中了解植物生长所需的各项条件,激发并满足幼儿的好奇心与探索欲。

3.使幼儿喜欢亲近自然,在体验与游戏中增强对树木结构的认知,了解常见树木与人类的关系,树立保护植物、保护环境的意识。

4.在活动中,让幼儿学会团队合作。遇到挫折要相互体谅、相互帮助。

六、活动人员

全体幼儿、教职工

七、活动准备

（一）活动展板

小班"我和小树同成长"；中班"绿色家园共创造"；大班"你我携手添绿意"。

（二）宣传牌

"绿化环境，美化家园"。

（三）种植工具

水桶、铁锹、树苗若干。

八、活动主题与内容

（一）小班活动主题："我和小树同成长"

1.活动内容：给幼儿园内的花草树木浇水、松土、修枝、挂牌、合影，与小树比高，做游戏。

2.延伸活动：主题画"我为地球添点绿"。

（二）中班活动主题："绿色家园共创造"

1.活动内容：分组认养树木；画画小树苗，量量小树苗；和小树苗挂牌合影（写上领养人姓名，并给小树苗挂牌取一个好听的名字如"爱心树""心愿树""成长树"等等）。

2.延伸活动：树叶探趣，家长和幼儿一起到公园、郊外等实地观察树叶的形状、颜色，采集树叶标本，制作树叶贴画、标签、书签等。

（三）大班活动主题："你我携手添绿意"

1.活动内容。

（1）现场活动：幼儿去植物公园认识各种树木并做调查；幼儿与教师共同种植树木，进行挂牌并测量小树苗的高度，进行记录；幼儿与小树苗合影。

（2）宣传活动：制作"植绿、护绿、爱绿、兴绿"的彩色宣传单。宣传单由幼儿进行绘画创作，离园时每班派两名幼儿（护绿小天使）在大门口分发，向全体家长倡议共同绿化我们美丽的家园。

2.延伸活动：绿化植物知多少。教师、家长和孩子一起调查幼儿园和幼儿园周围有多少种绿化植物以及它们的生长特性，并用摄影的方式进行记录。

3.树木护养：教师、家长向孩子普及养护植物方面的知识。

附件

阳光幼儿园植树节倡议书

亲爱的大朋友、小朋友：

大家好！当春天带着希望、带着温暖，沿着冬天离开的脚步，在阳光明媚中，款款向我们走来时，她带给了人间莺歌袅绕，繁花似锦。在这欣欣向荣，生机勃勃的春日里，我们又迎来了一年一度的植树节。

"爱树、育树"是我们中华民族的传统美德，有了树，才会有和谐美丽的大自然；有了树，才有清爽、新鲜的空气；有了树，才会有高楼、房屋……我们要爱护每一片绿叶，爱护每一株幼苗。保护地球,爱护环境,从我做起,从身边做起。

在一年一度的植树节来临之际,我们向全体家长、小朋友们发出以下倡议:

一、不破坏绿化,爱护每一片绿叶,每一棵幼苗,不采摘花朵,不攀折树枝,不践踏草地。

二、拒绝使用一次性筷子,节约每一张纸。

三、爱护每一棵树,劝阻不文明行为。

四、关心认养的树,定时浇水。

五、将自己的家和幼儿园变成一个绿色家园。

我们倡议从自己做起,从身边做起!让我们播种绿色,播撒文明,相信有了爱的阳光,绿树才会长青,让我们一起努力让天空更蓝、地更绿、水更清!

阳光幼儿园
2024年3月12日

"六一"活动方案

一、活动背景

一年一度的六一儿童节是家长最重视,孩子最向往的节日,同时也是幼儿园对外宣传,展现风貌的最好时机。为深入贯彻落实《3-6岁儿童学习与发展指南》以及一年一度的学前教育宣传月活动,幼儿园拟开展学前教育宣传月暨六一大型文艺演出活动。

二、活动主题

阳光下的微笑

三、活动目标

1.结合本年度学前教育宣传月活动主题"守护育幼底线,成就美好童年"向家长宣传科学的学前教育理念,让家长走近孩子,了解孩子。从而尊重教育规律,尊重孩子的人格。

2.让幼儿健康自信、乐于展示、乐于表达、学会合作。

3.以此次活动为契机,促进幼儿园品牌提升。

四、活动时间

(一)活动时间

2023年4月—5月,具体时间安排见附件3。

(二)演出时间

2023年5月27日。

五、活动地点

体育场

六、参与人员

幼儿、家长及全体教职工

七、活动准备

(一)人员准备

成立活动领导小组,制订活动方案、安全预案,明确各人员工作职责(附件1、附件2)。

(二)物资准备

演出服装、道具、化妆品、舞台、灯光、音响设备、横幅、背景图片、背景文字、围栏、座椅、摄像器材、演出前宣传片、宣传展板、邀请函(附件4)。

(三)节目准备

节目形式多样,内容健康丰富,可以是舞蹈、歌舞剧、童话剧、语言类节目等(附件5)。

八、演出流程

演出流程(附件8)

九、活动要求

1. 全体教职工提高思想认识、高度重视、各司其职,按进度完成各项工作。
2. 制订详细活动方案,坚持以儿童为中心的活动理念,明确具体推进时间及责任人。
3. 保障活动安全:全体工作人员要把幼儿的安全放在首要位置,通过制订安全预案,明确安全责任,落实安全措施,加强安全防范,确保活动安全有序,避免安全事故的发生。特别是在排练的过程中,避免呵斥、打骂、体罚和变相体罚幼儿。
4. 强化宣传引导,演出前向家长宣传本次活动的目的和意义,引导家长积极配合、做文明家长,同时关注幼儿安全,强调秩序,鼓励幼儿积极参与。

附件1

"六一"活动领导小组名单

筹备小组			
	职务	职责与负责事项	备注
组长	园长	活动总策划、审核总方案、安全总指挥,推动各项工作的落实、场地安排背景设计	
副组长	业务园长	完善"六一"活动总方案中的附件,按组长及方案要求落实各项事项及人员安排,对节目选取、音乐、服装、道具进行总的把控	
	后勤园长	撰写"六一"活动安全预案,准备各项物资及分发,活动当天物品运输、场地布置、座位划分、催场等事项	
	财务人员	进行全园"六一"活动经费预算,协助做好物资准备工作,负责"六一"活动汇演当天的招生工作	
组员	全体成员	根据组长和副组长的安排落实各项工作	

续表

		宣传小组	
	职务	职责与负责事项	备注
组长	办公室主任	宣传组总指挥,督促各项宣传事项的落实、微信公众号推文的撰写	
副组长	办公室人员	细化"六一"活动宣传的各项工作,制作节目的背景视频、设计宣传展板	
		制作幼儿园宣传视频	
组员	各班主任	宣传场景布置、转发宣传文案、收集活动照片及视频	
		安全小组	
	职务	职责与负责事项	备注
组长	后勤园长	负责活动的总体安全,包括制订活动安全预案,落实安全人员等	
副组长	后勤主任	协助组长做好安保工作,负责设施设备的安全,保证活动顺利进行	
	保安队长	协助组长做好安保工作,负责场地进出人员的审核,保证活动的顺利进行	
组员	班组成员	负责整个活动过程幼儿的安全护理工作	
	义工家长	负责演出时场地内外的安保工作,保证活动顺利进行	

附件2

"六一"活动安全预案

我园定于2023年5月27日在体育场举行"阳光下的微笑"六一大型文艺演出活动。为了预防活动安全事故的发生,特制订活动安全预案。

一、应急机构

(一)成立应急领导组
组长:园长
副组长:副园长
职责:负责统筹安排安全工作、活动现场指挥和突发情况处理。
(二)设置各个功能组
1.安全保卫组:
组长:后勤园长
成员:后勤主任、安保队员、义工家长
职责:负责演出当天的安全保卫工作。

2.应急救护组：

组长：保健医

成员：义工家长（医生）

职责：紧急处理演出活动过程中的突发意外事故。

(三)应急电话：120、110、119

二、应急处置流程

(一)落实场地安全

划分安全责任区域,落实安全责任人。

1.后勤人员：在各个出口处值守,严禁无关人员进出。

2.义工家长：负责本班级的秩序维护。

(二)应急情况处置

1.幼儿走失：发现幼儿走失,立即电话联系应急小组成员就地寻找;拨打110电话报警寻求帮助;通知现场家长协助寻找。

2.意外伤害：若出现幼儿摔伤、擦伤、肌肉拉伤等意外,班主任立即向安全工作领导小组报告,并将孩子送至应急救护组处理或送医院治疗。

3.突发疾病：若幼儿突然出现中暑、晕厥等情况,班主任立即向安全工作领导小组报告,同时将孩子送至应急救护组处紧急处理或送医院治疗。

4.突发纠纷或暴力事件：若活动过程中发生争执和纠纷,领导小组成员本着"大事化小、小事化了"的原则,尽快解决纠纷。若出现暴力伤人事件,领导小组成员立即拨打110寻求帮助,安保组成员与暴力分子周旋、抵抗,和幼儿家长一起尽全力保护幼儿安全。

(三)应急疏散流程

1.活动中如果出现各种不可预知的紧急情况,各班教师及时组织好幼儿,听从领导小组的统一指挥,按指定的路线在安保队员的护送下有序撤离。

2.疏散撤离顺序：按照托班–小班–中班–大班的顺序撤离,每个年级段按照从一班、二班依次往后的顺序撤离。

3.疏散撤离路线：从最近的出口依次撤离。

三、事后处置措施

(一)及时汇报上级

发生突发安全事件后,领导小组应及时向主管部门报告,事件处理结束后,应将事件的处置方式和产生的后果形成书面报告,报送至上级相关部门。

(二)做好情绪安抚工作

发生矛盾纠纷或安全事件后,领导小组成员要做好师幼及家长的安抚工作,防止事态扩大或造成网络舆情事件。

附件3

"六一"活动时间推进表

时间	完成内容	负责人	备注
4.8—4.12	讨论六一活动开展方式	业务园长	
	撰写六一活动方案	教学主任	
	初步确定各班级节目	业务园长	
	发放通知、确定参加人数	各班班主任	
	确定每一个节目的负责人	年级组长	
4.8—4.12	确定幼儿节目的人选	各班教师	
	确定幼儿主持人(6人,男女小朋友各3人)	业务园长	
	确定幼儿代表发言人(2人,男女小朋友各1人)	教学主任	
	确定家长代表发言人	园长	
4.12—5.15	筛选节目、剪辑音乐	各班班主任	
	预算活动经费	财务人员	
	排练节目	节目负责人	
	准备道具	各班教师	
	订购演出服装	业务园长	
	撰写主持词、幼儿代表发言词	主持人	
	制作节目视频背景	业务园长	
	制作节目单、主持卡	业务园长	
	制作主题背景、副屏背景(高清)	业务园长	
	确定活动所用音乐(表演音乐、候场、入场、结束等)	业务园长	
	制作幼儿园宣传片	办公室主任	
	购买幼儿六一礼物	后勤主任	
	购买气氛组道具	业务园长	
	购买幼儿化妆品	后勤主任	
	购买开幕式烟花	后勤主任	
	申请场地、落实活动舞台	业务园长	

续表

时间	完成内容	负责人	备注
5.15—5.20	检查服装道具是否合适	业务园长	
	全园第一次全面彩排	业务园长	
	落实安保人员及医务人员	后勤园长	
5.20—5.25	发放表演服装	班级教师	
	发放幼儿礼物、气氛组道具、座位号	业务园长	
	召开演出前家长会	班级教师	
	在舞台上正式彩排	业务园长	
	召开全园演出安全会议	园长	

附件4

"六一"活动物资检查表

物品项目	检查人	计划完成时间	完成情况
舞蹈道具	业务园长	5.20	
各环节音乐,各节目背景视频、音乐,舞台主题背景、副屏背景、手卡、节目单、幼儿六一礼物、气氛组道具、家长会会议内容、节目服装	业务园长	5.24	
幼儿化妆用品、开幕式烟花、座位牌	后勤园长	5.24	
幼儿园宣传视频	办公室主任	5.24	
场地、活动舞台、舞台美化、音响、椅子、围栏、照相机、幼儿园宣传展板	业务园长	5.24	
幼儿简餐、桌子6张、小桌子4张、椅子7把、水3桶、压水器3个、简易厕所、换衣间、宣传单、大礼包(园服、床品、玩具礼包)	后勤园长	5.24	
安保、医务人员用品落实	后勤园长	5.24	

附件5

"六一"活动演出流程表

时间	具体内容	执行人	监督人
19:15—19:30	教师集合幼儿、整队	班主任	业务园长
	家长、幼儿对应入场	班主任	业务园长
	班级教师发放荧光棒	班主任	业务园长
19:30	主持人登场	主持人	业务园长
19:35	幼儿代表发言	幼儿班级教师	教学主任
19:38	家长代表发言	该班级教师	教学主任
19:40	园长致辞	园长	业务园长
19:46	主持人宣布演出开始、齐放烟花	后勤主任	后勤园长
19:46—21:20	按节目单顺序开始表演	催场教师	业务园长
21:20—21:40	演出结束,家长签退、发礼品	班主任	后勤园长
	教职员工合影	办公室主任	业务园长
21:40—22:00	整理物品,清理场地,教职工签退	全体教职工	后勤园长

附件6

"六一"活动志愿者统计表

班级	安保人员	联系电话	医务人员	联系电话	摄像人员	联系电话

附件7

"六一"活动报名通知

尊敬的家长朋友：

您好！

阳光明媚，万物生长，在这绚烂多彩的季节里，我们即将迎来孩子们最盼望的六一儿童节。为了让孩子们在这个属于他们的节日里，留下一段难忘而充满欢声笑语的记忆，阳光幼儿园精心筹备了一场大型文艺汇演，旨在让每一位孩子都能在舞台上绽放光芒，展现自我。

我们深信，每个孩子都是夜空中最璀璨的星星，拥有着无限的潜力和可能。他们渴望被看见，渴望被听见，更渴望在舞台上自信地展示自己。因此，我们诚挚地邀请每一位家长，以尊重孩子意愿为前提，积极鼓励孩子踊跃报名，参与到这场精彩纷呈的文艺汇演中来。

请家长朋友们在本周内，与孩子进行温馨的沟通，倾听他们内心的声音，尊重他们的选择，并让他们自行决定是否报名参与。您的理解、支持与配合，将是我们最大的动力源泉。

让我们携手合作，为孩子们搭建一个展示自我、放飞梦想的舞台，让他们在"六一"这个特别的节日里，尽情绽放，留下一段美好的童年回忆。

再次感谢您的关注与支持！期待在文艺汇演的舞台上，见证每一位孩子的精彩瞬间！

阳光幼儿园
2023年4月10日

附件8

"六一"活动家长会文稿

尊敬的各位家长：

大家好！

感谢您在百忙之中抽出时间参加本次家长会。为了确保活动的顺利、有序开展，现将活动的相关事宜详细说明如下，请您仔细阅读，并给予支持与配合。

一、活动主题

阳光下的微笑

二、活动时间

5月27日晚上

三、活动地点

体育场

四、活动节目

本次六一文艺汇演共有15个精彩节目。

我们班的节目是第6个,节目单将稍后通过班级群进行发放。

第3个节目表演结束后,请家长将孩子交给三位教师。孩子表演期间,请家长不离开座位,待孩子表演结束后,我们将把孩子带至家长处。

五、舞台站位说明

每个孩子的兴趣爱好各不相同,他们在台上的表现也可能各具特色。只要孩子能站上舞台、顺利完成演出,他们都是最棒的,都值得我们的鼓励和赞赏。我们会尽可能地让每个孩子都能在舞台上展现笑容、绽放光芒。

六、服装说明

演出服装的选择主要考虑舞台效果,可能无法兼顾舒适度、质量等方面,敬请家长理解并包容。

七、活动要求

(一)做文明家长,给孩子树立榜样

听从指引:全程听从幼儿园工作人员及本班教师的指引,按时(19:00)入场,有序就座,并根据表演做好相应配合。

保持秩序:就座后不随意走动,不到前排拍照,我们已安排专业摄像人员拍照,后续会分享给大家。

着装适宜:女士不穿高跟鞋,以免摔跤或踩伤他人;男士不穿拖鞋。

保持安静:不大声喧哗,爱护场内卫生,不随意乱扔垃圾,全场禁止吸烟。

禁止零食:请勿带零食入场,为孩子备好水杯及温开水,家长自备矿泉水。

不离场:演出开始后,家长和孩子不能随意离场。如需方便,台后设有幼儿临时厕所。

坚持到最后:请坚持到演出结束,在班主任处签退并领取礼品后方可离开。

给予鼓励:每个节目表演完毕后,请及时给予孩子鼓励与掌声,并提醒孩子为其他表演者鼓掌。

(二)安全事项

陪同入场:演出时,1名幼儿由1名家长陪同入场,未进入场内的家长在场外观看,注意安全,避免挤压栏杆。

照看好孩子:入场的家长请照看好自己的小孩,不要在场内随意走动、跑跳。

医务台服务：舞台后方设有医务台，有专业医生（护士）及义工家长提供服务，如遇突发状况（轻微磕碰），请前往医务台处理；如情况严重，请及时送往医院并告知本班教师。

保管物品：请保管好自己的随身物品，以免丢失，特别是手机、钥匙等。

有序离场：演出结束后，请在班级教师处有序领取礼品并签退，回家后请在群里报平安。

以上要求请家长一定配合，由此给您带来的不便，敬请理解与包容。再次感谢您的支持与配合，祝愿我们的活动圆满成功！

附件9

"六一"活动演出节目单

序号	节目类型	节目名称	班级	负责人
1	舞蹈	野人部落	大班	大三班教师
2	情景剧	小交警	中班	中二班教师
3	动漫串烧	带你走进动漫	小班	小二班教师
4	舞蹈	蒲扇摇过的夏天	大班	大二班教师
5	喜剧舞蹈	小黄人	小班	小一班教师
6	民族舞	鱼儿欢歌	中班	中一班教师
7	情景剧	王小二	大班	大一班教师
8	街舞	炫酷小子	中班	中二班教师
9	现代舞	航天梦	大班	大一班教师
10	亲子舞蹈	爱的圈圈	托班	托班教师
11	民族舞	哈尼宝贝	大班	大四班教师
12	情景剧	神奇的宝缸	小班	小二班教师
13	律动舞	陪我长大	中班	中一班教师
14	时装秀	宝贝来了	大班	大三班教师
15	安全舞蹈	生命至上	全园	大班年级组长

"金秋送暖 三代同乐"重阳节活动方案

一、活动背景

重阳节,亦称"老人节",是彰显中华民族尊老、敬老传统美德的重要节日。幼儿正处于道德观念和情感培育的关键时期,通过举办重阳节亲子活动,可以让幼儿初步了解重阳节的基本习俗,感受传统文化的独特魅力。同时,可以激发幼儿尊老、爱老的情感,促进亲子关系,为幼儿营造一个充满爱与温暖的成长环境。在活动中,幼儿将与爸爸妈妈、爷爷奶奶(外公外婆)共同参与趣味横生的活动,让爷爷奶奶(外公外婆)感受到晚辈的关爱与尊重,也让幼儿在互动中学会关爱他人、分享快乐,培养其社会交往能力和责任感。

二、活动主题

金秋送暖 三代同乐

三、活动时间

2023年10月23日下午3:00—4:30

四、活动地点

幼儿园操场

五、活动目标

1. 让幼儿深入了解重阳节的文化内涵和传统习俗,感受中华民族尊老、敬老的传统美德。

2. 通过多样化的活动,增强幼儿的动手能力、表达能力和社会交往能力。促进长辈与幼儿间的情感交流,营造温馨和谐的家庭氛围,同时培养幼儿的感恩之心。

3. 通过活动激发幼儿对传统文化的兴趣和热爱,传承和弘扬中华民族优秀传统文化。

六、活动人员

大班教师、幼儿及其爷爷奶奶(外公外婆)、爸爸(妈妈)

七、活动准备

(一)知识准备:了解重阳节

看一看:利用PPT、视频、绘本等形式,向幼儿介绍重阳节,讲解其来历及习俗,强调尊老、敬老的美德。

问一问:发放"爷爷奶奶(外公外婆)知多少"调查表,引导幼儿访问爷爷奶奶(外公外婆),深入了解他们的过去与现状,激发幼儿的崇敬之情。

说一说:鼓励幼儿分享爷爷奶奶(外公外婆)为自己做的事情,感受老人的关爱,培养感恩之心。

画一画:引导幼儿通过绘画描绘爷爷奶奶(外公外婆)的外貌特征,加深对长辈的了解。

练一练:带领幼儿练习滚铁环、玩沙包、踢毽子、弹玻璃珠、打陀螺、跳房子、跳皮筋等传统游戏。

(二)物资准备

1.海报:幼儿自行设计的《爷爷奶奶年代秀》活动海报。

2.背景板:《爷爷奶奶年代秀》活动背景板。

3.音乐:音响设备及背景音乐。

4.游戏材料:铁环、沙包、陀螺、玻璃珠、画好的房子、皮筋、毽子。

(三)其他准备

活动前一周:向家长发送活动邀请函,统计并确定参加活动人数。

活动前一天:发送温馨提示,告知家长活动注意事项。

活动前一天:布置活动场地,张贴活动海报,准备家长入园签到表。

八、活动流程

(一)入园签到

下午2:40开始,爷爷奶奶(外公外婆)、爸爸(妈妈)入园签到。

3:00主持人准时开场。

(二)开场互动

主持人提问:今天是九月初九,是什么节日?(重阳节、老人节)重阳节是我们中国特有的传统节日,这天人们都喜欢干什么?(登高、强身健体)请问:你的爷爷奶奶(外公外婆)年轻时是做什么工作的?

主持人小结:爷爷奶奶们年轻时为国家做出了许多贡献。现在他们年纪大了,退休了,我们依然要关心他们。

引导幼儿讨论如何关心爷爷奶奶(外公外婆),并请全体幼儿起立,向后转,面向爷爷奶奶(外公外婆)齐声问好。

(三)暖身操/开场热身舞

请全体参加活动人员跟随主持人一起进行暖身操或热身舞。

(四)观看视频

播放视频,让幼儿观看爷爷奶奶(外公外婆)童年玩的游戏。

(五)三辈同乐游戏

薪火相传:起点摆放三个小呼啦圈,参与者三代同时出发,利用呼啦圈交互前进,绕过折返点回到起点。

时光隧道:场地铺上大滑溜布,爸妈趴下做山洞,爷爷奶奶(外公外婆)排在后半段面朝下趴着,幼儿从起点以"狗爬式"钻过山洞,然后用滚动方式到达终点。

三代同堂:起点摆放一双大拖鞋(每只各三个鞋帮),参与者依序穿上大拖鞋,三人同心协力往前迈进,绕过折返点后返回起点。

感恩之旅:场地放置小板凳,让爷爷或奶奶坐,爸爸或妈妈拿一盆水放在爷爷或奶奶脚前方,然后帮爷爷、奶奶洗双脚。幼儿则站在爷爷、奶奶背后,帮忙捶背按摩,以报答养育之恩。

附件1

"金秋送暖　三代同乐"
工作时间安排表

序号	准备内容	负责人	完成时间
1	活动通知、音响设备	教研组长	2023.10.15
2	班级游戏活动方案	班主任	2023.10.10
3	活动主持词	主持老师	2023.10.23
4	开场音乐	后勤组长	2023.10.23
5	扩音器	班级教师	2023.10.23
6	班级游戏活动物资	班级教师	2023.10.20
7	摄影、摄像设备	班级教师	2023.10.23
8	落实现场安全员	后勤园长	2023.10.23
9	医药箱及常用药物	后勤园长	2023.10.23
10	园旗、横幅	教研组长	2023.10.20
11	签订《安全协议书》	班级教师	2023.10.22
12	活动简报	教研组长	2023.10.23
13	热身操两个（一个热身、一个放松）	明明老师	2023.10.23

附件2

"金秋送暖　三代同乐"
重阳节活动邀请函

尊敬的家长朋友们：

您好！

金秋十月，丹桂飘香，我们迎来了传统的九九重阳节。在这个尊老、敬老的美好时节，阳光幼儿园特此举办"金秋送暖　三代同乐"重阳节活动，旨在通过丰富多彩的活动内容，让孩子们深刻体会到长辈们的关爱与付出，同时培养他们尊敬长辈、关爱老人的美好品质。

为此，我们诚挚地邀请您及家中的爷爷奶奶（或外公外婆）共同参与此次盛会，与孩子们一起欢度佳节，感受祖孙间温馨甜蜜的情谊。您的到来，将为本次活动增添无尽的色彩与温暖。

活动详情如下：

活动时间：2023年10月23日（星期一）下午3:00—4:30

活动地点：阳光幼儿园各班级活动室

入园签到：下午2:40正式签到，请您务必在此时间前到达幼儿园，并完成签到手续。

活动要求：请您按照本班教师的指引，有序参加活动。

我们期待与您及家人共同度过一个温馨、快乐的重阳节。您的参与，不仅是对孩子们成长的支持，更是对我们工作的最大肯定。让我们携手，为孩子们营造一个充满爱与关怀的成长环境。

再次感谢您的配合与支持！期待在重阳佳节与您相见！

阳光幼儿园
2023年10月22日

"童真迎国庆　红色润童心"
国庆节爱国教育主题活动方案

一、活动背景

国庆佳节将至，为在幼儿心中根植爱国情怀，传承红色精神，通过开展符合幼儿年龄特点的趣味活动，让幼儿在体验式学习中感知国家象征、英雄事迹与传统文化，从而助推幼儿德育成长。阳光幼儿园将开展"童真迎国庆　红色润童心"喜迎国庆系列活动。

二、活动时间

2023年9月28日

三、活动地点：

阳光幼儿园

四、活动目标

1.通过认识国旗、国歌、国徽，让幼儿了解国庆节的含义与象征意义。

2.通过讲红色故事、诵读童谣，激发幼儿对祖国的热爱与自豪感。

3.通过手工制作、体能游戏、文艺演出，提升幼儿动手能力、合作能力、表达能力与自信心。

五、活动内容

（一）童心升旗礼

邀请退伍军人来园展示升旗仪式，向幼儿展示军人形象与升旗活动的庄严，并让部分幼儿参与护旗队伍。退伍军人介绍国旗知识，主持人采用国旗知识问答的方式与幼儿互动。

(二)红色故事会

班级根据幼儿年龄特点,选择合适的故事题材与方式开展红色故事教学活动,例如中班可以通过播放动画版《小英雄王二小》让幼儿了解小英雄王二小的故事。同时,注重家园联动,将教学中的内容延伸到家庭,例如,可以开展亲子情景剧,让幼儿用多种形式表达、表现对故事的理解与感受。

(三)童创中国红

通过画黏土画、手绘长征路线图等教学内容展示孩子的学习轨迹。

(四)红星小勇士

开展多种与主题相关的户外体育活动,培养孩子的意志品质,例如趣味障碍赛(爬雪山/过草地/送鸡毛信游戏)。

(五)童声颂祖国

全园共绘百米长卷《我的中国心》。

六、活动准备

(一)人员准备

成立活动领导小组。

组长:园长,负责活动总指挥、对外联络。

副组长:业务园长,负责活动方案的制订,监督活动的执行;后勤园长,负责后勤保障、安全保障。

成员:活动组12人(各班班主任)、后勤组5人、宣传组3人、安全保卫组12人(其中家长义工6人),负责活动具体执行。

(二)物资准备

国旗100面、红黄两色气球300个、黏土和水粉颜料、长征路线图模板、红军服装20套。

(三)环境布置

操场"红星赛道"、多功能厅"红色放映厅"、"童画中国"创意角。

(四)前期预热

学唱《国旗国旗真美丽》,亲子制作"我家最美中国红"环保手工(用于布展)。

七、活动流程

(一)9:00—9:30 红星集结号

1. 环境准备:将幼儿园的走廊布置成红色文化图片展,命名为"时光隧道"。

2. 签到:儿童戴自制"红星勋章"进入"时光隧道"。

3. 热身:全园齐跳《红星闪闪》幼儿律动操。

(二)9:30—10:00 童心向国旗

1. 升旗仪式:退伍军人示范升旗,8名幼儿参与护旗队。

2. 互动科普:"国旗的秘密"趣味问答。

3. 问答互动:中国的国旗全称是什么?为什么有五颗星?最大的星代表什么?最小

的星有几颗？它们代表什么？国旗为什么是红色？

（三）10:00—10:40　红色研学社

按年龄段，将幼儿分为三组，每组设立分会场，根据幼儿的年龄特点安排适宜的活动内容。

1.小班分会场A：观看动画故事《小兵张嘎》片段，幼儿角色扮演"送情报"。

2.中班分会场B：制作"抗日小油灯"，道具采用酸奶瓶+LED灯+红色卡纸。

3.大班分会场C："重走长征路"体能游戏，幼儿匍匐过"电网""独木桥"运粮。

（四）10:40—11:20　童创中国梦

1.小班：撕贴画《五星红旗》，培养幼儿手部精细动作。

2.中班：手指点画《万里长城》，在10米卷轴上集体创作。

3.大班：合作拼搭天安门积木模型，3D立体拼图。

（五）11:20—11:40　童声庆华诞

1.全场合唱《国家》手语版。

2.放飞红色心愿气球，气球内置儿童录音祝福二维码。

八、工作安排表

序号	内容	负责人	完成时间	备注
1	拟定活动总体方案	执行园长	2023.9.1	
2	班级根据总体方案要求，设计符合幼儿年龄特点的活动计划	班主任	2023.9.3	
3	各班根据计划开展活动	班级教师	2023.9.4—9.27	
4	招募退伍军人家长自愿者，确定护旗队的幼儿名单，排练升旗仪式	执行园长	2023.9.10	班级教师协助完成
5	根据主题进行环境布置	教研组长	2023.9.20	全体教师参与
6	准备安全应急物资	后勤组长	2023.9.20	
7	向家长发放邀请函	班主任	2023.9.21	
8	录制幼儿祝福语并形成二维码	班级教师	2023.9.22	
9	活动训练与彩排	执行园长	2023.9.24	全体教师与幼儿共同参与
10	确定主持人并撰写主持词	教研组长	2023.9.28	

国庆节爱国教育主题活动安全预案

一、总则

为确保"童真迎国庆 红色润童心"国庆节活动顺利进行,保障全体参与活动人员的安全,预防各类安全事故发生,特制订本安全预案。本预案遵循"安全第一、预防为主"的原则,明确组织机构与职责,做好安全物资准备,制订并完善应急处置流程,确保活动安全有序进行。

二、组织机构与职责

(一)成立安全领导小组

组长:园长

副组长:后勤园长

成员:班主任、保育员、保健医(员)、安保人员

(二)职责分工

组长:全面负责活动安全工作的领导、指挥和协调。

副组长:协助组长工作,负责具体安全措施的落实和监督检查。

班主任:负责本班幼儿的安全教育和管理,确保活动过程中幼儿的安全。

保育员:协助班主任做好幼儿的安全看护和照料工作。

保健医(员):准备必要的急救药品和器材,负责活动期间的医疗急救工作。

安保人员:负责活动现场的安全保卫工作,维持秩序,处理突发事件。

三、安全物资准备

1.急救药品和器材:准备创可贴、消毒液、棉签、冰袋、急救包等急救药品和器材,由保健医(员)负责保管和使用。

2.场地设施:检查活动现场的场地设施,如消防器材、电线电路、舞台搭建等,确保场地的设施设备安全。

3.标识标志:在活动现场设置明显的安全标识标志,如"安全出口""紧急疏散通道"等。

4.通讯设备:确保活动现场的通讯设备畅通无阻,以便现场人员及时联系和协调。

四、应急处置流程

(一)突发事件报告

一旦发生突发事件,如幼儿受伤、火灾、踩踏等,现场人员应立即向安全领导小组报告。报告内容应包括突发事件发生的时间、地点、性质、涉及人员及初步原因等。

(二)现场处置

安全领导小组接到报告后,应立即启动应急预案,组织现场人员进行处置。

班主任和保育员应迅速组织幼儿疏散到安全地带,确保幼儿的人身安全。

保健医(员)应立即对受伤幼儿进行初步救治,如有需要应迅速联系120急救中心。

安保人员应维持现场秩序,防止事态扩大。

(三)后续处理

事件处理后,安全领导小组应组织相关人员对事件原因进行调查和分析,总结经验教训,防止类似事件再次发生。

对受伤幼儿进行后续关怀和心理疏导,确保其身心健康。

对活动安全预案进行评估和完善,提高其针对性和可操作性。

五、其他要求

(一)安全教育

在活动前,各班级应对幼儿进行安全教育,讲解活动安全注意事项,提高幼儿的安全意识。

班主任和保育员应在活动过程中密切关注幼儿的安全情况,及时发现并处理潜在的安全隐患。

(二)现场监管

活动现场应设置专门的监管人员,负责监督活动秩序和安全情况。

监管人员应熟悉应急预案,熟练掌握应急处置技能,确保在突发事件发生时能够迅速、有效地进行处置。

(三)责任追究

对因疏忽大意、玩忽职守等造成安全事故的责任人,将依法依规追究其责任。

本安全预案的制订和实施,旨在确保"童真迎国庆 红色润童心"国庆节活动的顺利进行,保障幼儿的人身安全,为营造安全、和谐、欢乐的幼儿园文化氛围提供有力保障。

国庆节爱国教育主题活动家长邀请函

尊敬的家长朋友:

时值国庆佳节,为根植家国情怀,传承红色基因,我园定于2023年9月28日举办"童真迎国庆 红色润童心"爱国教育主题活动。诚邀您与孩子共同参与,在沉浸式体验中见证孩子的成长,共筑爱国之情!

一、活动基本信息

(一)活动主题

童真迎国庆 红色润童心

(二)活动时间

2023年9月28日9:00—11:40(8:50开始签到)

(三)活动地点

主会场:幼儿园操场(升旗仪式、集体活动)

分会场:多功能厅(红色故事剧场)、各班级教室(亲子手工坊)

(四)参与对象

全体幼儿及家长

二、活动流程安排

时间	环节内容	地点
8:50-9:00	家长签到、手工作品布展	走廊创意展示区
9:00-9:30	升旗仪式+爱国知识互动	操场
9:30-10:20	分会场轮换活动	
	A组家庭:红色故事剧场+情景扮演	多功能厅
	B组家庭:亲子手工《创意天安门》	中班教室
	C组家庭:体能游戏"小小红军闯关"	操场赛道区
10:20-11:00	全园共绘《童心中国》长卷	操场
11:00-11:30	"童声颂祖国"集体演出	操场舞台
11:30-11:40	放飞心愿气球,全体合影留念	操场

三、家长配合须知

（一）着装要求

1.家长与幼儿统一穿着红色系服装,与国旗颜色相呼应。

2.建议佩戴亲子装饰,如红色头巾、五角星胸针等。

（二）物品准备

1.必带:幼儿水壶、汗巾、家庭手工作品。

2.选带:家庭可携带小型国旗、爱国主题图书用于互动展示。

（三）注意事项

1.活动全程家长须陪同幼儿,避免擅自离场。

2.游戏环节请勿代劳,鼓励幼儿独立完成挑战。

3.手机静音,如需摄影请遵守现场指引,勿使用闪光灯。

四、特别提示

1.如遇雨天,活动改至室内礼堂举行,时间不变。

2.校园内没有停车位,建议大家绿色出行。

3.活动期间免费提供饮用水及应急医疗用品。

让我们携手为孩子埋下爱国的种子,用赤子之心共庆祖国华诞!

阳光幼儿园

2023年9月20日

第四节　招生体验活动

幼儿园作为幼儿集体生活的第一站，不仅承载着家长们对幼儿未来发展的美好期许，也肩负着培育幼苗、启迪智慧的重要使命。当前，幼儿园的招生工作面临着前所未有的挑战，在肩负教育使命的同时，也须应对生存与发展的双重压力。因此，招生活动的设计成为了众多幼儿园亟待解决的重点难题。一个成功的招生体验活动，不仅能够迅速搭建起家长与幼儿园之间的桥梁，还能有效提升生源转化率。阳光幼儿园在招生工作中积累了一些宝贵的实践经验，本节将以活动案例的形式进行呈现。

主题故事会招生活动方案
——探索《有趣的跑跑镇》

一、活动背景

依据《3-6岁儿童学习与发展指南》文件精神，我们致力于为幼儿提供丰富、适宜的低幼读物，并通过与幼儿共同阅读图书、讲述故事的方式，丰富其语言表达能力，培养其阅读兴趣和良好的阅读习惯，并进一步拓展学习经验。有效的早期阅读不仅能增进亲子情感，更能促进幼儿全面发展，因此，新时代家长对早期阅读也日益重视。考虑到2-3岁是幼儿语言发展的关键期，且该年龄段幼儿是幼儿园的重要潜在生源，我们特此策划了本次主题故事会招生活动，旨在通过活动加强新生家长对幼儿园的了解，为生源转换奠定坚实基础。

二、活动时间

2024年4月10日至2024年4月20日

三、活动目的

1.借助《有趣的跑跑镇》这一背景改编的故事活动，让家长与幼儿共同体验故事的乐趣，促进亲子互动与交流，增进亲子情感。

2.为家长搭建一个早期阅读的交流平台，提供亲子阅读的策略指导，提升幼儿早期阅读的能力。

3.通过活动宣传幼儿园的办学理念与教育特色，让家长初步了解幼儿园，为后续的家园沟通与合作奠定基础。

四、活动内容

(一)《有趣的跑跑镇》主题故事会

由专任教师组织开展亲子主题故事会，利用板书、多媒体课件等教学工具，生动讲述故事内容，并根据故事中的有趣情节设计互动环节，引导幼儿积极参与。

(二)招生宣传

由园长或行政人员解读办园理念并进行招生宣传，让家长充分了解幼儿园的文化、课程设置、师资力量及招生相关要求。

(三)实地观摩

由行政人员带领家长实地参观幼儿园环境,重点介绍幼儿园小班精细化护理与游戏环境,让家长在实地参观中深入了解幼儿园的教育理念与实践情况,为家长择校选择提供有力支持。

五、活动准备

(一)人员准备

成立由园长、行政人员、专任教师组成的活动小组,细化活动方案,明确各自任务与职责。

(二)物资准备

准备电教设备、教学用具、宣传海报、家长签到表、姓名贴、礼物等所需物品。

(三)环境准备

在幼儿园门口与大厅摆放活动展板,展示幼儿园的理念、环境、课程等。同时,根据《有趣的跑跑镇》主题内容在活动室布置相关场景,营造浓厚的活动氛围。

六、活动流程

(一)前期准备阶段

1. 提前三天通过电话或微信向参与活动的家长发送邀请函,明确活动时间、地点及注意事项。

2. 提前一天以电话或短信形式提醒家长准时参加,并告知活动流程与安排。

3. 提前一天完成活动场地布置和所需物品准备工作,确保活动顺利进行。

(二)活动开展阶段

1. 热情迎接:活动小组成员热情迎接家长与幼儿,引导家长签到并为幼儿贴上姓名贴。行政人员分组与家长交谈,了解家长需求与想法,宣传幼儿园特点;专任教师负责熟悉幼儿情况,为主题故事会建立师幼联系。

2. 主题故事会:引导家长与幼儿前往活动室参加主题故事会活动。专任教师按照活动计划开展活动,遵循"音乐问候—生动表演—趣味互动—温馨结束"的流程进行。

3. 专题指导:专任教师与家长进行育儿交流,基于早期阅读对家长进行策略指导,展示教师的专业素养与教育理念。

4. 实地观摩:由行政人员带队,分组组织家长实地观摩幼儿园环境、设施及教学活动情况,通过详细介绍让家长深入了解幼儿园的教育理念与实践成果。

(三)生源转换阶段

1. 报名宣传:在活动结束后向家长进行报名宣传,重点介绍报名要求、流程及费用等信息,对有意向的家长进行生源转换引导。

2. 温馨送别:将印有幼儿园信息的礼物送给参与活动的家庭作为纪念,增强家园联系与沟通。

3. 回访工作:根据"家长回访工作流程"开展回访工作,了解家长反馈意见与建议,为后续招生工作提供参考与改进方向。

七、时间安排

序号	时间	工作内容	负责人	工作要求
1	4.10	组建团队	园长	成立幼儿活动筹备小组,商讨并撰写活动方案
2	4.12	采购物资	后勤人员	根据故事主题进行"跑跑镇"的场景购置材料、教师服装、教具及互动小礼品
3	4.13	主题故事活动与教学准备	专任教师	1.研磨《有趣的跑跑镇》故事设计与讲述,根据故事内容设计教学方案与流程 2.完成教学具准备与互动环节材料准备
4	4.15	邀约新生家长	招生组教师	1.电话邀约家长入园参加活动,告知家长活动主题、时间、地点等关键信息 2.制作宣传海报与电子邀请函,提前三天将邀请函发送给家长
5	4.19	布置环境	后勤人员	按要求张贴海报及观看区和表演区的标识
6	4.20	接待	行政人员	1.准备邀约意向家长名单、到访预约表、到访签到表、名帖(3张/家庭)、体验小礼品 2.引导家长参观园所,了解家长需求,介绍园所情况与招生活动

音乐会招生活动方案
——音乐飞毯

一、活动背景

音乐在幼儿的成长过程中扮演着至关重要的角色。专业的音乐启蒙教育不仅能够让幼儿感知节奏、节拍、速度和旋律的规律,还能有效促进幼儿语言、体能、社交以及情感等多方面能力的发展。对于2-3岁的幼儿而言,他们通常会通过身体律动来适应音乐节奏,例如随着音乐挥手、跺脚、摇摆起舞等。因此,我们特举办"音乐飞毯"招生主题活动,旨在通过活动宣传幼儿园的音乐特色课程,并加深家长对幼儿园教育理念的了解。

二、活动时间

2024年5月5日—5月15日

三、活动目的

1.通过活动向家长全面展示幼儿园的音乐特色课程,加强招生宣传效果。
2.借助活动让幼儿亲身感受音乐的乐趣,并通过拍手、摇铃等方式感知节奏的变化。

四、活动内容

(一)课程展示——小小音乐会

由具备音乐特长的教师现场展示幼儿园的音乐特色课程,让家长直观了解幼儿在园的音乐教育情况。同时,教师将组织部分幼儿进行音乐素养展示,新生家长与幼儿共同入座观看。

(二)亲子游戏——音乐飞毯

教师设计一系列亲子音乐游戏,如"节奏接龙""音乐传递"等,鼓励家长与幼儿共同参与,共同体验音乐带来的节奏与乐趣。随后,引导幼儿利用彩纸、布料等材料,发挥想象力制作个性化的"音乐飞毯"。

(三)咨询交流——生源转换

由行政人员与家长进行面对面沟通,详细解答家长关于幼儿园教育、课程设置、招生政策等方面的疑问,促进生源的有效转换。

五、活动准备

(一)人员准备

成立由园长、行政人员、专任教师组成的活动小组,细化活动方案,明确各自的任务分工。

(二)物资准备

电教设备、教学用具、宣传海报、家长签到物品以及活动小礼物等。

(三)环境准备

在活动大厅布置出充满音乐氛围的环境,摆放各类乐器,并展示音乐海报或课程宣传海报,营造浓厚的音乐氛围。

六、活动流程

(一)前期准备阶段

1. 提前三天通过电话或微信向参与活动的家长发送正式邀请函。
2. 提前一天以电话或短信的形式温馨提醒家长按时入园参与活动。
3. 提前一天完成活动场地的布置及所需物品的准备工作。

(二)活动开展阶段

1. 开场表演。

由专任音乐教师进行精彩的开场表演,充分展示音乐的魅力,吸引家长和幼儿的注意力。

2. 小小音乐会课程展示。

教师组织部分在园幼儿按照节目顺序进行表演,包括歌唱表演、趣味律动、乐器演奏等。表演结束后,专任教师进行简短的课程宣传。

3. 音乐飞毯亲子游戏。

教师先组织家长与幼儿共同参与"节奏接龙""音乐传递"等亲子游戏,再引导幼儿利用彩纸、布料等材料制作个性化的"音乐飞毯"。

(三)生源转换阶段

1. 报名宣传。

向家长详细介绍报名流程及政策,对有意向的家长进行积极引导,促进生源的有效转换。

2.温馨送别。

将印有幼儿园信息的礼物赠送给参与活动的家庭,增强家园之间的联系与沟通。

3.回访工作。

按照"家长回访工作流程"开展回访工作,了解家长及幼儿的反馈意见,为后续工作提供参考。

附件

音乐会招生活动安排表

序号	时间	工作内容	负责人	工作要求
1	5.5	组建团队	园长	成立活动小组,商讨、完善活动方案
2	5.7	音乐会排练	专任音乐教师	1.根据音乐会招生主题准备演出节目 2.设计音乐飞毯活动案例与教学具准备
3	5.10	采购物资	后勤人员	根据音乐会的场景布置要求购置材料、教师服装、教具及互动小礼品
4	5.10	邀约新生家长	招生组教师	1.招生组电话邀约家长入园参加活动,告知家长活动主题、时间、地点等关键信息 2.制作宣传海报与电子邀请函,提前三天将邀请函发送给家长
5	5.14	布置环境	后勤人员	环境布置:展示音乐会流程的海报,张贴观看区和表演区的标识
6	5.15	接待活动	行政人员	1.准备邀约意向家长名单、到访预约表、到访签到表、姓名帖(3张/家庭)、体验小礼品 2.引导家长参观园所,了解家长需求,介绍园所情况与招生活动

农耕体验、快乐成长招生活动方案
——一米农场

一、活动背景

随着城市化进程的加速与科技化的普及,幼儿接触自然与农耕文化的机会日益减少。《3-6岁儿童学习与发展指南》明确指出,幼儿的学习特点在于"直接感知、实际操作和亲身体验"。在此背景下,城市幼儿园内的"一米农场"成为了幼儿体验种植、观察植物生长的重要平台。本次活动旨在充分利用幼儿园现有的农场资源,为家长与幼儿提供农耕体验的机会,共同感受劳动教育的深远意义。

二、活动时间

2023年3月20日至3月28日

三、活动目的

1.通过互动体验活动,让幼儿感受农场的独特魅力与乐趣。

2.借助活动平台,展示幼儿园的教育理念及一米农场课程成果,增进家长对幼儿园的了解与信任。

四、活动内容

(一)农耕课程宣传

教师向家长详细介绍农耕课程的背景、目标及实施情况,结合实际教学案例进行生动讲解。

(二)亲子农场体验

将参与家庭分组,每组分配一小块土地及相应的种子或植物幼苗。

在教师的专业指导下,家长与幼儿共同完成播种、浇水、除草等农耕活动。

(三)亲子农趣游戏

设计一系列农耕主题的趣味游戏,如"种子接力赛""农具猜猜看"等,增强活动的趣味性与参与度。

五、活动准备

(一)人员准备

成立由园长、行政人员及部分教师组成的活动小组,负责细化活动方案、明确各自任务。

(二)物资准备

准备常用的农耕工具,如耙、磨、犁、锄、铲、桶等。

准备氛围音乐、音响设备、宣传海报及邀请函等。

(三)环境准备

对一米农场基地进行布置,营造浓郁的农耕氛围。

设置农具展示区、种植体验区及动物互动区,丰富活动内容。

六、活动流程

(一)介绍农耕课程

简短开场致词后,由教师进行农耕课程背景及实施情况的详细介绍。

(二)亲子农场体验

将参与家庭分组,分配土地及种子或植物幼苗。

家长与幼儿共同参与农耕活动,体验种植的乐趣。

(三)亲子农趣游戏

教师组织家长与幼儿参与农趣亲子游戏,如"种子接力赛""农具猜猜看"及亲子律动等。

(四)快乐农夫表彰

1. 颁发"小小农夫"证书,表彰幼儿的努力与参与。
2. 总结活动成果,邀请家长与幼儿分享活动心得与收获。
3. 对参与活动的家庭进行后续跟进,解答疑问与顾虑。

根据家长反馈与需求,提供个性化的招生咨询与服务。

七、时间安排

序号	时间	工作内容	负责人	工作要求
1	3.20	人员组建	园长	成立活动小组,商讨、完善活动方案
2	3.22	研讨活动流程	教师组	1.确定课程宣传的案例,并优化 2.准备亲子互动环节的道具与材料
3	3.22	采购物资	后勤人员	1.根据农场的场景布置要求购置材料、补充农耕工具,确保数量充足 2.环境布置:展示农场课程的海报,奖状
4	3.25	邀约新生家长	招生组教师	1.招生组电话邀约家长入园参加活动,告知家长活动主题、时间、地点等关键信息 2.制作宣传海报与电子邀请函,提前三天将邀请函发送给家长
5	3.28	接待活动	行政人员	1.准备邀约意向家长名单、到访预约表、到访签到表、姓名帖(3张/家庭) 2.引导家长参观园所,了解家长需求,介绍园所情况与招生活动

半日沉浸式体验招生活动方案
——"'伴'日相约"

一、活动背景

幼儿园时期是孩子启蒙教育的关键阶段,保教质量和园所环境是家长关注的焦点。为了让家长全面深入地了解我园的教育理念、育人环境和师资水平,特此开展"'伴'日相约"半日沉浸式体验活动。通过此次活动,吸引更多新生家庭选择我园作为孩子的启航之地。

二、活动时间

2024年6月12日至2024年6月22日的工作日上午

三、活动地点

阳光幼儿园

四、活动目标

1.通过亲子半日体验活动,让家长和幼儿了解幼儿园的一日活动流程,了解幼儿在园的活动形式。

2.让家长深入了解幼儿园的教学特色、教师风采、教育方式,以及幼儿在各类教育活动中的参与情况。

3.通过家长说明会,增加家长对幼儿园的办园理念、精细化管理、园本体验课程以及报名流程等的全方位了解,提升现场报名率。

五、活动内容

(一)教学展示

由不同领域的教师展示幼儿园的日常教学活动,如音乐律动、故事讲述、艺术创作等,通过互动方式让家长和幼儿共同感受活动的趣味性和专业性。

(二)家长说明会

以简短的集体会议形式,由园长详细解读幼儿园的办园理念、培养目标、精细化管理、课程特色、师资队伍、报名流程等。

六、活动准备

(一)人员准备

1.成立招生组、活动组、体能组、后勤组、宣传组等活动小组,明确人员职责。

2.选取有经验的教师承担教学展示与半日接待任务。

(二)物资准备

1.教玩具、餐食点心、宣传海报、邀请函、签到表、幼儿基本情况采集表、报名登记表、报名意向采集表、半日体验活动流程指南等。

2.家长说明会的课件、PPT等。

(三)环境准备

1.确保园所环境干净整洁。

2.确保接待班级区域材料摆放整齐,活动室环境优美舒适。

七、活动流程

(一)前期准备阶段

1.招生组:负责活动前的电话邀请、活动接待、活动后续的反馈收集及解答家长疑问。协助家长办理入园手续,将幼儿交给班级教师。

2.活动组:负责游戏的设计与组织,与幼儿进行互动,增强教师与幼儿的黏性。

3.后勤组:负责卫生、安全、保健、饮食、采购等后勤保障工作。

4.宣传组:负责活动前后的宣传及推广工作,活动中进行摄影、摄像,活动后进行视频制作。

(二)半日接待阶段

1.欢迎时光。(8:30-9:00)

活动人员:招生组、保健医(员)、体能组、活动组、后勤组、宣传组。

注意事项:招生组一对一热情接待幼儿及家长,为幼儿贴上姓名帖。

保健医(员)进行常规晨检。

体能组分布在功能区,等待家长参观,配合招生专员陪伴孩子游戏。

活动组进行活动前教学教具的准备。

后勤组负责过渡环节的物品及食品的准备,包括水杯、饮用水、水果等,特别要注意清洁、消毒工作。随时巡视以应对家长及幼儿的需求。

宣传组负责拍摄活动图片,特别是幼儿与家长、教师的互动图片。

2.水果时光。(9:00-9:20)

活动人员:后勤组、活动组、招生组、宣传组。

注意事项:后勤组准时送达水果至活动室。

活动组组织孩子吃水果,注意音乐的转换,营造轻松氛围。

招生组与家长进行个性化交流,引导家长前往家长说明会现场。

宣传组抓拍孩子吃水果时的可爱瞬间。

3.运动时光。(9:20-10:00)

活动人员:活动组、招生组、宣传组。

注意事项:招生组引领家长前往家长说明会地点,沿途介绍幼儿园情况。

活动组带领部分家长和孩子到运动区域。游戏结束后,教师负责照顾孩子的清洁卫生,如更换衣物、洗手等。

宣传组拍摄孩子运动时的精彩瞬间。

4.游戏时光。(10:00-10:40)

活动人员:活动组、招生组、宣传组。

注意事项:活动组组织孩子进行丰富多样的游戏活动。

现场由一名活动人员担任主持人,并适时宣布若现场报名参与活动将获得相应的礼物,吸引家长和孩子关注。

招生组关注孩子游戏情况,同时与家长进行个性化沟通。

宣传组拍摄孩子游戏时的欢乐瞬间,为报名的孩子建档。

5.家长说明会。(10:40-11:10)

活动人员:园长、招生组、宣传组。

注意事项:园长通过PPT详细介绍幼儿园的办园理念、培养目标、精细化管理、师资队伍、课程特色,强调幼儿园的核心优势及特色,增强家长对幼儿园的品牌信任。

招生组负责引导家长入场及维持会场秩序。一对一跟进引导报名。

宣传组负责会议记录,拍摄相关照片和视频。

6.告别时光。(11:10-11:20)

活动人员:招生组

注意事项:招生组收集家长反馈意见,和家长礼貌道别,和幼儿拥抱道别。

第五节　教师队伍培育活动方案

教师是幼儿园发展的核心驱动力,更是保教质量提升的关键所在。阳光幼儿园长期以来深刻认识到教师队伍建设的重要性,采取了一系列有力措施,旨在培养一支有坚定信念、有使命担当、专业且有爱的教师队伍。本活动方案围绕"教师成长晋升"与"活动策划实施"两大核心领域,精选了阳光幼儿园在教师队伍建设精细化管理方面的成功案例,为广大的幼儿园管理者在规划及强化教师队伍建设方面提供有价值的参考。

骨干教师评聘方案

一、评聘意义

为深入贯彻党的二十大精神、习近平总书记关于教育的重要论述以及全国教育大会精神,积极响应国家关于加强教师队伍建设的号召,旨在培养一批高素质、专业化、创新型且擅长保育教育的骨干教师,结合本园实际情况,特制订本评聘实施方案。

二、评聘条件

(一)必备条件

政治素养:理想信念坚定,政治思想素质过硬,坚决拥护中国共产党的领导,全面贯彻党的教育方针。积极践行"四有好老师""四个引路人""四个相统一"等教育理念,热爱教育事业,关爱幼儿,致力于立德树人。

专业能力:具备先进的教育思想、深厚的学科知识、扎实的教学基本功和显著的教育成效。近五年内,承担过区县级及以上示范课、公开课、专题讲座等活动;在区县级及以上教学大赛中获奖;在送教支教和青年教师培养中发挥了传、帮、带作用。

科研能力:具有较强的教育科研能力,积极开展教育教学研究。近五年内,主持或参与区县级及以上科研课题并有阶段性成果;所撰写的教育教学经验、论文在县级及以上公开刊物发表或被区县级及以上部门推广使用。

考核与继续教育:近五年年度考核合格及以上,完成规定的继续教育学分。

(二)其他条件

培训经历:参与并完成县级及以上骨干教师培养项目,或"国培计划"教师培训团队研修、教师工作坊研修项目,且培训时长不少于3个月。

(三)否决条件

存在以下情形之一者,不得参加当年骨干教师评聘:

师德违规:违反《阳光幼儿园教师师德考核评价方案》规定,实行"一票否决"。

纪律处分:处于党纪、政纪、政务处分期内,或正在接受立案审查、停职审查且尚未作出结论;被取保候审、监视居住、羁押、留置;被强制收容教育、强制戒毒、治安拘留等。

年度考核:评聘当学年度内,年度考核结论为基本合格、不合格、不确定等次(试用期除外)之一。

出勤问题:评聘学年度内,存在连续旷工10天或累计旷工15天及以上;病假累计6个月及以上;事假累计超过20个工作日;无故迟到早退累计30次及以上等情形之一。

违规行为:评聘学年度内,存在乱订资料(或强行向幼儿家长推销资料)、乱办班、乱收费、向幼儿或幼儿家长索要钱物、体罚或变相体罚幼儿等行为,且经县级及以上部门查证属实。

财务问题:评聘当学年度内仍拖欠单位公款。

安全事故:评聘学年度内因个人原因造成工作失误或安全事故,且经县级及以上部门认定。

工作安排:评聘学年度内拒不服从幼儿园工作安排。

三、评聘办法

骨干教师评聘依据考核成绩由高到低确定评聘对象。若考核成绩并列,则依次按照教龄长、年龄大者优先的原则进行排序。

(一)考核方案

幼儿园制订详细的业绩考核和骨干教师评聘考核实施方案,确保考核过程的公正性、透明性和科学性。

(二)考评小组

组建由园领导、专家、骨干教师等组成的骨干教师评聘考评小组,负责对申报教师进行逐项考核,确保评聘工作的专业性和权威性。

四、评聘程序

(一)教师自荐

凡符合推荐条件的教师,可自愿向幼儿园提出申请,填写骨干教师评聘申报表,并提供相关证明材料。同时,签订骨干教师聘任承诺书,承诺在评聘后按照既定的工作任务高质量完成。

(二)资格审查

幼儿园对申报材料进行严格的资格审查和评议,确保申报材料的真实性和完整性。符合条件的申报对象应进行不少于5个工作日的公示,接受全园师生的监督。

(三)综合评审

幼儿园组织专家组对申报对象进行综合评审,提出拟认定骨干教师人选。经园领导审定后,进行5个工作日的公示。对公示无异议的,正式发文公布名单,并颁发骨干教师证书。

五、附则

本方案自发布之日起实施,由阳光幼儿园负责解释。在评聘过程中,如有任何疑问或争议,可及时向幼儿园相关部门反映并寻求解决。

附件1

骨干教师评聘申报表

幼儿园_____

教师姓名_____

申报层次_____

任教学科_____

姓名		性别		出生年月		照片
民族		籍贯				
何时加入何党派			健康状况			
现专业技术职职称及年限			教 龄			
联系方式	手机		办公			
参加工作时间			现任教年级及学科			
毕业学校及专业（肄业）		年毕业于　　　校　系(科)　　专业(修业　年)				
继续教育学历		年毕业于　　　校　系(科)　　专业(修业　年)				
获得何种奖励						
参加学术团对及任职						
担(兼)任党政职务			社会兼职			

主要学习经历及工作经历

时间	地点、单位、职务	证明人

近五年完成教育教学工作情况（含公开课、观摩课、研究课）

时间	职务	教学内容	学时数	成绩及效果

教育教学方面的专长、示范引领和突出贡献

教(科)研成果			
(有代表性的论(译)著、教材、教参、教育、教学研究、实验技术及其它成果)			
年	月	成果名称	发表刊物或交流地点	本人承担部分

指导培养教师情况			
时间	指导内容	指导形式	指导人

本人总结
（包括政治思想表现、教育教学教研等工作的能力及履行职责的情况、成绩）

（本栏不够时可另加副页）

（签名）_____
年　　月　　日

本人对申报表中所填内容的真实性负责。若有不实之处,愿意承担由此产生的一切后果。

申报人签名：_____

年　　月　　日

附件2

骨干教师申报材料清单

序号	项目	数量	备注
1	申报表	一份	
2	业绩统计表	一份	
3	参评资格	各一份	符合评选范围要求的培训结业证书、学历、职称证书和继续教育学分证书等
4	教育教学能力	每项一份	包括本人在教育教学和发挥示范指导作用等方面的证明材料
5	教育科研能力	每项一份	包括本人在教育科研方面所取得的成果证书、获奖证书复印件和课题、专著、论文出版发表的证明材料等
6	其他印证材料	每项一份	包括本人在其他方面的证明材料等

注:1.申报材料为最能体现个人能力水平及专业成就的业绩佐证材料。

2.按照类别顺序整理申报材料(附目录),将每人的材料装成一个档案袋,在档案袋外面张贴此材料清单(备注栏更改为首页码)。

附件3

骨干教师评审承诺书

姓名:_____,性别:_____,_____年_____月出生。现申请参加幼儿园:_____教师评审。本人郑重承诺:

一、热爱教育事业,坚持立德树人,为人师表,率先垂范,关爱幼儿。

二、模范遵守新时代幼儿园教师职业行为准则以及幼儿园规章制度,勤勤恳恳,廉洁从教。

三、爱岗敬业,积极主动,服从安排,认真履行岗位职责。

四、教师评审后,工作量不减少,任教学科及课时不变,若担任班主任则继续担任班主任(学校工作调整除外),并高质量完成教育教学任务。

五、如有违背,本人自愿放弃教师申报资格。

承诺人:_____

_____年_____月_____日

附件4

骨干教师聘任承诺书

姓名：_____，性别：_____，_____年_____月出生，现申请参加幼儿园教师竞聘。本人郑重承诺：

一、热爱教育事业，坚持立德树人，为人师表，率先垂范，关爱幼儿。

二、模范遵守新时代幼儿园教师职业行为准则以及幼儿园规章制度，勤勤恳恳，廉洁从教。

三、爱岗敬业，认真履行岗位职责。工作积极主动，服从安排。

四、教师聘任后，工作量不减少，任教学科及课时不变，若担任班主任则继续担任班主任（学校工作调整除外），并高质量完成教育教学任务。

五、如有违背，本人自愿取消教师聘任资格。

承诺人：_____

_____年_____月_____日

附件5

骨干教师测评表

考核对象		考核组成员		考核时间	
项目	评价标准			分值（分）	得分
师德师风	1.服装得体，言行合规 2.依法执教，爱岗敬业 3.关爱幼儿，严谨治学			15	
保教目标	1.目标明确，符合幼儿年龄特征 2.执行一日作息制度，减少幼儿消极等待 3.注重安全、卫生及幼儿行为习惯培养 4.观察、分析、幼儿发展、提供支持			20	
班级卫生	1.班级整洁、温馨，无异味、污垢、积水 2.严格执行卫生消毒要求，规范记录			20	
保育护理	1.及时为幼儿增减衣物，照顾体弱幼儿 2.准备足量且温度适宜的饮用水，安排幼儿及时饮水 3.进餐环节安静有序，使幼儿能准确报菜名，引导幼儿养成良好的进餐习惯，并做好消毒清洁工作 4.幼儿如厕、盥洗、漱口等生活环节组织有序，注重其卫生习惯培养，及时为需要帮助的幼儿提供帮助			20	

续表

考核对象		考核组成员		考核时间	
项目	评价标准			分值(分)	得分
保教配合	1.保教配合默契,促进幼儿发展;相互协作做好家园工作 2.配合完成活动前后的物品准备和整理工作 3.辅助班级老师指导幼儿学习或游戏,并提供适当帮助			15	
活动反思	1.能客观评价自己日常工作中的优缺点 2.能简要分析不足原因并说出改进办法			10	
考核总分					
说明:满分为100分,90分及以上为"优秀",80-89分为"良好",70-79分为"合格"					

名师评选方案

一、评选意义

为深入贯彻落实党的二十大精神中关于"加强师德师风建设,培养高素质教师队伍"的指示,积极响应习近平总书记关于教育的重要论述,特别是他强调的"教师是立教之本、兴教之源,承担着让每个孩子健康成长、办好人民满意教育的重任",并紧密结合全国教育大会精神中关于提升教育质量、促进教育公平的要求,本方案旨在通过评选幼儿园名师,树立教师典范,进一步推动幼儿园教师队伍的专业化、创新化和高质量发展。

二、评选目标

通过评选幼儿园名师树立教师典范,激发教师的学习热情和竞争动力。提高教师的教育教学水平和教育情怀,促进教师队伍的整体优化。推动幼儿园教育质量的全面提升,为幼儿的全面发展提供坚实保障。

三、评选条件

(一)综合素养

政治素养:忠诚于党的教育事业,坚决拥护党的教育方针政策。

道德品质:遵守教师职业道德规范,具有良好的师德师风。

职业操守:热爱幼教事业,关心爱护幼儿,尊重幼儿人格。

(二)师德表现

积极参与师德教育活动,树立良好的师德形象。在师德师风建设中发挥引领作用,成为同事和幼儿的榜样。

(三)专业发展

甘于寂寞,肯吃苦、善钻研,有积极强烈的专业学习需求。

积极参加各种形式的培训和学习,提升自身专业素养和教学能力。

(四)教学理念

教学理念符合新时代幼儿教育的要求,注重培养幼儿的创新精神和实践能力。能根据幼儿的年龄及个体差异制订不同的发展特点和需求,制订科学合理的教育目标和教学方案。

(五)教学成果

在幼儿成长和发展中取得显著的教学成果,得到家长和同事的广泛认可。获县级赛课一等奖、市级赛课二等奖及以上的荣誉奖项。

(六)科研能力

具有较强的教学和科研工作能力,能承担相应的职责任务。积极参与课题研究、论文发表等科研活动,提升自身科研水平。

(七)其他要求

身体健康,年龄原则上不超过45岁。具有较强的团队合作精神和合作能力。

四、评选程序及要求

(一)教师自荐

符合条件的教师自愿向所在学校提交名师申报表,自荐材料应真实、完整,如实填写申报表并提供相关证明材料。

(二)资格审查

幼儿园对申报材料进行资格审查和评议,明确审查标准和流程,确保审查工作的公正性和透明度。

符合条件的教师名单应进行不少于5个工作日的公示。

(三)教学测评

参加幼儿园名师评聘的教师须录制一堂不少于1课时的课堂教学实录。

幼儿园组织专家组对课堂教学实录进行测评,细化测评标准和方法,如:采用专家评审、同行评价、家长反馈等多种方式进行教学测评。

凡不参加教学测评者,视为放弃。

(四)综合认定

幼儿园组织专家组进行综合评审,提出拟认定的幼儿园名师人选。

综合评审应全面、客观,确保评选结果的公正性和权威性。经审定后,公示5个工作日,对公示无异议的,正式发文公布名单。

五、其他事项

(一)实施效果评估与持续改进

定期对名师评选工作进行总结和反思,评估实施效果。根据评估结果对方案进行修订和完善,形成持续改进机制。

(二)激励措施

为评选出的名师提供培训机会,提升其教育教学水平和科研能力。

设立奖励资金,对名师进行表彰和奖励,激发教师的积极性和创造力。

鼓励名师发挥引领作用,带动幼儿园教师队伍的整体提升。

通过本方案的实施,我们期望能够评选出一批高素质、专业化的幼儿园名师,为幼儿园的持续发展提供坚实的人才保障。同时,我们也希望这一评选活动能够激发全体教师的积极性和创造力,共同推动幼儿园教育事业不断进步。

附件1

名师申报表

姓名		性别		出生年月		照片
政治面貌		身体状况		学历		
学科		行政职务		专业技术职称		
工作单位				联系电话		
申报工作室名称						
主要荣誉称号						
近三年来主要学术及教研成果							
成果名称	成果形式		发表刊物或出版社			发表时间（出版时间）
近三年主要获奖情况						
所在幼儿园意见	园长签字： 盖章： 年　　月　　日					

附件2

名师评选材料清单

序号	项 目	数量	备注
1	申报表	一份	
2	参评资格印证材料	各一份	学科带头人培养对象培训证书、学历证书、职称证书、教师培训学分证书等
3	"教育教学能力"印证材料	每项一份	
4	"教科研能力"印证材料	每项一份	
5	"示范引领能力"印证材料	每项一份	
6	其他	每项一份	
7	教学测评U盘	一个	U盘上标明幼儿园、姓名、教学内容等基本信息

注:1.申报材料为最能体现个人能力水平及专业成就的业绩佐证材料。

2.按照类别顺序整理申报材料(附目录),将每人的材料装成一个档案袋,在档案袋外面张贴此材料清单,写清楚材料份数,"备注"栏内容改为"首页码"。

学科带头人评选方案

一、目的与意义

为深入贯彻党的教育方针,加强幼儿园教师队伍建设,培养一批在学科教学与研究领域具有引领作用的领军人才,推动本园教育质量持续提升,特制订本评选方案。

二、评选范围

参加过中小学(幼儿园)学科带头人培养项目并取得结业证书的教师。

虽未参加上述培训,但在学科专业能力、教育教学业绩等方面表现特别突出,且符合其他评选条件的教师,可适当放宽条件参与评选。

三、评选条件

政治思想素质:热爱教育事业,全面贯彻党的教育方针,具有坚定的教育理想与教育情怀。模范践行"四有好老师"标准,努力当好"四个引路人",始终坚守"四个相统一"。严格落实师德师风第一标准,无任何违规违纪行为。

教育教学工作:长期坚持教育教学一线工作,最近五年内一直从事所申报学科或领域的教学(研究)工作。年龄原则上不超过50周岁,具备大学本科及以上学历。原则上具备副高级及以上专业技术职务,并通过继续教育完成了规定学分。

教育教学业绩:独立承担至少一门课程的教学(研究)工作,育人成绩突出,教龄在10

年以上。理论素养扎实,业务能力精湛,具有鲜明的教育主张和独特的教育风格。在同层次、同学科教师中具有较高的威望和知名度,所上示范课或专题讲座效果好。获得过县级及以上赛课(或教师技能大赛)二等奖及以上奖项。

教研科研能力:在核心期刊上发表论文不少于1篇,论文内容应与所申报学科或领域紧密相关。主持过县级及以上教育科学规划课题(含专项)不少于1项,并取得显著研究成果。

示范引领作用:积极参与所在区县的教师培养工作,所指导的教师中至少有1人获得过县级及以上教学、科研等方面二等奖及以上的奖项。在教育教学改革、课程开发、教材建设等方面发挥引领作用。

其他要求:获得幼儿园名师称号满三年及以上。

四、评选程序

教师自荐:凡符合条件的教师可自愿向幼儿园提出申请,填写××幼儿园学科带头人申报表。提供相关证明材料,包括但不限于获奖证书、论文发表证明、课题研究成果等。

资格审查:幼儿园组织专家对申报材料进行资格审查和评议,确保申报材料的真实性和完整性。资格审查结果应进行不少于5个工作日的公示,接受教师和社会监督。

能力测评:自荐教师须录制一节20分钟左右的教师培训课程视频,聚焦所申报学科教师教学能力提升。视频录制要求清晰、规范,包含片头及必要的信息标注。幼儿园组织专家组对自荐教师的培训课程进行测评,重点考查其教学能力和专业素养。凡不参加能力测评者,视为自动放弃评选资格。

综合认定:幼儿园组织专家组进行综合评审,综合考虑申报教师的政治思想素质、教育教学工作、教育教学业绩、教研科研能力、示范引领作用等方面的情况。提出拟认定为幼儿园学科带头人的人选名单,经幼儿园审定后,进行不少于5个工作日的公示。对公示无异议的人选,正式发文公布名单,并颁发相关证书和荣誉。

五、保障措施

加强组织领导:成立由幼儿园领导、专家和教师代表组成的评选工作领导小组,负责评选工作的组织、协调和监督。

强化宣传引导:通过幼儿园网站、公告栏等渠道广泛宣传评选工作的目的、意义和要求,营造良好的评选氛围。

严格评选纪律:确保评选工作的公平、公正、公开,对违反评选纪律的行为严肃处理。

六、附则

本方案由阳光幼儿园负责解释。本方案自发布之日起实施,有效期为三年。如需调整或修订,须经幼儿园领导集体研究决定。

附件1

学科带头人申报表

幼儿园_____

教师姓名_____

申报层次_____

姓名		性别		出生年月		照片
民族		籍贯				
何时加入何党派				健康状况		
现专业技术职职称及年限				教龄		
联系方式	手机			办公		
参加工作时间				现任教年级及学科		
毕业学校及专业(肄业)	年毕业于 系(科)		校 专业(修业 年)			
继续教育学历	年毕业于 系(科)		校 专业(修业 年)			
获得何种奖励						
参加学术团队及任职						
担(兼)任党政职务				社会兼职		

主要学习经历及工作经历

时间	地点、单位、职务	证明人

近五年完成教育教学工作情况(含公开课、观摩课、研究课)

时间	职务	教学内容	学时数	成绩及效果

教育教学方面的专长、示范引领和突出贡献

教(科)研成果				
（有代表性的论(译)著、教材、教参、教育、教学研究、实验技术及其它成果）				
年	月	成果名称	发表刊物或交流地点	本人承担部分

指导培养教师情况			
时间	指导内容	指导形式	指导人

本人总结
（包括政治思想表现、教育教学教研等工作的能力及履行职责的情况、成绩）
单位意见：

附件2

学科带头人业绩统计表

姓名:			单位:			
教育教学实绩	年度	2019年	2020年	2021年	2022年	2023年
	年度考核结果					
承担课题	编号	课题名称		主持/主研排名	批准单位	立项时间	是否结题
	1						
	2						
论文、教材、专著	编号	论文题目/书名		刊物名称及期刊号/出版社	排名	发表/出版时间	刊物级别
	1						
	2						
成果获奖或采纳应用	编号	成果类别	成果名称	获奖时间	获奖等级及排名	颁奖单位/采纳单位
	1					
	2					
赛课获奖	编号	赛课题目	获奖时间	获奖等级	颁奖单位
	1				
	2				
示范引领	编号	讲座题目	讲座时间	级别	组织单位
	1				
	2				
指导教师获奖	编号	指导教师姓名	获奖时间	获奖等级	颁奖单位
	1				

填表说明:(表格可自行增减)

1.课题指县级及以上科研主管部门审批的课题,包括国家和省级学会审批立项的课题;

2.获奖成果和赛课的颁奖部门主要指县级及以上教育行政部门或教科研机构,国家和省级学会；

3.示范引领指区县级及以上的培训指导或交流；

以上业绩统计范围为近10年内，课题、论文主要侧重于近5年内。

附件3

学科带头人材料清单

序号	项目	数量	备注
1	申报表	一份	
2	业绩统计表	一份	
3	参评资格印证材料	各一份	学科带头人培养对象培训证书、学历证书、职称证书、教师培训学分证书等
4	"教育教学能力"印证材料	每项一份	
5	"教科研能力"印证材料	每项一份	
6	"示范引领能力"印证材料	每项一份	
7	其他	每项一份	
8	教师培训课程视频U盘	一个	U盘上标明幼儿园、姓名、申报学科等基本信息

注：1.申报材料为最能体现个人能力水平及专业成就的业绩佐证材料。

2.按照类别顺序整理申报材料（附目录），将每人的材料装成一个档案袋，在档案袋外面张贴此材料清单，写清楚材料份数，"备注"栏内容改为"首页码"。

教师师徒结对方案

一、活动背景

启动师徒结对，旨在充分发挥骨干教师的传帮带作用，引领与促进青年教师快速、全面成长，实现理想信念、道德情操、专业能力、管理水平等同步提升，做一名忠诚学前教育、热爱儿童、为人师表、群众满意的幼儿教师。基于此，结合本园实际，制订本方案。

二、参与对象

所有教师均可拜师，从事幼教工作两年（含两年）及以下的青年教师应当拜师。

三、基本要求

1.以师徒结对为基本形式，同时不断拓宽实施渠道，向园外拓展，寻求专家的指导与帮助，力求形式多样，各具特色，长期坚持，注重实效。

2.师徒结对的实施，要做好指导教师（师父）的选择和师徒的合理组合。指导教师（师父）应是师德高尚、保教经验丰富、管理水平较高的骨干教师。师徒组合采取幼儿园安排并征得双方同意或双向选择、自愿组合并举的办法。

3.师徒结对的推进要紧密结合保教工作、班级管理工作、家长工作、教研和科研工作,每学期突出一个重点进行强化训练,努力提高徒弟的师德素养、基本功、教育教学、保育保健和班级管理的实际水平。幼儿园定期为徒弟搭建施展的舞台,开展各类培训、观摩、竞赛、汇报、展示活动。

四、双方职责

(一)徒弟职责

1.认真贯彻师德规范,自觉执行师德标准,教书育人,为人师表。

2.认真钻研幼儿教育教学理论,认真执行保教常规工作,主动争取指导教师(师父)的帮助,虚心学习,有疑必问。

3.每月至少观摩2个活动。其中1个活动为师父组织的活动,1个为其他老师组织的活动。提倡多观摩,特别是同年级的活动,做到取一家之本,采众家之长,创自己风格;每学期组织汇报1次,撰写幼儿教育经验总结或论文1篇。

4.每学期认真阅读1本幼儿教育理论专著,并认真做好读书笔记;积极参加教研活动和集体备课活动,积极参加幼儿园的各项竞赛和研讨活动。

5.主动请指导教师或本班班主任协助分析幼儿情况和班级情况,制订班级管理措施,多向指导教师或本班班主任请教班级管理的方法和艺术。

6.学年结束时做好工作学习的汇报总结。

(二)师父职责

1.教书育人,为人师表,热爱幼儿,热爱教育事业。在师德、工作态度、保教业务、班级管理等方面做出榜样。

2.学期初指导徒弟熟悉本学期教育目标和教学内容,帮助审核活动设计6个以上,随机观摩徒弟活动8个以上,观摩后及时评析,共同研究改进的措施。对徒弟保教常规工作情况抽查3次以上,指导徒弟组织汇报活动1次以上。

3.每月为徒弟组织1次示范活动,每学期指导徒弟学习一本教育教学理论书籍,并指导徒弟结合实践写一篇经验总结或教育论文。

4.积极鼓励、支持徒弟参加幼儿园组织的各项业务竞赛和交流活动,并做好必要的指导。

5.认真指导徒弟分析幼儿情况和班级现状,指导其制订班级管理措施,传授班级管理的方法和艺术。

6.每学年写好一篇关于做好青年教师业务培养的专题总结。

五、有效管理

1.每学年举行一次师徒结对仪式,借此机会进行爱岗敬业和为人师表教育。

2.加强对实施过程中的抽查,严格考评环节,杜绝走过场。

3.在师徒双方完成考核工作后,及时进行师徒结对结业总结,发放结业证书。

六、领导机制

1.幼儿园成立领导小组,由园长担任组长,业务园长担任副组长,各部门负责人担任成员,成立师徒结对考核小组。

2.制订好师徒结对年度实施计划,科学安排重点工作和重要活动。

3.逐步完善师徒结对激励机制。一方面把师徒结对活动效果作为先进年级组考核内容之一,考核结果记入本人业务档案;另一方面建立评选和表彰优秀师徒制度,鼓励师徒双方互教互助,尽心尽职,努力取得更为出色的成绩。

4.严格执行师徒结对工作记载和检查制度。

七、全面考核

(一)保教业务考核

通过基本功竞赛、公开活动、示范活动或活动比赛等方法进行。

(二)班级管理考核

由幼儿园相关职能部门组成考核小组专门进行。

(三)教科研能力考核

通过参与课题研究和撰写经验总结、论文,由幼儿园业务部门进行考核。

团队户外拓展方案

一、活动背景

为丰富全园教职员工的业余生活,促进教职工之间的交流,增进教职工之间的友谊,提升团队凝聚力,本园决定在秋高气爽的季节组织教职员工到郊外领略迷人的秋景,开展户外拓展活动。

二、活动主题

释放活力　陶冶情操

三、活动时间

上午7:00幼儿园集合出发,16:00返程

四、活动对象

全园教职工(包括外聘人员及实习生)

五、活动准备

(一)物资准备

团队户外拓展娱乐物资准备表

活动方式	物资准备	数量	备注
唱歌	饮料	2件	
	瓜子、花生	各3斤	
钓鱼	鱼竿、鱼食	自带鱼竿,鱼食若干份	
自由活动	矿泉水	4件	

团队户外拓展自助烧烤物资准备表

材料		数量	负责人	备注
鸡翅尖		120个	后勤采购员	
茄子		50个	后勤采购员	
羊肉		100串	后勤采购员	
土豆		10斤	后勤采购员	
藕片		6斤	后勤采购员	
青椒		2斤	后勤采购员	
韭菜		2斤	后勤采购员	
豆干		5斤	后勤采购员	
炭		2件	后勤采购员	
烧烤刷		5把	后勤采购员	
佐料	油	一桶(10斤)	后勤采购员	
	辣椒油	适量	后勤采购员	
	孜然	适量	后勤采购员	
	盐、味精	适量	后勤采购员	
鱿鱼		5斤	后勤采购员	
香菇		5斤	后勤采购员	
糍粑		3斤	后勤采购员	
竹签		10把	后勤采购员	

(二)横幅设计

1.主题横幅:释放活力　陶冶情操

2.活动横幅:阳光幼儿园团队户外拓展活动

六、活动流程

阳光幼儿园团队户外拓展活动,秉承"健康、快乐、和谐"原则,在轻松健康的氛围中进行活动。

团队户外拓展活动流程表

时间	活动项目	负责人	备注
9:00—9:30	集合、安全须知公告	主持人	
9:30—9:55	分组、推选组长	教研组长	
10:00—10:10	热身舞《小苹果》	主持人	
10:10—10:50	《拯救"饭碗"》	小组长	
11:00—11:30	《让爱传递》	小组长	
11:30—12:00	《踩气球》	小组长	
12:00—12:30	团队创意合影（分组、集体）	小组长	
12:30—14:00	快乐午餐	后勤园长	
14:00—14:50	游戏《把心交给你》	教练	
14:50—16:00	自由活动	小组长	
16:00—17:50	自助烧烤	小组长	
17:50	结束	保健医	

七、人员分工

团队户外拓展活动人员分工表

序号	分工	负责人	备注
1	教练	保教主任	
2	记时裁判	保教主任	
3	小组裁判	保教主任	
4	照相、摄像	后勤园长	
5	后勤物资	后勤采购员	
6	音乐准备	主持人	

八、注意事项

（一）自由组队选择合适乘车线路。

（二）统一穿春季园服，以体现团队精神面貌。

（三）以小组为单位活动，不能擅自离开集体单独行动。

（四）活动中要团结友爱，互相帮助。

（五）如有任何突发情况发生，立即启动活动安全预案。

附件1

教师团队户外拓展活动安全预案

一、预案目标

确保安全：全面保障户外拓展活动中全体教职工的人身安全，有效预防各类意外事故的发生。

提升能力：提高教职工应对突发事件处置的能力，并进一步增强团队协作精神。

营造氛围：营造积极、向上、和谐的团建氛围，促进教职工的身心健康发展。

预防为主：坚持预防为主的原则，做到早发现、早报告、早控制、早解决，将不安全事件控制在萌芽状态，并最大限度地减少其造成的损失。

二、组织机构及职责

安全领导小组

组长：园长，全面负责活动的安全统筹与协调工作。

副组长：后勤园长，协助组长进行安全工作的具体落实。

成员：业务园长、后勤主任、保教主任、保健医，负责各自职责范围内的安全监督与指导。

现场指挥小组

小组长：具体负责现场活动的指挥与调度。

安全员：负责现场安全监督与隐患排查。

保安：负责现场秩序维护与突发事件应对。

三、预案内容

(一)活动前准备

1.活动策划。

活动策划人员应提前对活动地点、路线、天气等进行全面考察，确保活动方案的安全性和可行性。制订详细的活动流程和应急预案，明确各环节的责任人和安全措施。

2.活动通知。

提前向全体教职工发放活动通知，明确活动时间、地点、内容、注意事项等，并要求教职工确认参加意向。通知中应包含必要的安全提示和应急预案的简要说明。

3.安全教育。

活动前组织教职工进行安全教育，包括活动安全规范、紧急疏散路线、急救知识等。确保每位教职工都了解并遵守安全规定。

4.物资准备。

根据活动需要，准备充足的食品、饮用水、急救包、通信设备等物资。确保所有物资符合安全标准，并妥善保管。

(二)活动实施

1.现场监督。

安全领导小组和现场指挥小组应全程监督活动进展，及时发现并处理安全隐患。

保安人员应负责现场秩序维护,防止人员拥挤、踩踏。

2.紧急应对。

遇到突发事件时,现场指挥小组应立即启动应急预案,组织教职工进行紧急疏散或采取其他必要措施。保健医应迅速对受伤教职工进行初步救治,并视情况拨打120请求援助。行政人员应及时向安全领导小组报告事故情况,并协助做好后续处理工作。

(三)突发事件处理办法

1.生命健康危急情况。

当教职工出现生命健康危急情况时,保健医和现场行政人员应立即将其送往医院救治或拨打120请求急救。在等待急救人员到达期间,保健医应采取必要的急救措施。

2.事故报告与调查。

事故发生后,安全领导小组应立即组织调查组对事故原因进行调查,并撰写事故报告。报告应详细记录事故发生的时间、地点、原因、伤亡情况和处理措施等。

3.善后处理。

根据事故调查结果,安全领导小组应制订善后处理方案,包括受伤教职工的安抚与赔偿、事故责任的追究等。同时,应组织教职工进行事故反思与安全教育,防止类似事故再次发生。

四、其他说明

(一)参与要求

本次团建活动原则上要求全体教职工参加。如因特殊情况无法参加,请务必在活动前一天向后勤园长请假报备。无故不参加活动的教职工将按工作失误处理。

(二)家庭安排

请教职工妥善安排好家庭和孩子,确保团建活动期间不带孩子参加。

五、附则

本预案自发布之日起生效,由安全领导小组负责解释和修订。

在活动过程中,如遇到本预案未涵盖的突发事件,应参照相关法律法规和应急预案的原则进行处理。

附件2

团队户外拓展活动游戏玩法

游戏一:拯救"饭碗"

游戏准备:呼啦圈、飞碟、音乐

游戏规则:全场人员现场抽签分为红黄蓝3队,一队6人。队员需要在身上套着呼啦圈,游戏开始后,从起点用螃蟹走路方式移动到终点抢"饭碗"(游戏道具),过程中不允许使用手去触碰呼啦圈,除非呼啦圈掉落下来,捡起来套好继续出发,限时5分钟,累计的"饭碗"多者为胜。

注意:穿适宜运动的服装、鞋子

游戏二：超级大乐动

游戏准备：呼啦圈、音乐

游戏规则：跟随音乐节奏和指示向左跳进呼啦圈、向右跳进呼啦圈、向前跳进呼啦圈，不能跳错方向，重复以上动作依次向前跳动，参加人员全员顺利通过游戏结束。（参加人数：不限）

注意：不要踩到呼啦圈，保持安全距离

游戏三：踩气球

游戏准备：气球、绑带、雪糕筒、彩旗

游戏规则：分为2组，每人在脚上绑两个气球（自行决定捆绑位置），踩其他组的气球，并保护自己的气球不被踩，如所有队员的气球都被踩破为输，相反的队为胜。

注意：保持安全距离，不可攻击其他队员面部

"夸夸我的好搭档"主题沙龙活动方案

一、活动背景

为全面提高教师职业素养、专业能力、团队精神，进一步增强团队凝聚力、责任心和幸福感，充分展现教师风采，切实营造务实进取、积极向上、争先创优的良好氛围，本园特推出师德师风建设"夸夸我的好搭档"活动。现制订如下方案。

二、活动主题

夸夸我的好搭档

三、活动对象

全园教师

四、活动时间

2023年9月10日

五、活动地点

多功能厅

六、活动准备：

（一）场景布置

布置温馨、温暖的场景，特别是各种宣传语、各种爱的话语，如：我很认同你，跟你搭班很开心；有幸遇见、一起成长、一起欢笑；有争吵、有和解，希望得到你的谅解；对你没意见、只是不会表达……

（二）个人准备

每位教师画一幅班级两位成员的画像。在画像下写上夸赞搭档的语言。也可以是具体的事情，内容一定要具体、语言一定要感人，一定是夸赞、认可搭档的语言，符合搭档的特征，让对方感受到真诚而不是敷衍。

（三）物资准备

笔记本、笔、小礼品、证书等。

七、活动流程

（一）开场致辞

1. 主持人开场：简短介绍活动目的、流程和规则，营造轻松愉快的氛围。

2. 领导致辞：园长致辞，强调团队合作的重要性，鼓励大家积极参与。

（二）暖场游戏

"快速问答"：通过快速问答游戏，如"我的搭档最擅长什么？""我的搭档是什么生肖？"等，让大家在轻松的氛围中开始互动。

（三）夸夸搭档

1. 轮流夸赞：每位教师拿出准备的搭档画像，真诚地列举出搭档的优点、贡献或令人感动的瞬间。

2. 记录美好：准备笔记本或电子文档，记录下每位成员的闪光点，活动结束后可作为幼儿园文化的一部分保存。

（四）分享反馈

1. 个人感言：邀请几位教师分享被夸赞时的感受，以及平时工作中搭档给予的支持与帮助。

2. 园长总结："夸夸我的好搭档"活动亮点，强调团队合作的力量，鼓励大家将这份正能量带入日常工作中。

（五）创意表彰

1. 最佳搭档奖：根据活动过程中的表现，评选出"最佳搭档"并颁发证书，以资鼓励。

2. 创意赞美奖：对于夸赞搭档形式特别新颖、语言特别感人的赞美者，给予特别表彰。

3. 心有灵犀奖：搭档之间最心有灵犀的，能快速准确说出搭档的兴趣、性格、喜好等，给予表彰。

（六）合影闭幕

1. 集体合影：全体到会教职工合影，记录下这温馨美好的时刻。

2. 搭档留影：好搭档用自己喜欢的造型，留下最美的风采。

3. 闭幕致辞：主持人总结活动，感谢大家的参与，期待未来开展更多这样的团队活动。

八、注意事项

1. 确保活动氛围轻松愉悦，避免尴尬或负面情绪的产生。

2. 鼓励真诚、具体的赞美，避免泛泛而谈。

3. 考虑到不同教师的性格特点，确保每位教师都能得到充分的关注和赞美。

附录

精细化管理实施的有效方法在于科学直观的目视化管理标识。就幼儿园来讲,贯彻执行国家法律法规及上级要求,结合自身建设与管理实际,精心设计并切实规范目视化管理标识,对于全面落实精细化管理要求,推进管理规范化水平,意义重大、功用明确。阳光幼儿园坚持把设计和展示目视管理图片作为推进精细化管理的重要手段,着力明晰每类管理、每项活动、每个方位的具体标识,力求让每一个孩子、教职工及家长来园及在园时明白方位、知晓要求、遵循执行,进而很直观地展现保教工作及幼儿在园学习生活发展的过程。期盼附录中梳理选编的相关目视化管理标识,能对您及您的幼儿园落实精细化管理,有所启发和参考。

案例一:安保室目视化管理图片案例

一、安保室管理标识

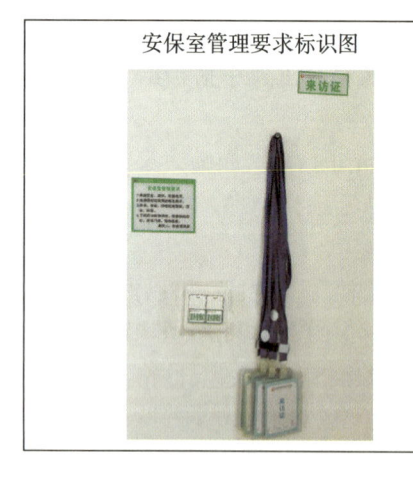

安保室管理要求标识图		标识内容
	⇨	要求:1.物品定名、定位、定量放置。 2.电器需制订使用流程及要求。 3.房间、物品、绿植定期整理、清洁、消毒。 4.下班后10分钟清洁、检查物品归位、关闭门窗、切断电源。 　　　　　　　　　　责任人:保安

二、安保器械管理标识

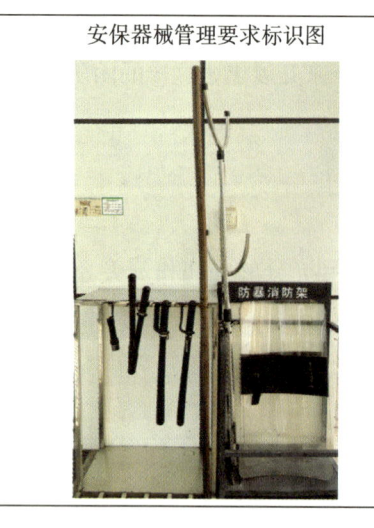

安保器械管理要求标识图		标识内容
	⇨	1.使用要求: 保安一:佩戴头盔、钢叉、腰带、辣椒水、伸缩棍。 保安二:佩戴头盔、盾牌、腰带、辣椒水、伸缩棍。 2.放置要求:使用完即放置到器械架上。 3.每天下午使用完即清洁消毒。 　　　　　　　　　　责任人:保安

三、保安服装管理标识

标识内容(右)

保安服装管理要求标识图	标识内容 要求:1.保安服装:夏季2套、春秋季2套、冬季2套、防刺背心2件、雨衣2件、腰带2条。 2.当季服装定点悬挂在挂钩上。 3.夏季服装每天清洗,春秋季服装每两天清洗,冬季服装每周清洗。 责任人:保安

案例二:保健室目视化管理图片案例展示

一、保健室管理标识

左:保健室管理要求标识图	标识内容(左) 要求:1.物品定名、定位、定量放置。 2.电器需制定(订)使用流程及要求。 3.药品需粘贴管理标识。 4.下班前10分钟清洁整理。 5.18:00—19:00消毒。 责任人:保健医

二、保健室清洁消毒管理标识

右:保健室清洁消毒要求标识图

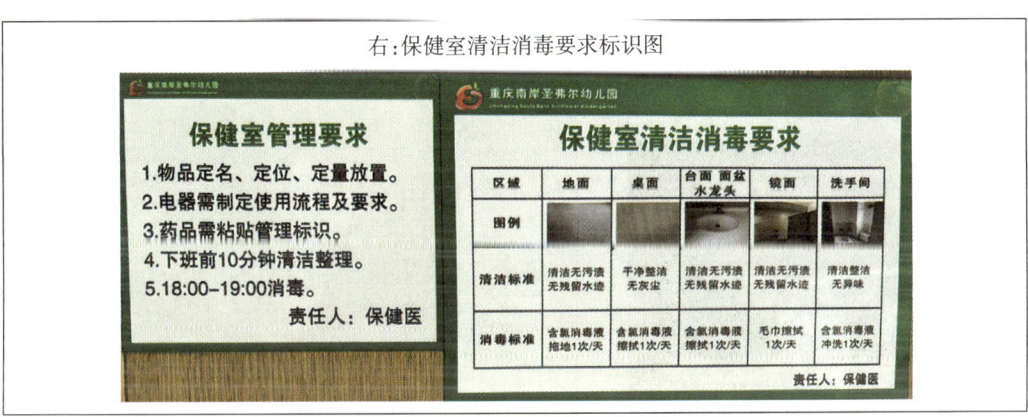

253

标识内容（右）

区域	地面	桌面	台面、面盆、水龙头	镜面	洗手间
图例					
清洁标准	清洁无污渍，无残留水迹	干净整洁，无灰尘	清洁无污渍，无残留水迹	清洁无污渍，无残留水迹	清洁整洁无异味
消毒标准	含氯消毒液拖地1次/天	含氯消毒液擦拭1次/天	含氯消毒液擦拭1次/天	毛巾擦拭1次/天	含氯消毒液冲洗1次/天
					责任人：保健医

三、冰箱储存管理标识

冰箱储存管理要求标识图

⇒ 标识内容
要求：1.冷冻室储存冰块，用于摔伤、擦伤后冰敷。
2.冷藏室存放美食坊食材。
3.每周五清洁、消毒。
　　　　　　　责任人：保健医

四、幼儿休息床管理标识

幼儿休息床管理要求标识图

⇒ 标识内容
要求：1.专供幼儿身体异常观察时使用。
2.使用期间由当班老师或保健医看护。
3.使用完即清洁、消毒。
　　　　　　　责任人：保健医

五、检查床管理标识

检查床管理要求标识图 	➡	标识内容 要求：1.专供身体异常者检查时使用。 2.由保健医检查。 3.使用完即清洁、消毒。 　　　　　　　　　　责任人：保健医

六、紫外线消毒灯管理标识

紫外线消毒灯管理要求标识图 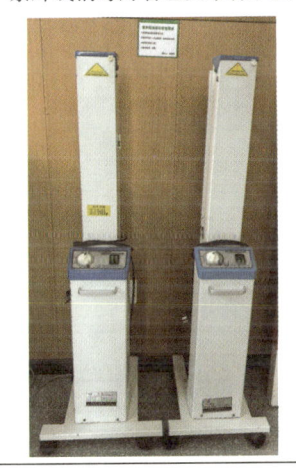	➡	标识内容 要求：1.使用前检查设备是否正常。 2.每天18:00—19:00使用,结束自动关闭。 3.使用时关闭门窗。 4.每天清洁、消毒。 　　　　　　　　　　责任人：保健医

七、儿童体重秤、身高计管理标识

儿童体重秤、身高计管理要求标识图 	➡	标识内容 要求：1.使用前检查设备是否正常。 2.由保健医使用。 3.使用完即清洁、消毒。 　　　　　　　　　　责任人：保健医

八、器械管理一览表管理标识

上:药品管理一览表标识图
中1:物品定名标识图
中2:器械管理一览表标识图
下:呕吐物处理包管理要求标识图

标识内容(中2)

名称	数量	要求
血压计	1个	定期检查是否正常
听诊器	1个	定期检查是否正常
手电筒	2支	定期检查是否正常
		责任人:保健医

九、药品管理一览表标识

上:药品管理一览表标识图
中1:物品定名标识图
中2:器械管理一览表标识图
下:呕吐物处理包管理要求标识图

标识内容(上)

名称	数量	要求
退热贴	10张	定期检查是否过期
创可贴	50张	定期检查是否过期
莫匹罗星	2瓶	定期检查是否过期
藿香正气液	1盒	定期检查是否过期
压舌板	10支	定期检查更换
水银温度计	2支	定期消毒
医用棉签	2包	定期检查是否过期
医用纱布	1卷	定期检查是否过期
医用剪刀	1把	定期检查更换
医用胶布	2个	定期检查是否过期
医用口罩	10个	定期检查是否过期
		责任人:保健医

十、药品定名标识

案例三：幼儿活动室目视化管理图片案例

一、一日活动管理标识

（一）班级晨间活动管理标识

晨间1米接待线标识图 	⇒	标识说明 用标识线定位，标识线粘贴要距离活动室门口1米。
班级晨间活动管理标识图（右） 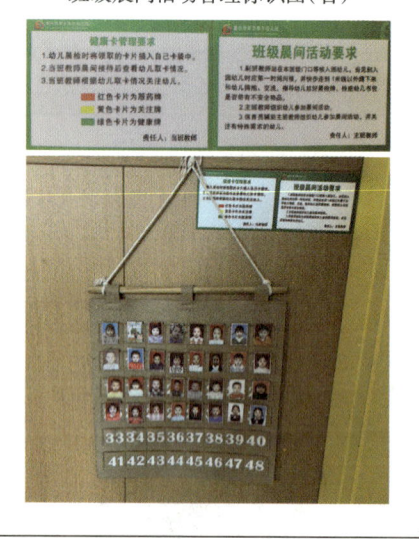	⇒	标识内容 要求：1.配班教师站在本班级门口等候入园幼儿，当见到入园幼儿时应第一时间问候，并快步走到1米线以外蹲下来和幼儿拥抱、交流。指导幼儿放好晨检牌，检查幼儿书包是否带有不安全物品。 2.主班教师组织幼儿参加晨间活动。 3.保育员辅助主班教师组织幼儿参加晨间活动，并关注有特殊需求的幼儿。 责任人：主班教师

（二）幼儿排队取水标识

幼儿排队取水标识图 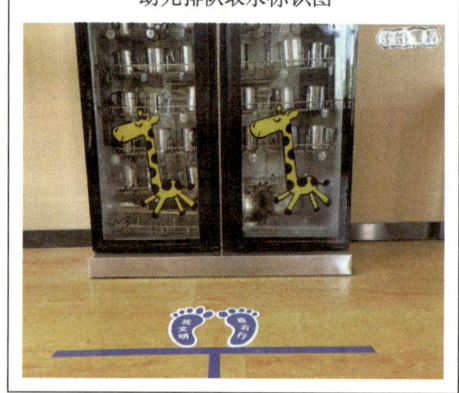	⇒	标识说明 用标识线定位，横线表示与消毒柜的距离，距离消毒柜30 cm，竖线表示幼儿排队的队列线。

(三)幼儿用餐管理标识

幼儿用餐管理标识图(从上至下图3)		标识内容 要求:1.做好餐前准备,提醒并组织幼儿洗手。 2.指导幼儿报食物名称,教师讲解食物营养价值,引导幼儿养成良好的进餐习惯。 3.分发饭菜,托、小班由老师分发,中、大班鼓励幼儿按需自取。 4.关注幼儿进餐状况,提醒并指导个别幼儿正确使用餐具。 5.指导幼儿学会自我服务,学会收拾整理。 6.提醒幼儿餐后漱口。 责任人:当班教师

(四)早操活动、集中教育活动人员站位标识

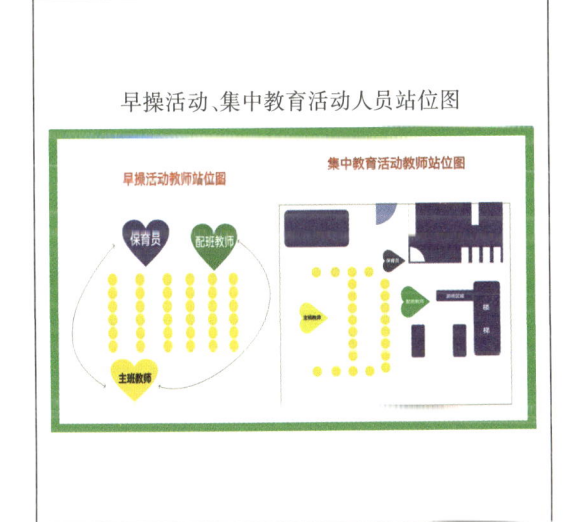

早操活动、集中教育活动人员站位图		标识说明 1.黄色桃心代表主班教师、绿色桃心代表配班教师、蓝色桃心代表保育员,箭头代表巡视路线。 2.早操活动中,主班教师面向幼儿全程带操,配班教师和保育员站在幼儿队列后配合带操,根据设定路线走动,密切关注幼儿情况,并适时提供帮助。 3.集中教育活动时,主班教师面向幼儿,保育员坐在盥洗室及活动室之间,关注活动室及盥洗室的幼儿,开适时给幼儿提供帮助。

（五）户外体育运动管理标识

户外体育运动管理标识图（从上至下图4）		标识内容 要求：1.检查器械及周边环境是否安全。 2.强调活动安全规则、提醒幼儿增减衣物。 3.活动中关注幼儿状态、提醒幼儿注意安全并进行个别指导。 4.活动结束指导幼儿收拾整理，及时总结。 　　　　　　　　　　　　　　责任人：当班教师

户外体育运动人员管理标识图	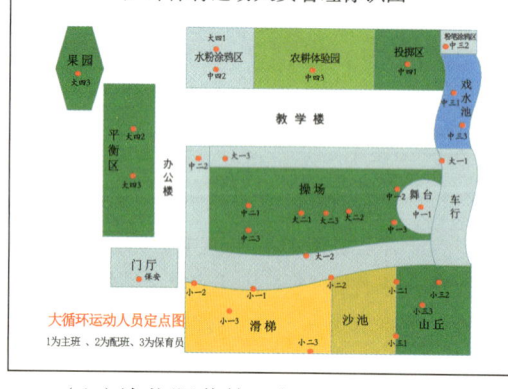	标识说明 户外体能大运动时，各人员按点位值守，引导幼儿活动，关注幼儿情况。

（六）幼儿服药管理标识

幼儿服药管理标识图	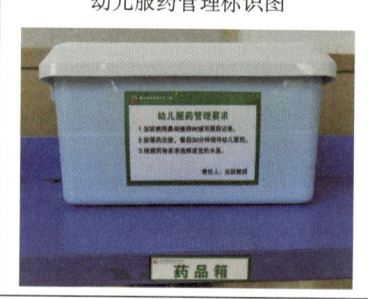	标识内容 要求：1.当班教师晨间接待时填写服药记录。 2.按服药次数，餐后30分钟指导幼儿服药。 3.根据药物要求选择适宜的水温。 　　　　　　　　　　　　　　责任人：当班教师

(七)幼儿离园工作管理标识

幼儿离园工作管理标识图（从上至下图6）		标识内容 要求：1.主班教师小结当日活动内容，稳定幼儿情绪，检查幼儿面部、身体有无异常情况。如发现幼儿有异常情况，及时了解原因并和家长做好交流。 2.配班教师组织幼儿收拾物品，检查幼儿是否穿戴整齐、物品是否收纳完毕。 3.保育员检查带药幼儿是否还有剩余药品，需带回家的是否放进幼儿书包。 4.孩子离园后主班教师填写交接记录表，保育员关灯、按规定消毒，检查水、电、窗是否关好后关门离园。

二、物品管理标识

(一)幼儿活动室管理标识

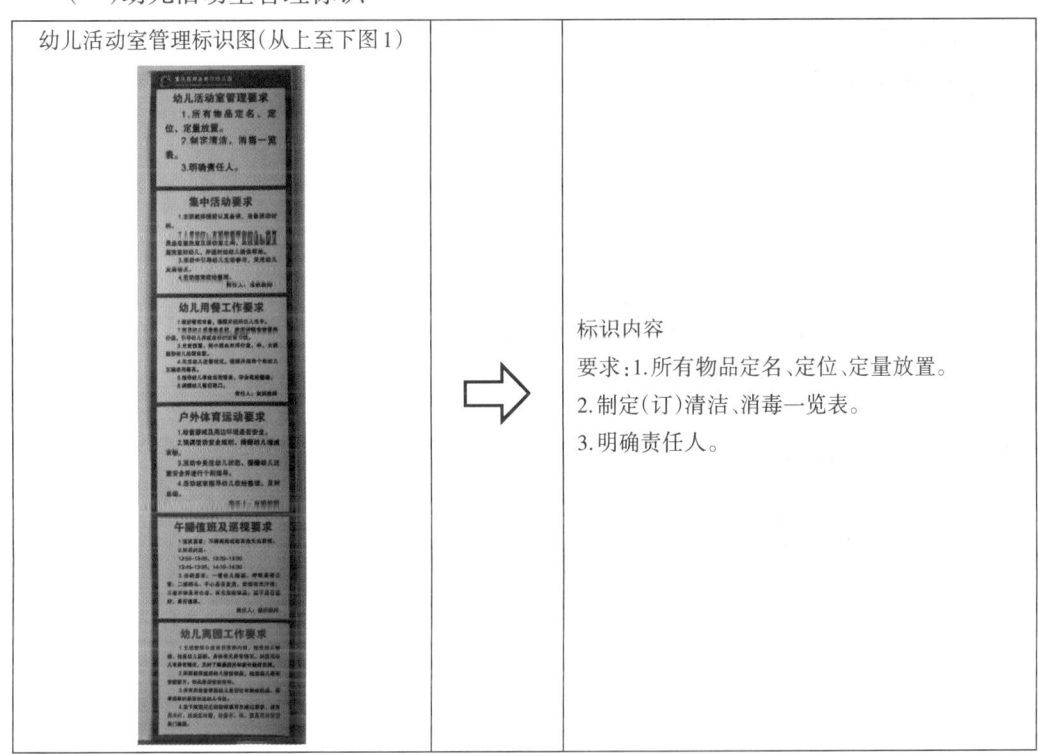

幼儿活动室管理标识图（从上至下图1）		标识内容 要求：1.所有物品定名、定位、定量放置。 2.制定(订)清洁、消毒一览表。 3.明确责任人。

(二)书包柜管理标识

书包柜管理标识图	标识内容
	要求：1.柜面从左到右依次放置文件栏、笔筒、手机、幼儿水杯。 2.柜内放置书包，每格2个。 3.书包标识填写完整，统一向外，不得超出格子。 4.水杯标识线外侧离柜面边沿10 cm，左侧离墙面75 cm。放置时水杯底部紧挨标识线内侧边沿。 责任人：班级老师

(三)班级文件夹定位标识

班级文件夹定位标识图	标识说明
	用等边直角标识线定位，文件夹放置在标识线内。

(四)班级文件目录标识

班级文件夹目录标识图

标识说明
文件架内放置文件定名、定量(教育教学文件3盒、后勤文件2盒、其他文件1盒)。

班级文件夹目录

幼儿资料	1.幼儿花名册 2.幼儿信息表 3.幼儿户口复印件
教学资料1	1.听课记录 2.家访记录 3.会议记录(本)
教学资料2	1.学习与发展指南 2.教师职业标准 3.教案
班务资料	班务日志、出勤记录
日常记录	服药记录、出门条
消毒记录	消毒记录

(五)笔筒管理标识

笔筒管理标识图

标识内容(右)
要求:1.标识居中粘贴在笔筒上。
2.筒内放置黑笔3支、红笔1支、铅笔1支、记号笔1支、剪刀1把、美工刀1把。

263

（六）椅子放置管理标识

椅子放置管理标识图 （左:定名标识　右:管理标识）  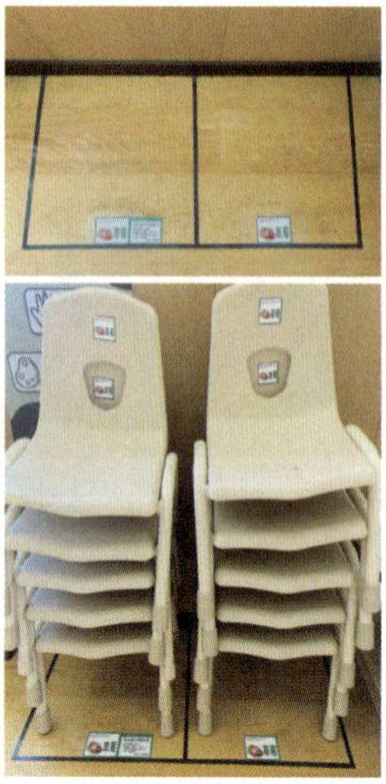	⇨	管理标识内容 要求:1.用水果图案分组定名。 2.放置4组、每组2列,每列3-5个。 3.午餐后及离园前指导幼儿定名、定位、定量放置。 　　　　　　　　　　　　责任人:保育员

（七）空调使用管理标识

空调使用管理标识图 	⇨	标识内容 要求:1.空调悬挂飘带。 2.使用前清洗过滤网。 3.室内温度30℃以上开启制冷模式,温度调至26℃。 4.室内温度10℃以下开启制暖模式,温度调至20℃。 　　　　　　　　　　　　责任人:保育员

（八）一体机管理标识

一体机管理标识图 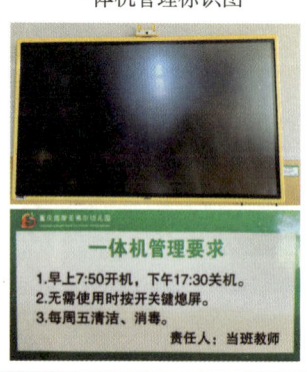	⇨	标识内容 要求:1.早上7:50开机,下午5:30关机。 2.无需使用时按开关键熄屏。 3.每周五清洁、消毒。 　　　　　　　　　　　责任人:当班教师

(九)消毒柜使用管理标识

消毒柜使用管理标识图	标识内容 要求:1.使用前检查设备是否正常。 2.每天早上7:00—8:00消毒。 3.将清洗后的餐盘、水杯沥干后放入消毒柜。 4.消毒期间不得离开。 5.消毒完即关闭电源。 责任人:保育员

消毒柜台面物品摆放管理标识图

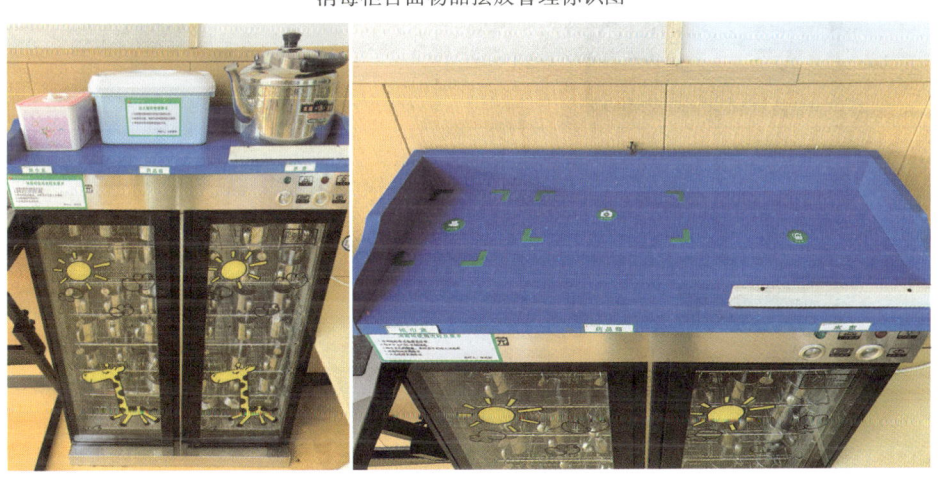

(十)玩具篮摆放要求管理标识

玩具篮摆放要求管理标识图	标识说明 用标识线粘贴成等边直角进行定位,玩具与直角重合摆放。根据幼儿不同年龄用图案、文字图片定名,将定名的图片贴在篮子向外一面的中间部位。

265

三、清洗、消毒标识

（一）水果清洗管理标识

水果清洗管理标识图		标识内容
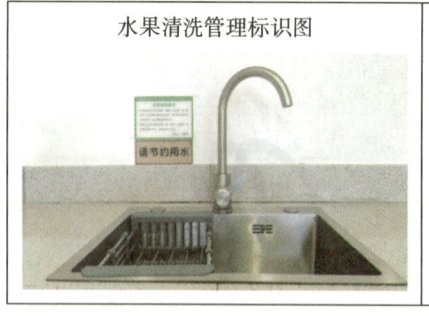	⇨	要求：1.无需去皮的水果如草莓、葡萄、圣女果、枣子等，先用1:300淡盐水浸泡20分钟，再用清水清洗2次，去掉果蒂，放入漏盆里将水沥干。 2.需要去皮的水果如苹果、梨、橘子、香蕉等，先用清水清洗干净，再用去皮刀去皮。 责任人：保育员

（二）玩具清洗消毒管理标识

玩具清洗消毒管理标识图（左下）		标识内容
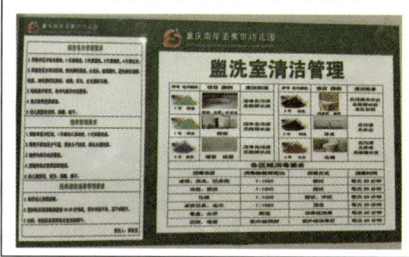	⇨	要求：1.每日幼儿离园后消毒。 2.塑料玩具用消毒液浸泡10-30分钟后，清水冲洗干净，沥干或晒干。 3.木制、布制玩具用肥皂水泡洗后晒干。 责任人：保育员

案例四：午睡目视化标识图片展示

午睡值班及巡视要求标识图（从上至下图5）		标识内容
	⇨	要求：1.值班要求：不得离岗或做其他无关事情。 2.巡视时段：12:55-13:05、13:20-13:30、13:45-13:55、14:10-14:20。 3.巡视要求：一看幼儿睡姿、呼吸是否正常；二摸额头、手心是否发烫、背部有无汗湿；三查衣物是否合适、有无危险物品、被子是否盖好、是否遗尿。 责任人：值班教师

案例五：盥洗室目视化管理图片案例展示

一、保洁毛巾管理标识

保洁毛巾管理标识图（右）

标识内容
要求：1.用数字区分毛巾颜色，"1"代表绿色，"2"代表蓝色，"3"代表咖色，"4"代表红色。
2.用颜色区分清洁区域，绿色擦拭面盆、水龙头、玻璃镜片，蓝色擦拭墙面、地面，咖色擦拭玩具柜、桌椅、开关，红色擦拭马桶。
3.粘贴数字标识，毛巾与数字对应悬挂。
4.每次使用完即清洗。
5.幼儿离园后清洗、消毒、晾干。

二、拖把管理标识

拖把管理标识图

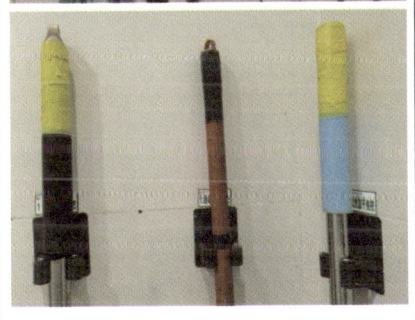

标识内容
要求：1.用数字区分区域，"1"代表幼儿活动室，"2"代表盥洗室。
2.用把杆颜色区分干湿，黄色为干拖把，绿色为湿拖把。
3.拖把与标识对应悬挂。
4.湿拖把每次使用完即清洗。
5.幼儿离园后，清洗、消毒、晾干。

267

三、各区域清洁管理标识

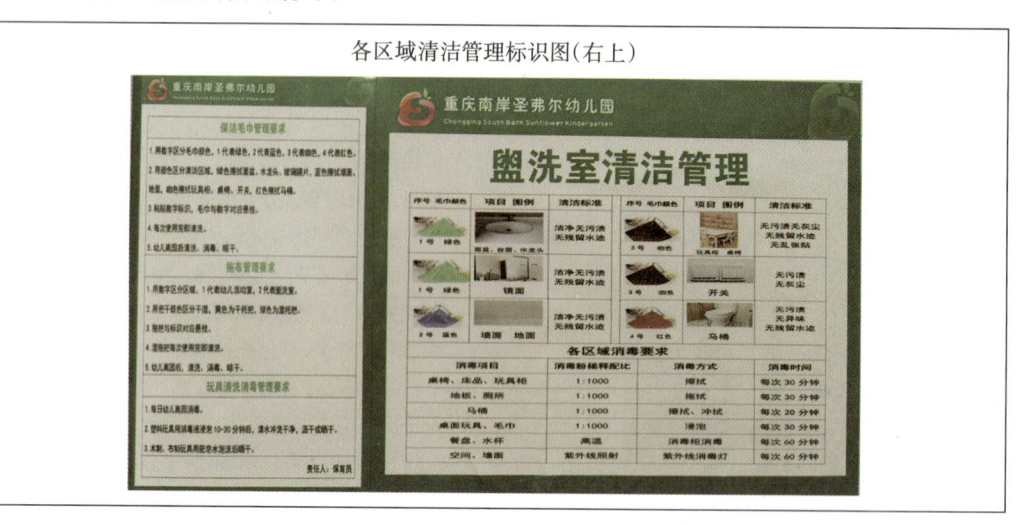

各区域清洁管理标识图（右上）

标识内容（省去图例及部分内容）

毛巾	清洁项目	清洁标准
1号绿色	面盆、台面、镜面、水龙头	洁净无污渍 无残留水迹
2号蓝色	墙面、地面	洁净无污渍 无残留水迹
3号咖色	玩具柜、桌椅、开关	无污渍无灰尘 无残留水迹 无乱张贴
4号红色	马桶	无污渍无异味 无残留水迹

四、各区域消毒要求管理标识

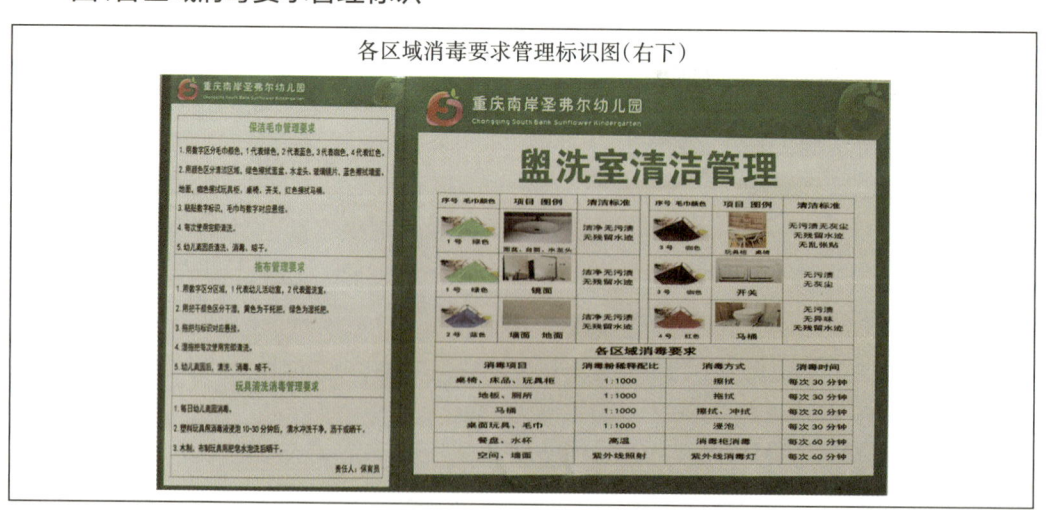

各区域消毒要求管理标识图（右下）

标识内容

各区域消毒要求			
消毒项目	消毒粉稀释配比	消毒方式	消毒时间
桌椅、床品、玩具柜	1:1000	擦拭	每次30分钟
地板、厕所	1:1000	拖拭	每次30分钟
马桶	1:1000	擦拭、冲拭	每次20分钟
桌面玩具、毛巾	1:1000	浸泡	每次30分钟
餐盘、水杯	高温	消毒柜消毒	每次60分钟
空间、墙面	紫外线照射	紫外线消毒灯	每次60分钟

五、洗手流程管理标识

洗手流程管理标识图 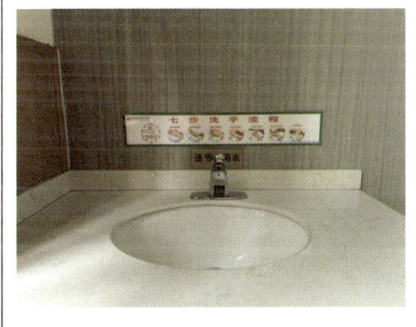		标识说明 要求:所有洗手区域张贴七步洗手流程。

案例六:民俗工坊目视化管理图片案例展示

一、建构馆管理标识

(一)建构馆管理标识

建构馆管理标识图 		标识内容 要求:1.8:00开门窗通风,18:00按标识检查整理玩具、关闭门窗电源。 2.每周一清理绿植,叶片、花盆、隔水槽无灰尘、无杂物、无枯枝败叶。 3.每周三清洁,地面、台面无水渍、灰尘。 4.每月末按要求清洗玩具。 责任人:中二班保育员

269

(二)建构材料放置管理标识

建构材料放置管理标识图 		标识内容 要求:1.定名标识粘贴于玩具柜或玩具篮。 2.按大小、形状、类型分类放置。 3.能放入玩具柜的材料放入玩具柜,不能放入玩具柜的用玩具篮收纳。 4.材料按标识对应放置。 责任人:当班教师

(三)建构材料放置定位标识

建构材料放置定位标识图 		标识说明 用标识线或圆点定位。

(四)建构材料放置定名、定量标识

建构材料放置定名、定量标识图  		标识说明 用图案定名、定量,明确放置位置和数量。

二、美食坊管理标识

（一）美食坊管理标识

美食坊管理标识图（左上）	标识内容
	要求：1.按使用频率放置，常用物品放置在易拿取的地方。 2.常用电器放置于靠近电源插座的操作台面。 3.近期不使用的电器应放入干燥剂装入盒子中。 4.餐用具按形状、大小、长短分类放置于置物架。 责任人：保育员

（二）美食坊进坊流程管理标识

美食坊进坊流程管理标识图（右上）	标识内容
	要求：1.佩戴餐帽、口罩、围裙、手袖、一次性手套。 2.操作过程中注意防蝇、防尘。 3.食物按要求留样。 4.使用完即清理。 责任人：当研教师

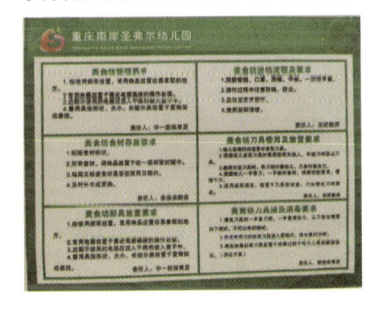

（三）美食坊食材存放管理标识

美食坊食材存放管理标识图（左中）	标识内容
	要求：1.粘贴食材标识。 2.所有食材、调味品放置于统一透明密封罐中。 3.每周五检查食材是否在限用日期内。 4.及时补充或更换。 责任人：食品采购员

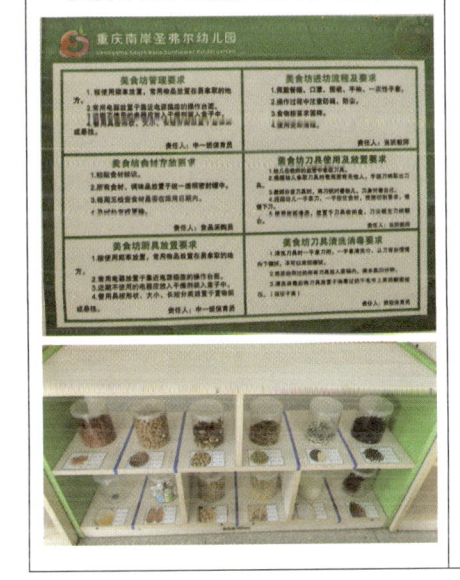

(四)美食坊厨具管理标识

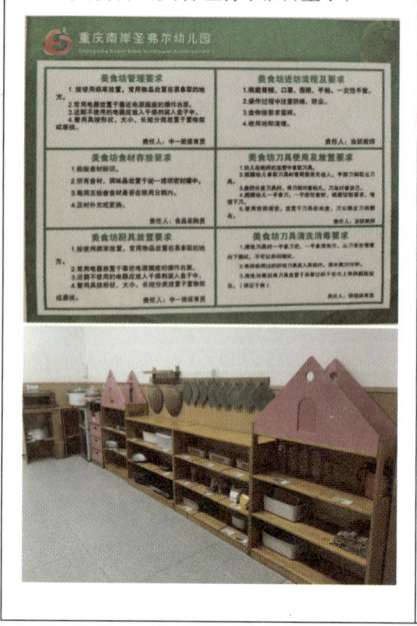

美食坊厨具管理标识图(左下)		标识内容
	⇒	要求:1.按使用频率放置,常用物品放置在易拿取的地方。 2.常用电器放置于靠近电源插座的操作台面。 3.近期不使用的电器应放入干燥剂装入盒子中。 4.餐用具按形状、大小、长短分类放置于置物架或悬挂。 责任人:中一班保育员

(五)美食坊刀具使用及放置管理标识

美食坊刀具使用及放置管理标识图(右中)		标识内容
	⇒	要求:1.幼儿在教师的监管中拿取刀具。 2.提醒幼儿拿取刀具时看周围有无他人,手握刀柄取出刀具。 3.教师分发刀具时,将刀柄对着幼儿,刀身对着自己。 4.提醒幼儿一手拿刀,一手按住食材,根据切割要求,慢慢下刀。 5.使用完即清洗,放置于刀具收纳盒,刀尖朝左刀柄朝右。 责任人:当班教师

(六)美食坊材料用具清洗消毒管理标识

美食坊材料用具清洗消毒管理标识图

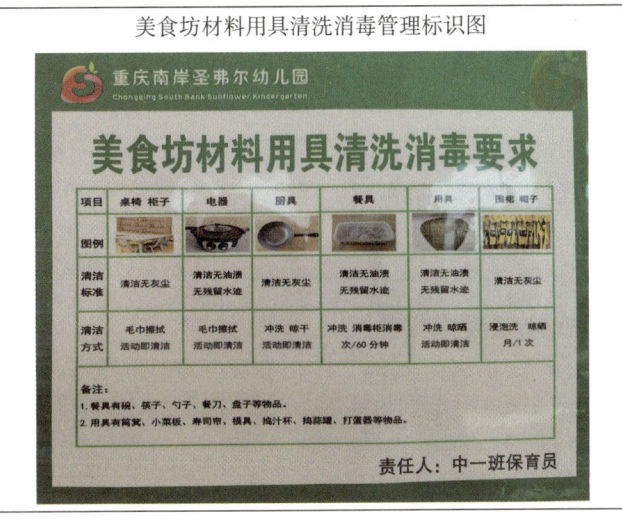

标识内容(省去图例及部分内容)

类别	物品	清洁标准	清洁方式
桌椅柜子	餐桌、椅子、玩具柜	清洁无灰尘	毛巾擦拭 活动即清洁
电器	电饭锅、电饼铛、电汤锅、烤箱、消毒柜	清洁无油渍 无残留水迹	毛巾擦拭 活动即清洁
厨具	煎锅、铲	清洁无灰尘	冲洗 晾干 活动即清洁
餐具	碗、筷子、勺子、餐刀、盘子	清洁无油渍 无残留水迹	冲洗 消毒柜消毒 每次/60分钟
用具	筲箕、小菜板、寿司帘、模具、捣汁杯、捣蒜罐、打蛋器	清洁无油渍 无残留水迹	冲洗 晾晒 活动即清洁
服饰	围裙 帽子	清洁无灰尘	浸泡洗 晾晒 月/1次

(七)电饼铛使用流程管理标识

电饼铛使用流程管理标识图
(左:定名标识　右:管理标识)

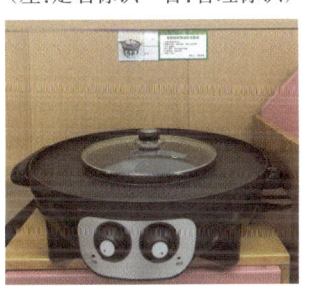

管理标识内容
要求:1.检查设备是否正常。
2.戴隔热手套、插好电源,调至合适温度。
3.放入适量油。
4.放入食材,煎好后取出装盘。
5.关闭电源,自然冷却。
6.清洗、归位。

责任人:当班教师

273

(八)烤箱使用流程管理标识

烤箱使用流程管理标识图(右) 	⇨	管理标识内容 要求:1.检查设备是否正常。 2.取出烤盘。 3.插上电源,设定预热时间,开机预热。 4.将食物放入烤盘,待预热结束后放入烤箱。 5.设定温度和时间,启动烹饪。 6.关注食品烹饪情况,适时调整温度和时间。 7.运行期间不能离开。 8.烹饪结束,佩戴隔热手套取出食物。 9.关闭电源,自然冷却。 10.清洗、归位。 责任人:当班老师

案例七:教职工办公室目视化管理图片案例展示

一、办公室管理标识

办公室管理要求标识图(下左) 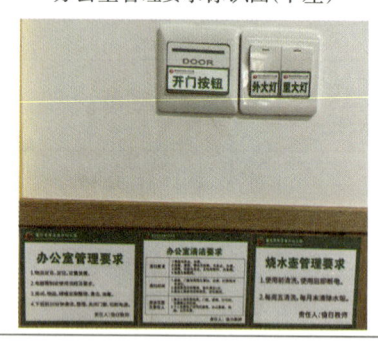	⇨	标识内容 要求:1.物品定名、定位、定量放置。 2.电器需制定(订)使用流程及要求。 3.房间、物品、绿植定期整理、清洁、消毒。 4.下班前10分钟清洁、整理、关闭门窗、切断电源。 责任人:值日教师

二、办公室清洁、消毒要求标识

办公室清洁、消毒要求标识图(下中) 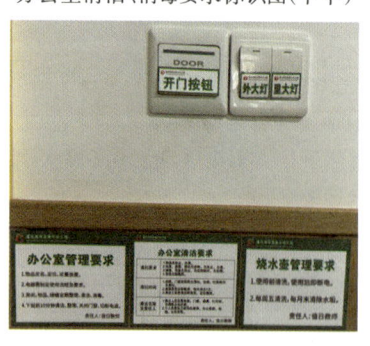	⇨	标识内容 清扫要求:1.物品无灰尘、水渍。 2.地面、桌面、窗台无杂物、无灰尘、水渍。 3.绿植、花盆无灰尘,无枯枝败叶、无杂物。 4.角落无蜘蛛网。 清扫时间:1.玻璃、门窗双周周五清扫、空调、灯具每月末清扫。 2.桌面使用完即整理,每天清洁1次。 3.清洁工具使用完即清洗,定位摆放。 清洁范围:1.值日人员负责地面、门窗、玻璃、打印机、空调等公共区域。 2.个人负责自己使用的桌椅、办公桌面、电脑、文件夹等。 责任人:值日教师

三、办公桌桌面物品管理标识

办公桌桌面物品管理要求标识图 	⇨	标识内容 要求：1.桌面物品：文件夹、鼠标、笔筒、水杯、手机、键盘或键盘架。 2.文件夹放置于桌面右上角，鼠标放置于文件夹左侧，手机放置于左上角。 责任人：班级教师

四、手机、纸巾盒、笔筒定位管理标识

五、烧水壶管理标识

烧水壶管理要求标识图（下右） 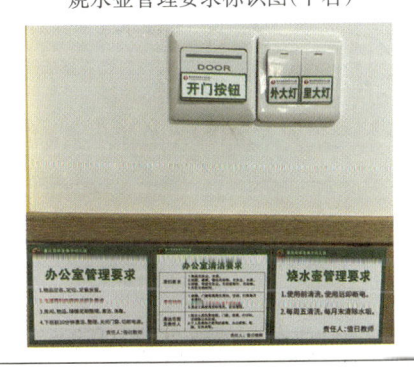	⇨	标识内容 要求：1.使用前清洗，使用后即断电。 2.每周五清洗，每月末清除水垢。 责任人：值日教师

六、烧水壶定位管理标识

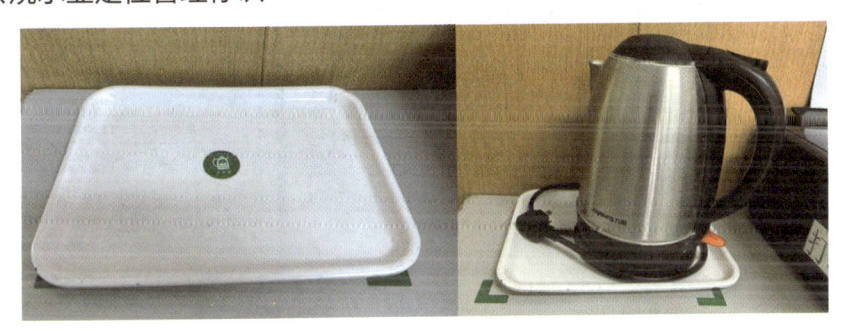

七、打印机使用流程及要求标识

打印机使用流程及要求标识图	⇨	标识内容 要求：1.使用前检查墨盒量是否正常。 2.开启电源开关。 3.调整打印设置。 4.打印。 5.打印结束关闭电源。 6.节约用纸，双面打印。 责任人：使用者

案例八：监控系统控制室目视化管理图片案例展示

一、控制室管理标识

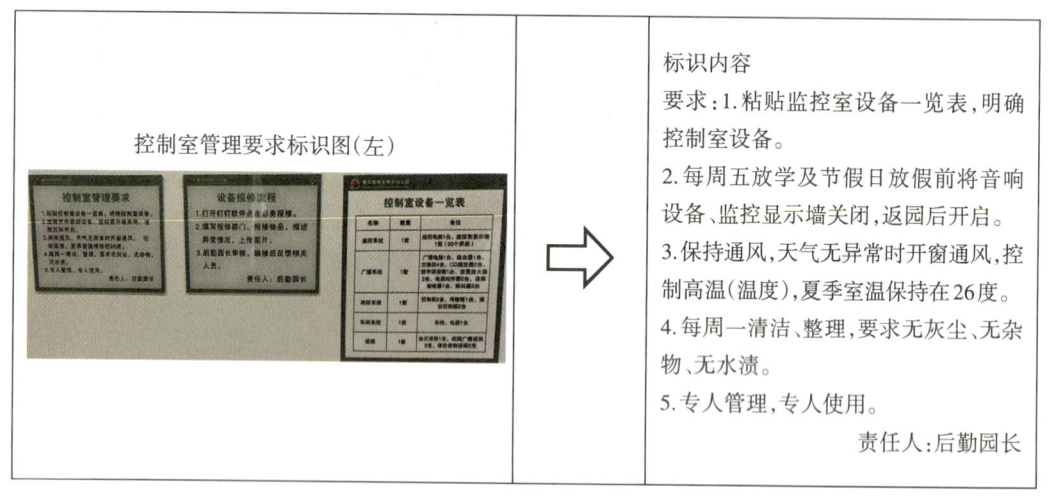

控制室管理要求标识图（左）	⇨	标识内容 要求：1.粘贴监控室设备一览表，明确控制室设备。 2.每周五放学及节假日放假前将音响设备、监控显示墙关闭，返园后开启。 3.保持通风，天气无异常时开窗通风，控制高温（温度），夏季室温保持在26度。 4.每周一清洁、整理，要求无灰尘、无杂物、无水渍。 5.专人管理，专人使用。 责任人：后勤园长

二、控制室设备一览表管理标识

控制室设备一览表管理标识图（右）

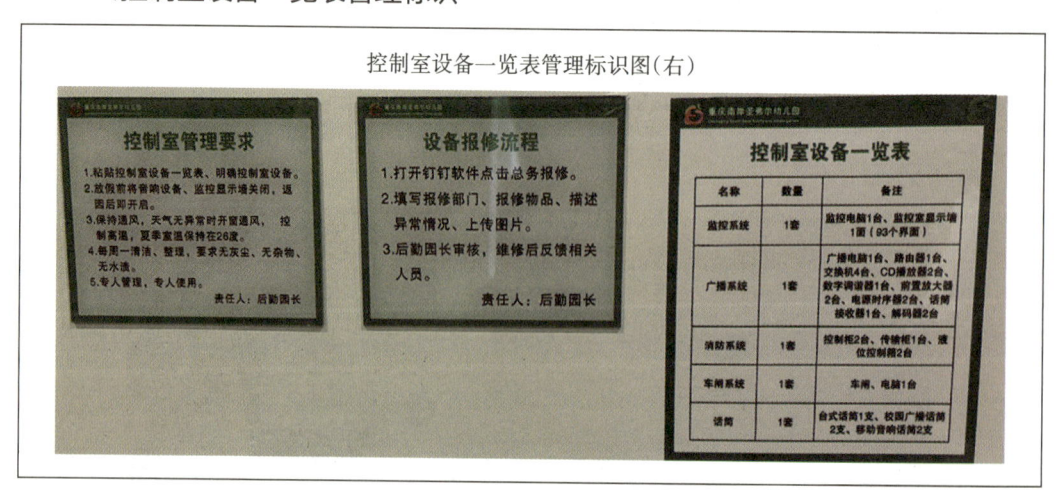

标识内容

名称	数量	备注
监控系统	1套	监控电脑1台、监控室显示墙1面(93个界面)
广播系统	1套	广播电脑1台、路由器1台、交换机4台、CD播放器2台、数字调谐器1台、前置放大器2台、电源时序器2台、话筒接收器1台、解码器2台
消防系统	1套	控制柜2台、传输柜1台、液位控制箱2台
车闸系统	1套	车闸、电脑1台
话筒	1套	台式话筒1支、校园广播话筒2支、移动音响话筒2支

三、设备报修流程管理标识

设备报修流程管理要求标识图(中)

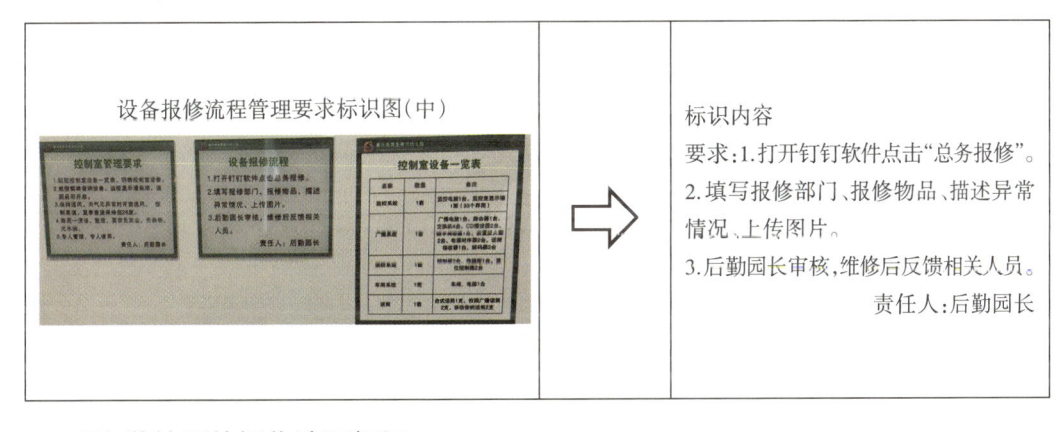

标识内容
要求:1.打开钉钉软件点击"总务报修"。
2.填写报修部门、报修物品、描述异常情况、上传图片。
3.后勤园长审核,维修后反馈相关人员。
　　　　　　　　　　责任人:后勤园长

四、监控系统操作流程标识

监控系统操作流程标识图

标识内容
要求:1.输入密码,打开监控系统界面。
2.点击回放。
3.选择监控界面地点、时间。
4.点击回放。
5.使用完即返回最初页面并锁屏。
　　　　　　　　　　责任人:后勤园长

277

五、广播系统使用流程及要求标识

广播系统使用流程及要求标识图		标识内容
	⇨	要求:1.打开广播系统界面。 2.选择需要的使用区域。 3.调节音量。 4.点击播放。 5.使用完即关闭播放区域。 　　　　　　　　责任人:办公室主任

六、车闸系统使用流程标识

车闸系统使用流程标识图		标识内容
	⇨	要求:1.打开车闸系统界面。 2.选择在线监控。 3.点击开闸/关闸。 4.使用完即关闭系统。 　　　　　　　　责任人:办公室主任

七、话筒管理要求标识

话筒管理要求标识图		标识内容
	⇨	要求:1.准备收纳篮1个,放置移动话筒2支、校园广播话筒2支、充电电池4对。 2.定名标识粘贴于话筒下方。 3.使用完即放回。 4.每周五清洁、消毒。 　　　　　　　　责任人:办公室主任

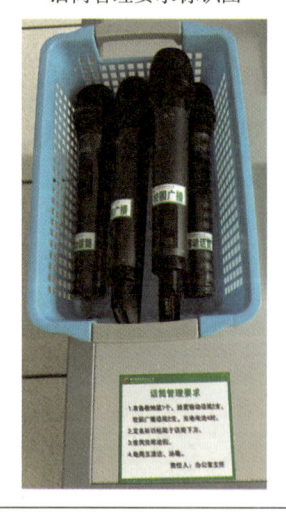

案例九：会议室目视化管理图片案例展示

一、会议室管理标识

会议室管理要求标识图	标识内容
	要求：1.物品定名、定位、定量放置。 2.电器需制定（订）使用流程及要求。 3.房间、物品、绿植定期整理、清洁、消毒。 4.下班前10分钟清洁、整理、关闭门窗、切断电源。 责任人：中四班保育员

二、会议室清洁消毒要求标识

会议室清洁消毒要求标识图（右）	标识内容
	清扫要求：1.物品无灰尘、水渍。 2.地面、桌面、展示柜、多媒体、多媒体机柜、窗台、无杂物、无灰尘、水渍。 3.绿植、花盆无灰尘，无枯枝败叶、无杂物。 4.角落无蜘蛛网。 清扫时间：1.玻璃、门窗双周周五清扫、空调、灯具每月末清扫。 2.桌面使用完即整理，每天清洁1次。 3.清洁工具使用完即清洗，定位摆放。 责任人：中四班保育员

三、会议室物品摆放要求标识

会议室物品摆放要求标识图（左）

四、多媒体使用流程及要求标识

多媒体使用流程及要求管理标识图	⇨	标识内容 要求：1.插上多媒体插头接通电源。 2.按下屏幕左下角开机按钮。 3.使用完即关机。 4.两分钟后切断电源。 5.出行(现)异常，及时联系办公室主任。 6.每周五清洁。 　　　　　　　　　　责任人：办公室主任

五、多媒体机柜管理要求标识

多媒体机柜管理要求标识图	⇨	标识内容 要求：1.柜内配置：路由器、话筒接收器、音频矩阵、高清矩阵、功放。 2.专人管理，使用后即关闭。 3.出现异常，及时联系办公室主任。 4.每周五清洁。 　　　　　　　　　　责任人：办公室主任

六、茶饮区管理要求标识

上：茶饮区物品定名标识图 下：茶饮区管理要求标识图	⇨	管理标识内容 要求：1.粘贴定名标识，标识粘贴在器皿中间。 2.用统一器皿密闭存放。 3.标识上注明限用日期。 4.每周五清理。 　　　　　　　　　　责任人：中四班保育员

案例十:厨房目视化管理图片案例展示

一、厨房管理要求标识

左:厨房设备一览表标识图 右:厨房管理要求标识图	标识内容(右) 要求:1.物品定名、定位、定量放置。 2.制定(订)物品一览表。 3.制定(订)操作流程及要求。 4.制定(订)清洁、消毒标准。 5.明确责任人。 责任人:厨房管理员

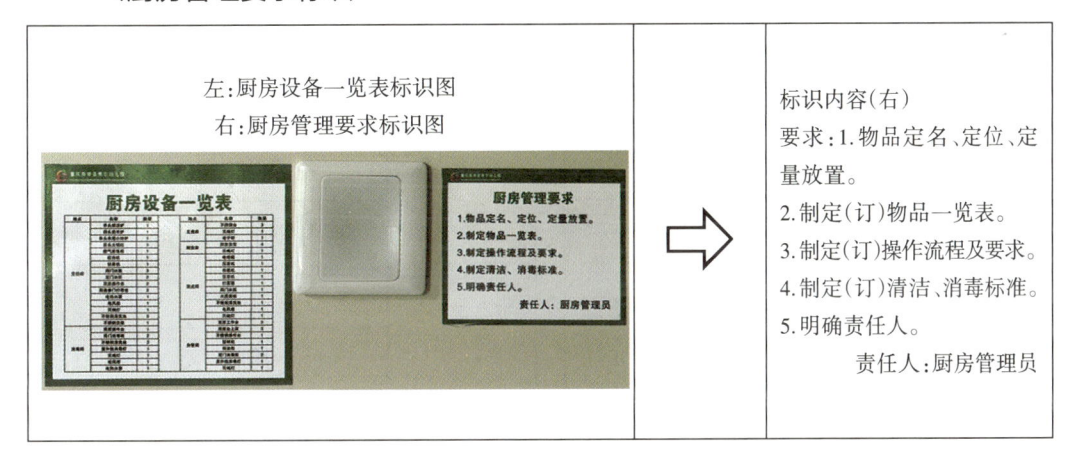

二、厨房设备一览表标识

左:厨房设备一览表标识图
右:厨房管理要求标识图

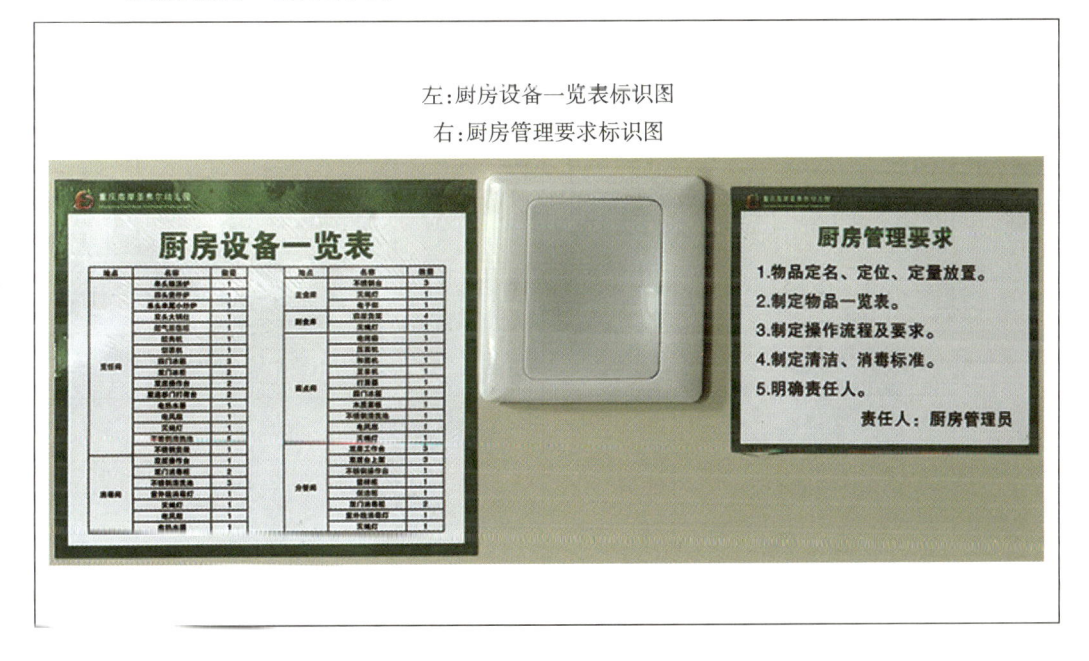

标识内容(左)

厨房设备一览表					
地点	名称	数量	地点	名称	数量
操作间	单头矮汤炉	1	主食库	不锈钢台	3
	四头煲仔炉	1		灭蝇灯	1
	单头单尾小炒炉	1		电子秤	1
	双头大锅灶	1	副食库	四层货架	4
	燃气蒸饭柜	1		灭蝇灯	1
	绞肉机	1	面点间	电烤箱	1
	切菜机	1		压面机	1
	四门冰箱	3		和面机	1
	双门冰柜	2		豆浆机	1
	双层操作台	2		打蛋器	1
	双通移门打荷台	2		四门冰箱	1
	电热水器	1		木质案板	1
	电风扇	1		不锈钢清洗池	1
	灭蝇灯	1		电风扇	1
	不锈钢清洗池	5		灭蝇灯	1
	不锈钢货架	1	分餐间	双层工作台	3
洗碗间	双层操作台	1		双层台上架	3
	双门消毒柜	2		不锈钢操作台	1
	不锈钢清洗池	3		留样柜	1
	紫外线消毒灯	1		保洁柜	1
	灭蝇灯	1		双门消毒柜	2
	电风扇	1		紫外线消毒灯	1
	电热水器	1		灭蝇灯	1

三、一次性防护用品储存管理标识

一次性防护用品储存管理要求标识图

标识内容

要求：1.粘贴定名标识，从左至右为帽子、口罩、鞋套。
2.定量存放，及时补足，口罩15个、鞋套15双、帽子15个。

　　　　　　　　责任人：伙食团长

四、更衣间管理标识

更衣间管理要求标识图（右）

标识内容

要求：1.粘贴姓名标识。
2.服饰可摆放、可悬挂。
3.定期清洗、消毒。
4.非更衣时间不得在更衣间逗留。
5.非当天使用的物品严禁带入更衣室。
6.严禁在更衣室吸烟。

　　　　　　　责任人：厨房工作人员

五、食材粗加工管理标识

食材粗加工流程及要求标识图

标识内容

要求：1.摘选：去除败叶、根须和瓜果皮，去除动物的皮毛或内脏。
2.浸泡：浸泡15分左右，可用食盐或小苏打杀菌消毒。
3.清洗：清洗2-3次，沥干备用。

　　　　　　　责任人：厨房工作人员

六、粗加工清洗池管理要求标识

粗加工清洗池管理要求标识图(上右)	⇨	标识内容 要求:1.粘贴分类定名标识:清洗池、浸泡池。 2.标识粘贴于距离清洗池最高点30 cm的墙面上。 责任人:厨房工作人员

七、切菜机操作流程及要求标识

切菜机操作流程及要求标识图	⇨	标识内容 要求:1.清洗。 2.开启电源。 3.放入蔬菜。 4.选择相应按钮。 5.使用完即关闭电源。 6.清洗并擦干。 责任人:厨房工作人员

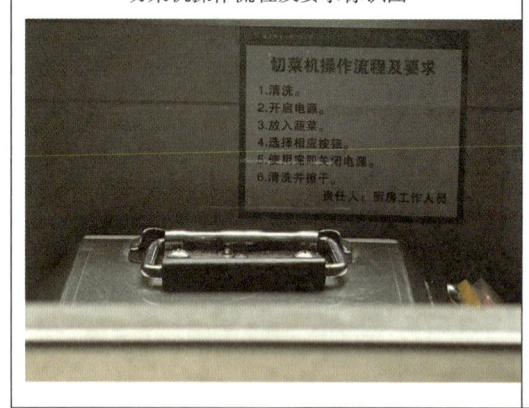

八、切肉机操作流程及要求标识

切肉机操作流程及要求标识图	⇨	标识内容 要求:1.清洗。 2.开启电源。 3.放入食材,选择相应按钮。 4.使用完即关闭电源。 5.清洗并擦干。 责任人:厨师长

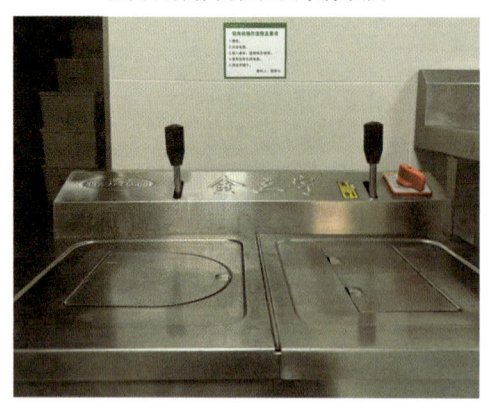

九、烹饪工具柜管理要求标识

上:烹饪工具柜定名标识图 下左:烹饪工具柜管理要求标识图 下右:烹饪工具柜物品一览表标识图	标识内容(下左) 要求:1.工具柜管理标识和工具一览表标识粘贴于工具柜左上角。 2.用烹饪工具一览表标识明确放置工具。 3.工具柜里粘贴工具定名标识,工具对应放置。 4.工具使用完即清洁、消毒。 责任人:厨师长

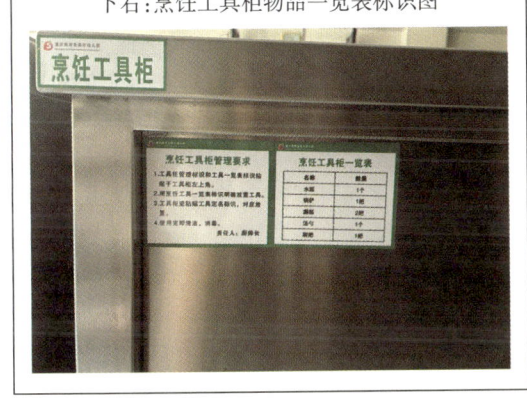

十、烹饪工具柜物品一览表管理标识

上:烹饪工具柜定名标识图
下左:烹饪工具柜管理要求标识图
下右:烹饪工具柜物品一览表标识图

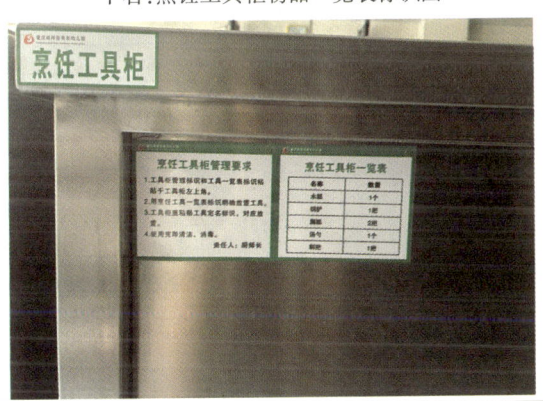

标识内容(下右)

烹饪工具柜物品一览表	
名称	数量
水瓢	1个
锅铲	1把
漏瓢	2把
汤勺	1个
刷把	1把

十一、调料柜管理标识

左:调料柜管理要求标识图
右:调味品一览表

标识内容(左)
要求:1.调味柜管理标识和调味品一览表标识粘贴于柜门左上角。
2.用调味柜一览表明确放置调味品(调料)。
3.定名标识粘贴于调味柜里,对应放置。
4.每周五检查调味品(调料)是否过期。
5.使用完即清洁。
责任人:厨师长

十二、调味品一览表管理标识

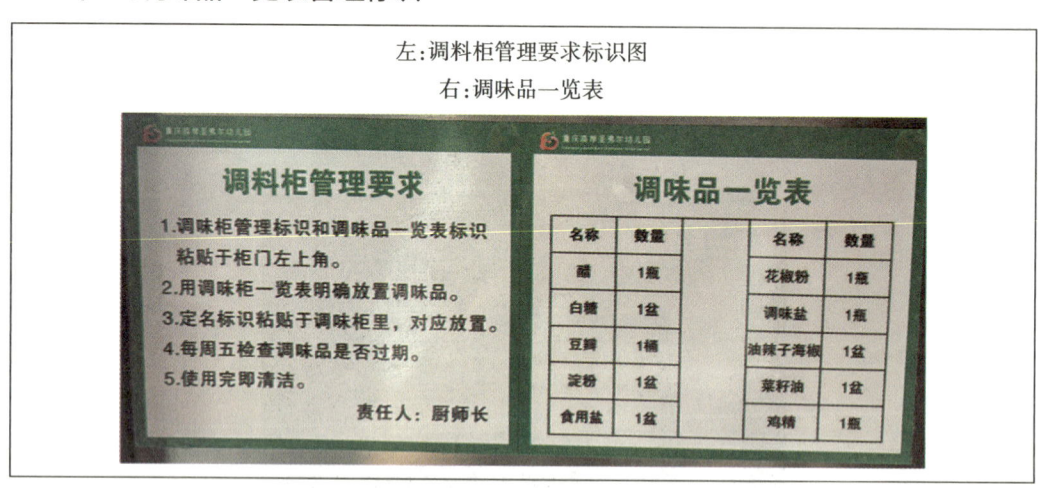

左:调料柜管理要求标识图
右:调味品一览表

标识内容(右)

调味品一览表			
名称	数量	名称	数量
醋	1瓶	花椒粉	1瓶
白糖	1盆	调味盐	1瓶
豆瓣	1桶	油辣子海椒	1盆
淀粉	1盆	菜籽油	1盆
食用盐	1盆	鸡精	1瓶

十三、粗加工区管理标识

粗加工区管理要求标识图	⇨	标识内容 要求:1.标识粘贴于操作台左上壁。 2.用定名标识区分蔬菜、肉类操作台。 3.切配工具放置在操作台上。 4.使用完即清洁、消毒。 　　　　　　　责任人:厨房工作人员

十四、切配工具管理标识

切配工具管理标识图	⇨	标识内容 要求:1.切配工具放置在操作台上。 2.生熟分开。生食用红色,熟食用蓝色。 3.使用完即清洗、消毒、擦干。 　　　　　　　责任人:厨房工作人员

十五、蒸饭柜操作流程及要求标识

蒸饭柜操作流程及要求标识图	⇨	标识内容 要求:1.旋转手柄打开蒸饭柜门。 2.将食物放入蒸格内。 3.旋转手柄关闭蒸饭柜门。 4.开启蒸饭柜水阀加水。 5.开启燃气阀门和点火开关,调节气阀。 6.使用完即关闭阀门、风门和电源。 　　　　　　　　　　责任人:厨师长

十六、燃气灶操作流程及要求标识

燃气灶操作流程及要求标识图	⇨	标识内容 要求：1.用数字命名开关名称。①燃气管道阀门,②打火按钮,③燃气灶阀 ④长明火 2.粘贴开关定名标识,与开关相对应。 3.操作流程： (1)打开①燃气管道阀。 (2)打开风机空开(位于厨房配电箱)。 (3)按启②打火按钮。 (4)调节③燃气灶阀。 (5)使用完即关闭③燃气灶阀和④长明火。 (6)关闭风机空开。 (7)关闭①燃气管道阀门。 责任人：厨师长

十七、风机操作流程标识

风机操作流程标识图	⇨	标识内容 要求：1.打开空开电源。 2.按启绿色按钮。 3.使用完即关闭。 责任人：厨师长

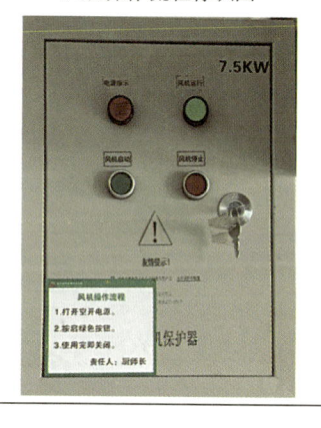

十八、燃气报警装置管理标识

燃气报警装置管理要求标识图	⇨	标识内容 要求：1.每周一检查指示灯是否正常。 2.关注报警铃声,铃声响起即关闭燃气总阀。 3.每年年检,年检标识贴于左下角。 责任人：伙食团长

十九、分餐流程及要求管理标识

上:分餐间定名标识
下:分餐流程及要求标识图

标识内容(下)
要求:1.分餐前对分餐间进行消毒。
2.分餐人员着工作服、佩戴口罩、帽子和手套。
3.准备好分餐所需的餐用具。
4.分餐前进行试吃和食品留样。
5.根据各班级的人数进行合理分餐。
6.分餐结束即清洗消毒餐用具并放置于保洁柜中。
7.使用完即清洁、消毒。
责任人:厨房工作人员

二十、食物留样管理标识

左:食物留样管理要求标识图
右:留样柜定名标识图

标识内容(左)
要求:1.定名标识粘贴于留样柜左上角。
2.留样前将留样盒清洗干净并消毒。
3.分餐前取125~200 g食物装入留样盒,加盖密封。
4.填写留样标签,注明餐别、食物名称、留样数量、留样时间、留样人。
5.将留样标签贴于留样盒中间。
6.食物留样48小时后销毁。
7.填写食物留样记录。
责任人:保健医

二十一、面点间物品管理标识

面点间物品管理要求标识图（上） 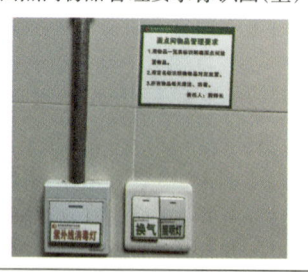	⇨	标识内容（上） 要求：1.用物品一览表标识明确面点间放置物品。 2.用定名标识明确物品对应放置。 3.所有物品每天清洁、消毒。 责任人：厨师长

二十二、和面机操作流程及要求管理标识

和面机操作流程及要求标识图 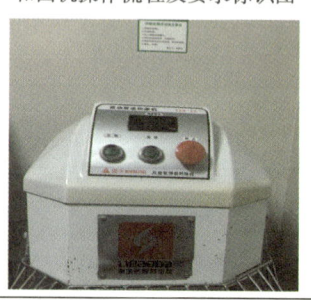	⇨	标识内容 要求：1.清洗和面机桶。 2.开启电源。 3.放入面粉和适量水。 4.按红色启动按钮，开始搅拌。 5.操作完即关闭红色按钮，再关闭电源。 6.清洁、消毒。 责任人：厨师长

二十三、压皮机操作流程及要求管理标识

压皮机操作流程及要求标识图 	⇨	标识内容 要求：1.清洗、擦干。 2.开启电源。 3.将面团放入机内。 4.操作完即关闭电源。 5.清洁、消毒。 责任人：厨师长

二十四、打蛋器操作流程及要求管理标识

打蛋器操作流程及要求标识图 	⇨	标识内容 要求：1.清洗打蛋器。 2.开启电源。 3.先放入蛋黄和白糖搅拌。 4.加入牛奶和面粉搅拌。 5.加入玉米油搅拌后倒出。 6.加入鸡蛋清搅拌后倒出。 7.关闭电源。 8.清洁、消毒。 责任人：厨师长

二十五、烤箱操作流程及要求管理标识

烤箱操作流程及要求标识图	标识内容
	要求:1.清洁:将烤箱清理干净。 2.预热:按下预热按钮,待烤箱达到设定温度。 3.放入食材:将食材放入烤盘或烤架,将烤盘或烤架放入烤箱。 4.设定温度、时间。 5.烤制:关闭烤箱门,按下烤制按钮,烤箱运行时禁止触摸。 6.烤制结束后用专用工具取出食物。 7.使用完毕,断电至自然冷却。 8.清洁、消毒。 责任人:厨师长

二十六、清洗池管理标识

左:清洗池管理要求标识图 中1:餐具清洗、消毒流程要求标识图 中2:清洁巾、洗涤剂使用管理要求标识图 右:清洁巾管理要求标识图	标识内容(左) 要求:1.用分类标识区分一冲、二洗、三清。 2.标识粘贴于对应水池居中上方30 cm处。 3.使用完即清洗、消毒。 责任人:厨房工作人员

二十七、餐具清洗、消毒流程要求管理标识

左:清洗池管理要求标识图 中1:餐具清洗、消毒流程要求标识图 中2:清洁巾、洗涤剂使用管理要求标识图 右:清洁巾管理要求标识图	标识内容(中1) 要求:一冲:用温水冲掉餐具内的残渣。 二洗:用温水加适量的洗涤剂溶液洗刷餐具。 三清:用流动水反复冲洗干净。 四消:放入消毒柜消毒。 责任人:厨房工作人员

二十八、清洁巾、洗涤剂使用管理要求标识

| 左:清洗池管理要求标识图
中1:餐具清洗、消毒流程要求标识图
中2:清洁巾、洗涤剂使用管理要求标识图
右:清洁巾管理要求标识图 | ⇨ | 标识内容(中2)
要求:1.定名标识粘贴于挂钩正上方,与水池标识齐平。
2.清洁巾悬挂于水池左上方墙面。
3.洗涤剂定名标识粘贴于水池左角靠墙处。
责任人:厨房工作人员 |

二十九、消毒柜管理标识

| 左:消毒柜管理要求标识图
右:消毒柜定名标识图 | ⇨ | 标识内容(左)
要求:1.管理标识粘贴于消毒柜左上角。
2.放入消毒柜中的餐具应洗干净、沥干。
3.温度控制在100℃,时间60分钟。
4.消毒完毕即自动关闭电源。
5.冷却后方可打开消毒柜。
责任人:厨房工作人员 |

三十、主食库管理标识

| 主食库管理要求标识图 | ⇨ | 标识内容
要求:1.大米、面粉与定名标识对应放置,要求离墙、离地30 cm。
2.食材每周采购、先进先出。
3.每周五清理食材。
4.做好防毒、防水、防鼠、防蟑螂工作。
5.每天清洁、消毒。
责任人:伙食团长 |

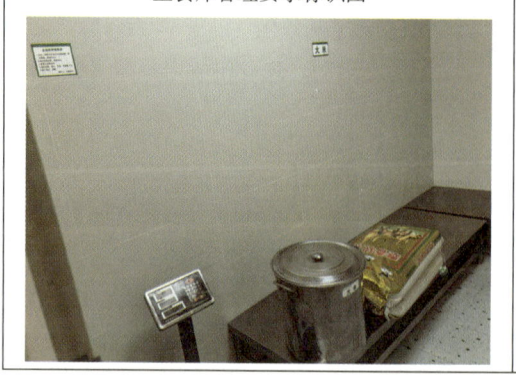

三十一、副食库管理标识

副食库管理要求标识图	标识内容
	要求：1.粘贴食品管理标识、物品对应放置。 2.标识内容含供货单位、食品名称、采购人、验收人、采购日期、保质期。 3.用红色文字标注限用日期。 4.粮油、调料、牛奶置于货架上，干副食、糕点、调味品、蛋放入专用箱。 5.食材每周采购，先进先出。 6.每周五清理食材。 7.做好防毒、防水、防鼠、防蟑螂工作。 8.每天清洁、消毒。 责任人：伙食团长

三十二、冰箱使用流程及要求管理标识

冰箱使用流程及要求标识图（左上）	标识内容
	要求：1.标识粘贴于冰箱的左上角。 2.使用前检查设备是否正常。 3.断电、清洗并用毛巾擦干。 4.敞开1小时后使用。 5.冷藏室温度调至3℃，冷冻室温度调至-18℃。 6.将密封好的食物分类放入。 7.关闭柜门。 8.每周五清理、清洁、消毒。 责任人：伙食团长

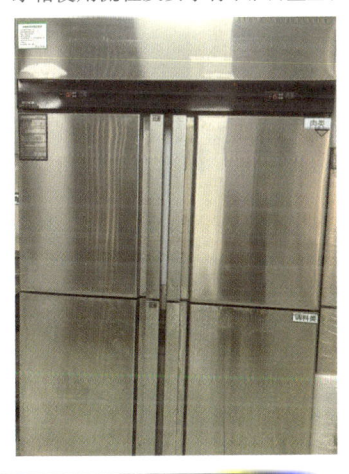

三十三、送餐电梯管理标识

送餐电梯管理要求标识图（左）	标识内容
	要求：1.电梯管理员保管钥匙。 2.专用电梯，严禁载人。 3.承载量300公斤，严禁超载。 4.餐车小心进出，切勿撞击。 5.出现故障，立即报修，切勿私自维修。 6.每周五清洁、消毒。 责任人：电梯管理员

三十四、热水器管理标识

热水器管理要求标识图 	⇨	标识内容 要求:1.返园即开启。 2.放假前关闭电源。 3.夏季温度:40°C,冬季温度:60°C 4.每周五清洁、消毒。 责任人:厨房工作人员

三十五、电风扇管理标识

电风扇管理要求标识图 	⇨	标识内容 要求:1.使用前由后勤园长安排清洗。 2.使用时间:通常情况4月—11月使用,特殊天气特殊处理。 3.未使用的季节需套好风扇罩。 4.使用完即关闭电源。 责任人:厨房工作人员

三十六、厨房灭火装置管理标识

厨房灭火器装置管理要求标识图 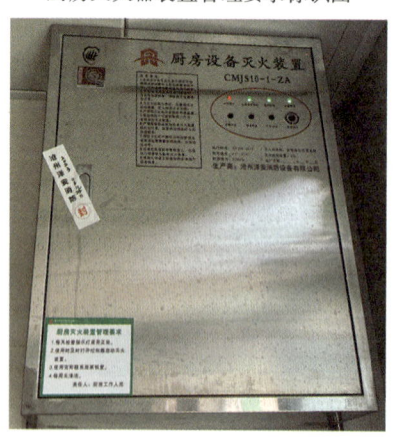	⇨	标识内容 要求:1.每天检查指示灯是否正常。 2.使用时及时打开控制箱启动灭火装置。 3.使用完即联系商家恢复。 4.每周五清洁。 责任人:厨房工作人员

案例十一:公共区域目视化管理图片案例展示

一、饮水机使用管理标识

饮水机使用管理标识图	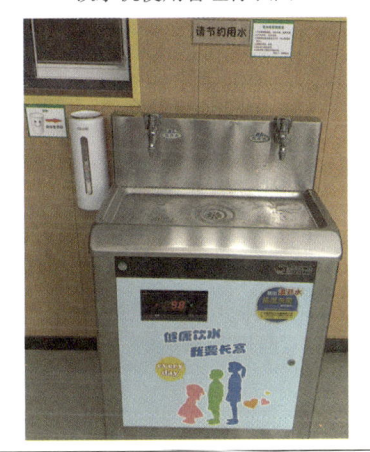	标识内容 要求:1.开学前更换滤芯,清洗水胆,检测水质。 2.每天7:00开机,18:00关机。 3.开机前检查设备是否正常,将水温调到45℃。 4.放学后清洗,消毒。 5.禁止幼儿独自使用。 6.出现异常立即联系后勤园长。 责任人:保育组长

二、灭火器检查记录管理标识

灭火器检查记录管理标识图(下)

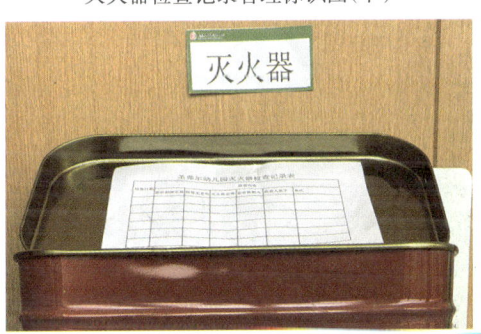

标识内容

幼儿园火火器检查记录表					
检查日期	检查内容				
	指针刻度正常	胶管无老化	灭火栓正常	在有效期内	检查人员签字	备注

以上检查内容正常的打"√",有问题的做好记录并及时报告后勤园长。

三、灭火器管理要求标识

灭火器管理要求标识图		标识内容
	⇨	要求：1.开学前进行专业检修。 2.月末检查设备是否正常。 (1)瓶体有无生锈、破裂。 (2)手提把手是否损坏。 (3)安全插销是否被拔掉。 (4)软管是否破裂、喷嘴是否变形、开裂。 (5)压力指数是否正常： 红色区域：干粉压力小或已过期。 黄色区域：压力过大，有爆炸隐患。 绿色区域：压力正常，可正常使用。 3.每周五清洁。 责任人：安全管理员

四、灭火箱定名、定位摆放管理标识

灭火箱定名(上)、定位摆放管理(下)标识图		标识说明
	⇨	要求：1.用文字定名、定名标识贴在物品上方。 2.用绿色标识线粘贴成直角定位。 责任人：安全管理员

五、洗手间管理标识

洗手间管理标识图(上)		标识内容
	⇨	要求：1.8:00开启换气系统，18:00关闭。 2.8:00检查洗手液、纸巾量，及时补充。 3.13:00清洁1次，17:30清洁、消毒1次，室内无异味、地面、台面无水渍、灰尘。 4.每周一清理绿植，花盆、隔水槽等无灰尘、无杂物、无枯枝败叶。 责任人：中四班保育员

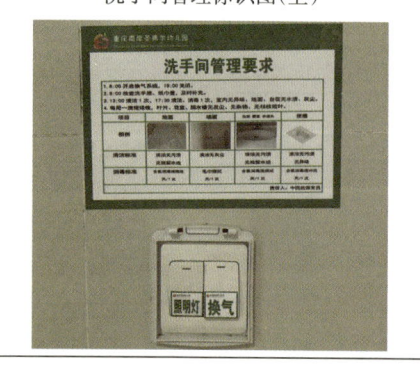

六、消防栓操作流程及要求管理标识

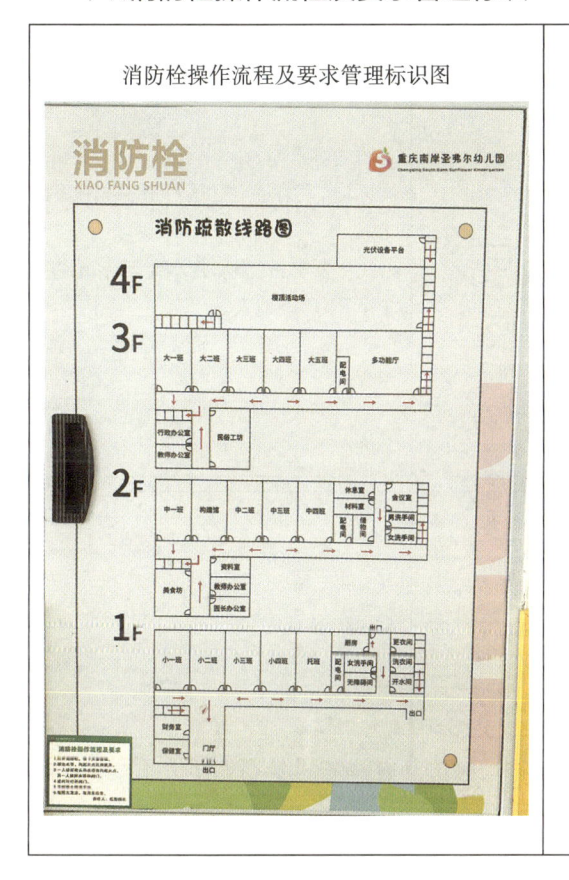

消防栓操作流程及要求管理标识图		标识内容
	⇨	要求：1.打开消防栓，按下火警按钮。 2.取出水带，向起火点延伸展开。 3.一人接好枪头和水带奔向起火点，另一人接好水带和阀门。 4.逆时针打开阀门。 5.手握枪头喷洒灭火。 6.每周五清洁，每月末检查。 责任人：后勤园长

七、消防疏散引导箱管理标识

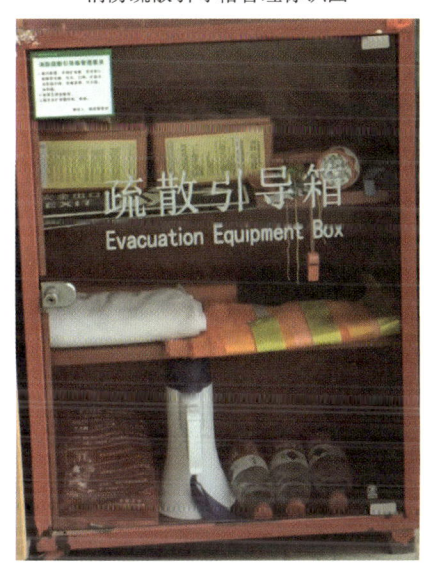

消防疏散引导箱管理标识图		标识内容
	⇨	要求：1.箱内配置：手持扩音器、荧光背心、疏散荧光棒、毛巾、口哨、矿泉水、消防指示牌、防毒面罩、灭火毯、消防锤。 2.每周五清洁整理。 3.每月末扩音器充电、检查。 责任人：楼层管理员

八、户外活动场地人员站位管理标识

大型玩具A点安全管理要求 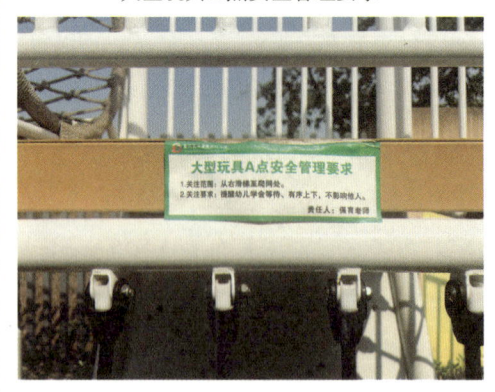	⇒	标识内容 要求:1.关注范围:从右滑梯至爬网处。 2.关注要求:提醒幼儿学会等待、有序上下,不影响他人。 责任人:保育老师
大型玩具B点安全管理要求 	⇒	标识内容 要求:1.关注范围:攀爬梯、竖向爬网、中间滑梯、吊环。 2.关注要求:提示幼儿正确的玩法,注意安全。 责任人:主班老师
大型玩具C点安全管理要求 	⇒	标识内容 要求:1.关注范围:左滑梯、沙池。 2.关注要求:提醒幼儿有序上下。不随意抛撒沙粒。 责任人:配班老师

后记

《幼儿园精细化管理手册》的编撰，历时近七载，先后得到重庆尼恩幼教集团、重庆圣弗尔教育集团、垫江县华都幼稚园的大力支持。

本书由重庆圣弗尔教育集团总园长陈民组织，邀请在教育政策法规、学前教育等方面有一定理论与实务经验的同仁参编。本书的素材、资料来源于重庆尼恩幼教集团、重庆圣弗尔教育集团、垫江县华都幼稚园，本书图片均由重庆南岸圣弗尔幼儿园提供。成书时，均以化名的阳光幼儿园呈现所有内容。陈民、徐楠、冯娟、马艳、张婷茹、刘丹、郑小燕等参与了素材的收集、梳理及初稿的撰写，进而形成第一个版本的内部资料。形成第二个版本的内部资料时，张丽、胡晓榕、赵娟、黄连平参与了修改，李燕、曾巾、黄静参与了整理。本次全方位梳理汇编及正式修改成书，陈民邀请了重庆市教育科学院学前教育中心主任徐宇、重庆市教育考试院谢加兵对书名、体例、结构、内容及整个书稿的科学性、专业性、实操性、合法性、规范性、完整性等进行了全方位指导与把握，还邀请了具有一线管理经验的幼儿园园长共同参与。基于形势变化、政策完善、实践发展、工作需要，本次修改对本书的素材、内容、结构、体例、表述等进行了重大调整，力求既注重幼儿园管理特别是精细化管理的实践、实务、实操、实战，也反映并总结学前教育发展及幼儿园管理的政策、理论、要求、经验。一句话，希望本书对幼儿园管理的具体实践起到务实管用的指导作用。

本次重构及修改工作由陈民统筹，其中陈民编修精细化管理、目视化管理的概述以及管理标识、幼儿园精细化管理计划、部分保教活动案例等内容；易建碧、杨淋编修精细化管理中的制度；卿小英编修安全、卫生保健工作流程；陈红编修家长工作流程、招生活动案例；董余编修幼儿园精细化管理活动案例中的队伍建设。编修人员对全书内容进行了多次相互讨论、集中校改，徐宇对本书的专业性进行了全面审核，谢加兵对本书所涉教育政策法规问题、文稿内容表述问题等进行了审核修改，最后陈民对全书进行了终审定稿。

本书内容的梳理汇编，坚持贯彻落实习近平总书记关于教育的重要论述及有关重要指示、批示，着力贯彻执行党和国家有关学前教育改革发展的重要决策部署以及教育行政主管部门等相关部门的规定和要求，参阅了国家以及地方有关幼儿园建设与管理的一系列重要文件、大量资料，吸纳了编修者、支持者及所在领域及工作中的相关经验，也参考借鉴了有关单位及教育机构的创新举措。编撰过程中，西南大学出版社给予了大力帮助，对此，谨予特别说明，一并致谢！

由于时间紧迫、任务繁重，加之水平有限，本书的疏漏和不足在所难免，敬请幼教工作者及广大读者不吝赐教、批评指正。期盼更多来自实践的真知灼见，以便本书再版时吸纳优化、改进完善。